토지로 승부하라

MZ세대의 땅 재테크 비결

토지로 승부하라
MZ세대의 땅 재테크 비결

ⓒ 최정만(디토픽), 2024

초판 1쇄 발행 2024년 2월 7일

지은이   최정만(디토픽)
그린이   김소율
펴낸이   이기봉
편집   좋은땅 편집팀
펴낸곳   도서출판 좋은땅
주소   서울특별시 마포구 양화로12길 26 지월드빌딩 (서교동 395-7)
전화   02)374-8616~7
팩스   02)374-8614
이메일   gworldbook@naver.com
홈페이지 www.g-world.co.kr

ISBN   979-11-388-2707-2 (03320)

당신이 만들어가는 미래 재산의 청사진
: MZ세대를 위한 지혜로운 토지 투자 전략

토지로 승부하라

MZ세대의 땅 재테크 비결

최정만(디토픽) 지음

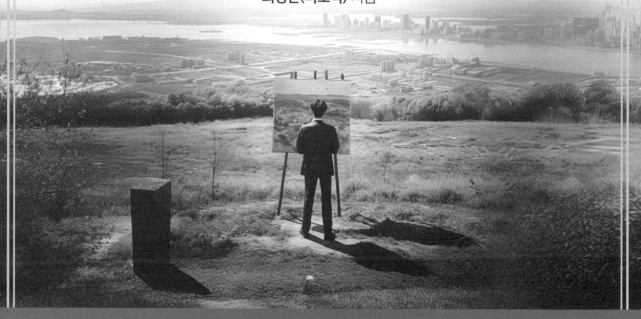

내가 지금 겪고 있는 경제적 상황이 조금이라도 달라지고 싶다면
행동하세요. 그리고 움직이세요. 실패를 두려워하지 마세요.

좋은땅

머리말

안녕하세요. 디토픽입니다. 이 책을 쓰기 전 많은 생각을 했습니다. 어렸을 때 저는 가정 형편이 매우 힘들었지만, 부모님에게 물려받은 성실함과 도전정신으로 고등학교부터 배우의 꿈을 키우기 위해 열심히 대학 준비를 해오며 어려운 시기부터 다양한 경험을 쌓아 왔습니다. 중학교 1학년, 새벽 신문배달부터 3학년 때는 원동기 면허를 취득하고 배달 일을 하며, 고등학교 학비와 학원비를 마련했습니다. 20살 때 연극영화과에 입학하여 재학 중에 장두희 선생님과 함께 고려대학교 창립 기념 행사에서 〈당나귀 꿈〉이라는 연극을 국립극장에서 공연한 기억이 생생하게 남아 있습니다. 하지만 계속해서 연기를 할 수 있는 상황은 아니었습니다. 경제적으로 어려움이 많았고, 군대를 제대하자마자 복학과 함께 CITI은행에서 대출 영업을 하며 오후에는 대학교에서 연기 수업을 받고, 오전에는 직장 생활을 병행했습니다. 그러나 학비와 월세를 충당하기 어려워 웨딩홀 알바를 하면서 식비를 아끼기 위해 남은 음식을 포장하여 일주일치 음식을 확보했습니다.

그런데, 지금은 어떻게 제가 부동산 책을 쓰게 되었냐고요? 대학 시절 첫 주연을 맡은 작품이 아서 밀러의 희곡 〈세일즈맨의 죽음〉이었습니다. 이 작품은 현대 사회에서 자본주의의 부품으로 전락하며 소외당하는 개인, 그리고 급격하게 변화하는 가치관에 적응하지 못하고 결국 붕괴로 치닫는 가정의 비극을 그려 냈습니다. 이 작품에서 주인공 윌리 로먼은 성과가 저조하여 해고될 위기에 처해 있으며, 아내 린다와 아들 비프, 해피와의 관계에 어려움을 겪고 있었습니다. 윌리는 젊은 시절에 성공적인 세일즈맨이었지만, 이제는 시대에 뒤떨어진 것처럼 느껴지고, 아들들 또한 자신의 기대에 부응하지 못하는 것에 대해 실망합니다. 윌리는 자신의 삶에 대해 불만을 품고 결국 스스로 목숨을 끊기로 결심하고 자동차를 이용하여 과속 운전을 합니다. 이 작품에서 인상 깊었던 대사는 "가장 중요한 것은 끝을 잘 내는 것입니다. 저도 끝을 잘 내는 것입니다."였습니다. 저는 제 꿈인 마지막 연극으로 끝을 잘 내고, 삶에서 중요한 수단인 돈을 벌기 위해 부동산 공부를 시작했습니다.

은행 대출 영업사원을 하면서 본격적으로 부동산에 관심이 생겼습니다. 그래서 부동산 회사에 영업사원으로 재취업하면서부터 부동산을 실전으로 경험하고, 부족한 부분은 대학원에 진학하여 더 열심히 배웠습니다. 주머니 사정이 좋지 않았기 때문에 저녁에는 어머니와 작은 숯불닭갈비집을 하고, 거기에 더 욕심이 생겨 지하철 앞에서 붕어빵과 오뎅, 떡볶이도 함께 판매했습니다.

열심히 모은 돈으로 제가 처음으로 부동산투자를 시작한 시기는 27살 때였습니다. 1700만 원을 투자해서 경기도 이천 부발읍에 작은 농지를 샀습니다. 그 후 2년 뒤인 29살에는 개인자금 6000만 원과 2억 원의 대출을 받아 안중읍 송담리의 농지를 2억 6천만 원에 매입하며, 2번째 농지 투자가 시작되었습니다.

당시 투자한 농지에서 상당한 수익을 올린 경험을 통해 여러분과 공유할 수 있는 좋은 기회가 찾아왔다고 생각합니다. 당시에는 아파트나 상가, 주식 등 여러 투자처가 많았지만, 저는 토지의 매력을 느꼈습니다. 농지나 임야, 저평가된 지역에 투자를 통해 리스크는 크지만, 리스크를 줄이는 방법과 환금성이 부족한 부분을 해결할 수 있다면 최고의 투자 방법이라고 생각했습니다. 지금도 가장 선호하는 투자는 원형지투자 방식이며, 자산 포트폴리오를 작성하고 있습니다.

이 책을 통해 많은 분들이 토지의 매력을 느끼고, 노후를 준비하시는 분들, 취업을 준비하시는 분들, 부를 물려주는 것이 아니라 부를 쌓는 방법을 알려 주고 싶은 분들이라면 주변 분들에게 꼭 추천해 주시길 바랍니다.

그리고 내가 지금 겪고 있는 경제적 상황이 조금이라도 달라지고 싶다면 행동하세요. 그리고 움직이세요. 실패를 두려워하지 마세요. 저는 지금까지 계획적으로 준비된 상태에서 시작하지 않았습니다. 주변 친구나 지인들은 제가 바라는 투자 방향이나 사업 방식에 그다지 좋은 반응이 아니었습니다. 항상 반대가 많았죠. 하지만 보여 주고 싶었습니다. 머리로 생각하지 않고 몸으로 부딪혀 경험으로 만들어진 그 행동이 지금의 저를 있게 했다고 생각합니다.

남들이 머리로 생각할 때 머리가 아닌 가슴으로 행동에 옮긴 지금의 제가 과거의 나보다 조금이나마 경제적으로 성장할 수 있게 해 준 것이라고 생각합니다.

이 책을 통해 더 나은 미래와 경제적 자유를 바라는 모든 분들에게 감사와 기쁨을 전하고 싶습니다. 아울러 존경하는 어머니, 아버지, 장인어른, 하늘에 계신 장모님, 그리고 세상에서 가장 사랑하는 우리 아내와 반려견에게 저의 애정을 아낌없이 표현하고 싶습니다. 마지막으로 우리 임직원 여러분에게도 감사의 마음을 전하고 싶습니다.

제가 이 책을 쓰는 이유는 단순합니다. 어려운 환경에서 태어나 경제적 안정을 이루기 위해 열심히 살아온 제 경험을 통해, 여러분들도 행동만 한다면 이룰 수 있다는 것을 보여 주고 싶었습니다. 그리고 제가 부동산투자를 통해 성공할 수 있었던 과정을 통해, 여러분들도 부동산투자로 성공할 수 있다는 것을 보여 주고 싶었습니다.

저는 이 책이 여러분에게 도움이 되기를 바랍니다. 그리고 여러분들이 이 책을 통해 꿈을 이룰 수 있기를 바랍니다. 감사합니다.

2024.02.07

들어가며

한국의 놀라운 부동산 발전 과정은 한국 전체를 투자 번영의 중심지로 변화시켰습니다. 펜데믹 이후 부동산뿐만 아니라 비트코인, 주식, 명품 원자재까지 모든 자산의 가치는 수많은 부유한 사람들을 낳았고, 마치 영혼까지 끌어 투자하는 광풍시대가 끝나고 거품이 꺼져 경착륙된 부동산 시기에 직면하고 있는 것 같습니다. 2019년부터 2022년 1월까지의 시기에는 땅이나 아파트를 사 두기만 하면 몇 배의 수익이 발생할 수밖에 없다는 게 일반적인 생각이었습니다.

하지만 부동산 시장은 변화했고, 이전의 투자 패러다임은 더 이상 적합하지 않습니다. 새로운 시대가 도래하며, 부동산투자 판도에 변화가 일어나고 있습니다. 부동산투자의 1차 타깃으로 아파트에 집중하던 시대가 과거로 사라지고 있습니다. 지금은 전례 없는 부를 창출할 수 있는 새로운 투자 기회를 발견할 때입니다.

결혼과 청약통장으로 아파트를 사는 것이 투자 여정의 정도였던 삶을 상상해 보세요. 주택을 대규모로 공급하는 3기 신도시 특별공급 및 청년주택 등 부동산 시장의 거품은 조금씩 걷어지고 있습니다. 이렇게 3기 신도시에 공공주택이 본격적으로 준공이 되면 펜데믹 이후 2019년~2021년까지 만들어진 거품은 터지고 시장의 엄청난 타격을 입게 될 것입니다.

이 문제는 단기간에 지속되는 것이 아니라 장기적으로 지속될 것으로 예상된다는 것입니다.

앞서 언급했듯이 3기 신도시의 공공주택이 아파트 시장에 미치는 영향은 아무리 강조해도 지나치지 않습니다. 그렇다면, 현재의 우리는 어디에 집중하고 미래에는 어떤 부동산 상품이 유망할지 예측해 봅시다.

자산 3분법에는 부동산, 예금, 주식 어떻게 보면 수익성·안정성·환금성 투자의 가장 중요한 측면으로 수익성, 안정성 및 환금성(유동성) 간의 완벽한 균형을 맞추는 것입니다. 투자의 궁극적인 목표는 이익을 내는 것이지만, 위험을 감수하지 않고는 이익이 있을 수 없습니다. 따라서 수익성과 안정성을 모두 보장하는 자산에 투자하는 것이 바람직합니다. 주식투자는 고위험 고수익 상품의 대명사일 수 있지만 투자 요소에는 수익성과 안정성 못지않게 환금성도 중요합니다. 필요할 때 바로 현금화할 수 있는 현금성이 중요합니다. 따라서 이상적인 투자 상품은 수익성, 안정성, 환금성을 조화롭게 혼합한 상품입니다.

비트코인에 투자해 본 적이 있습니까? 최근 팬데믹 이후 직장인의 70~80%가 코인 세계에 발을 담갔습니다. 그러나 2021 인플레이션 및 금리 인상으로 세계 금융시장 불안과 금융투자 손실로 인해 10억 이상 현금을 보유한 자산가는 코인과 주식의 반대 성격인 안전자산인 토지투자를 고려하게 된 것 같습니다.

실제로 최근 대한민국 금융권의 한 이슈로, SG증권사에서 작전세력이 CFD 상품으로 인해 8조 정도가 증발하고 엄청난 피해자가 생겼던 사건이 있었습니다.

투자의 세 가지 요소와 관련하여 주식과 코인은 위험할 수 있지만 성공만 한다면 높은 수익성을 안겨줄 수 있습니다. 그러나 개미투자자라면 장기적인 이익을 달성하는 것은 상당히 어려울 수 있습니다. 주식은 환금성이 뛰어나 원할 때마다 자산을 청산할 수 있습니다. 하지만 그만큼 원금 손실도 큰 위험이 따르죠.

세 가지 투자 요인의 관점에서 부동산을 분석해 보겠습니다. 부동산은 일반적으로 안정적이고 수익성 있는 투자로 여겨져 왔지만 환금성 측면에서 몇 가지 문제가 발생할 수 있습니다. 부동산은 일반적으로 주식보다 안정적인 투자 수단으로 간주되지만, 최근에는 부동산이 비할 데 없는 안정성을 갖춘 투자 상품으로서의 명성이 줄어들었습니다. 그렇다면 어떤 종류의 투자가 부로 가는 길을 열 수 있을까요?

부동산 상품 중에서도 농지, 산간 지역과 같은 토지는 개발 잠재력과 미래 가치에 대한 예리한 안목을 가지고 있다면 놀라운 안정성과 수익성을 제공할 수 있습니다. 그러나 장기 투자를 요구하며, 이는 본질적으로 현금성 위험을 수반합니다. 긍정적인 면은 개발 활동을 통해 토지의 명칭이 바뀌면 단기적인 고수익 상품으로 변모할 수 있다는 점입니다. 즉 농지나 임야에 대한 투자는 모든 사람이 쉽게 접근할 수 있는 것은 아닙니다. 그럼에도 불구하고 결단력, 부지런한 연구 및 전문가의 조언을 통해 놀라운 결과를 얻을 수 있습니다.

토지투자를 통해 돈을 번 사람들의 이야기를 들어 본 적이 있습니까?

토지투자도 잘못된 투자는 자금이 오랫동안 묶일 수 있습니다. 대조적으로, 수익성 있는 부동산은 동일한 높은 수익을 보장하지 않을 수 있지만 임대 수입과 일정 수준의 현금성을 통해 안정성을 제공합니다. 성공적인 토지투자를 위해서는 다양한 개발 계획을 검토하고, 포트폴리오 전문가와 상담하고, 법적 세금 요건을 준수하고, 불확실성을 최소화하기 위해 철저히 준비하는 것이 중요합니다. 이러한 과정을 통해 부동산 토지의 숨겨진 잠재력과 미래 가치를 밝혀낼 수 있습니다.

저도 예전에는 토지를 볼 땐 시각적인 이미지에 투자 방식이 많이 흔들렸습니다. 주변 농지에 빨간 깃발이 세워지거나, 포크레인이 흙을 파거나, 주변 토지에 건물이 지어지는 것을 보고 그 지역이 개발하기에 딱 좋은 타이밍이라고 믿을 때만 투자할 수 있었습니다. 당시 투자했더라면 가장 최적의 타이밍이었을까요? 그 시점에서 이미 토지의 지가는 시장 가격에 반영된 상태이고, 원형지투자로써 더 이상 상승할 수 없습니다. 또한 전문 투자자들은 빠른 시일에 그 지역을 이미 토지를 매도하고 나왔을 것입니다.

개발 계획이 발표되고 프로젝트가 진행 중인 신도시 및 재개발·재건축에서는 이미 시장이 반응했기 때문에 단기로 시세차익을 기대하기 어렵습니다. 물론 장기적으로 이러한 지역은 개발이 완료되면 계속해서 가치가 상승할 것이지만 증가율은 더 완만할 것입니다. 현재 이 책을 읽고 있는 독자분들의 주변에서는 토지투자로 돈을 잃은 많은 사례가 있으며, 주변 지인의 말만 믿고 개발 가능성이 없는 땅에 투자한 경우가 많을 수 있습니다.

토지투자로 돈을 잃는 대부분의 사람들은 개발 잠재력이 없는 토지를 매입합니다. 아무리 반듯하고 집 짓기에는 좋아 보일지라도 개발 가능성이 없는 지역이거나, 토지 자체가 각종 규제를 받고 있다면 투자 손실은 불가피합니다.

불행히도 많은 투자자들이 값싼 땅을 찾아 이러한 실수를 범합니다. "싼 게 최고야, 그렇지?" 일부 부동산 컨설턴트, 특히 기획부동산의 경우 토지를 무차별적으로 포장하고 판매하는 경우가 많으므로 피해야 합니다. 예로 2021년 당시 성남 금토동에 모 일대가 판교신도시의 파급효과와 3차 판교테크노밸리 이슈로 청계산이 다수의 소비자에게 지분 판매가 된 사례가 있습니다. 아무리 국가의 계획에 따라 주변이 신도시가 지정되고 일자리가 창출된다고 해도 보전 지역인 도시자연공원과 같은 대상지는 100년이 지나도 보전 지역이라는 말입니다. 주변 호재에 귀를 닫고, 토지의 미래 가치를 연구하고, 사용 용도와 향후 기반시설 및 국가 도시계획을 고려하는 것은 더 나은 투자 결정을 내리는 데 필수적입니다.

국토교통부의 보도자료와 행정안전부의 전자관보 안내로 성공적인 부동산투자 여정을 보장할 수 있습니다. 그렇다면 개발 가능성과 미래 가치를 고려한 이상적인 장소는 어디일까요?

본질적으로, 지금은 그림자 속에 숨겨져 있을지 모르지만 미래에는 햇빛을 쬐게 될 장소를 찾는 안목을 개발하는 것입니다. 장기 개발 계획과 교통망을 철저히 분석하고 개발축을 파악함으로써 향후 개발 예상 지역을 파악하고 저평가된 가격으로 자산을 확보할 수 있는 다양한 투자 방식이 있습니다.

물론 말처럼 간단하지 않을 수도 있습니다.

사실, 부동산투자를 한 번도 해 보지 않은 사람들에게는 쉽지 않습니다. 그러나 "숨겨진"이라는 단어를 기억하십시오. 미래의 개발 잠재력은 교통 인프라와 같은 기반시설이 해당 지역에 가까워야 함을 의미합니다. 탁 트인 평야와 구릉지 지역은 개발 비용이 저렴합니다. 따라서 대부분의 신도시 유형의 도시 또는 평야 지대가 많다는 점은 주목할 가치가 있습니다.

예를 들어, 쭉 파인 들판이 우리 앞에 펼쳐진 논밭 주변이 투자 가치로 매력이 없어 보일 수 있습니다.

겉보기에 애매모호한 풍경 속에서 독자분들의 예리한 눈과 정보에 입각한 미래 가치가 있는 부동산투자의 숨겨진 보석을 드러낼 것이기 때문에 도전을 받아들여야 합니다. 성공에 대한 열정이 그림자를 헤쳐 나가도록 안내해 드리겠습니다.

토지 미래 가치를 분석했는데도 투자의 실패로 간다면?

앞서 언급했듯이 부동산 토지투자에서 이익을 얻으려면 약간의 위험을 감수해야 하며, 단기적으로 실수를 한 것처럼 보일지라도 잘 조사된 위치 선택이 결국 성과를 거둘 수 있습니다. 모든 투자가 완벽한 타이밍에 관한 것은 아니라는 점을 기억하셔야 합니다.

일반적인 사람들은 명확한 개발의 그림이 그들 앞에 제시될 때만 행동하는 경향이 있습니다. 그러나 노련한 투자자 또는 저자 입장에서는 미래가 펼쳐지기 전에 미래를 구상하고 그에 따라 움직일 수 있습니다. 이러한 선견지명은 성공적인 투자에 필수적입니다.

여기서 강조하고 싶은 것은 부동산투자가 겉모습만으로 판단되어서는 안 된다는 것입니다. 물론 모든 사람이 가장 매력적인 부동산을 원하지만 이미 사용 용도가 정해진 택지나 강남의 상업용지는 필연적으로 비쌉니다.

예를 들면, 한남3구역 재개발 계획, 건설 단계, 준공 단계 등 계단식 수익 창출을 통해 부동산 가격이 계속 상승할 수 있지만, 언론에서 언급되는 자산, 특히 부동산 관련 서적은 단기적으로는 진부한 표현이 되는 경우가 많을 수밖에 없습니다. 부동산 자산 중 대한민국 사람들이 가장 선호하는 투자 자산 형태는 역시나 아파트죠. 많은 데이터를 확인할 수 있고 눈에 보이고 재개발·재건축만 확정된다면 지금의 가격보다는 몇 배는 올랐던 과거의 기억들이 있기 때문이죠.

저는 부동산투자 시 불안 요소에 대해 완전히 이해합니다. 부동산투자에서 성공하기 위한 핵심은 미래의 가치를 파악하고 다양한 투자 방식을 배우며 선견지명을 키우는 것입니다.

토지나 건물에 투자할 때 깨끗하고 매력적인 자산에 끌리는 것은 자연스러운 일입니다. 그러한 부동산이 미래 가치를 지니고 있다면 더 높은 가격이라도 선택하는 것이 합리적일 겁니다.

지금껏 강남3구 지역은 재건축을 통해 높은 수익률을 창출했고 자산 삼분법으로 보더라도 수익 안정성과 환금성까지 두루두루 자산을 쌓을 수 있었기 때문이죠. 사실 강남 또한 2021년 최대 자산 버블로 인한 거품이 조금씩은 빠지고 있지만 현재 시장에서 강남3구의 양질의 부동산 자산은 아주 매력적으로 느껴질 수도 있습니다. 2년 전 전고점 대비 -30% 정도나 경착륙 상태에 지금이 최적의 강남 입성 타이밍라는 전문가들의 조언들이 있습니다. 하지만 문제는 대부분의 사람들이 20~30억짜리 재건축 단지에 투자할 여유가 없다는 것입니다. 부유층은 나름대로의 투자 전략을 가지고 있지만 일반 개인이 따라갈 수 있습니까? 누구나 투자의 기회라고 생각할 수는 있지만 같은 출발점에서 시작하더라도 모든 사람이 손이 닿지 않는 곳은 있습니다. 그렇다면 부동산에 투자하기 위해 필요한 다른 접근법은 무엇일까요? 아파트 시장이 아닌 환금성은 부족하고 가장 두렵고 어렵다는 토지 시장에 관심을 기울여야 합니다. 토지 시장을 접근할 땐 지역 및 위치 분석과 자산 특성을 식별하는 것도 중요하지만 각 토지의 특성을 개별적인 포트폴리오로 구성하여 부동산의 위치, 주변 인프라, 도시성장 가능성과 같은 요소를 고려하고 이러한 측면을 종합적으로 분석하는 접근이 필요합니다.

강남 입성 재건축·재개발 단지에 투자하고 싶은 유혹이 있지만, 고액 투자자가 아닌 소액 투자자로서 현재 최상의 상태에서 잠재적으로 가치가 높은 부동산을 선택하는 것이 우리의 목표입니다.

보이는 모습은 완벽하지 않지만 토지의 미래 가치를 볼 수 있는 능력을 개발해야 합니다. 토지 위에 존재하는 모든 정착물의 가치는 토지로부터 시작되고 토지의 미래 가치로 끝을 맺을 수 있습니다.

부동산 활황기에는 매우 비싸거나 불리한 조건으로 토지 매물이 등장할 수 있지만, 내제 가치와 입지의 보석을 발견할 수 있는 안목이 있다면 비싸다고 무조건 불리한 조건은 아니라는 것입니다. 주변 그린벨트나 자연환경보전지역이 개발 불가지역인 토지들 주변으로 훼손된 농경지나 임야 주변의 보여지는 토지들도 겉보기에 매력적이지 않은 대상지이지만, 향후 노후 대비를 해 줄 효자 자산으로 바뀔 수 있다는 것입니다.

과거 영동 지구발(강남개발)의 황금 티켓이 독자님에게 발권이 될 수도 있습니다.

우리는 지금껏 토지투자 결정을 하지 못한 이유는 '토지투자를 할 수 없다'라고 단정 지어 왔기 때문입니다. 토지에 대한 선입견과 부족한 정보성(가격 및 입지 향후 가치) 등 토지의 면적 단위로 큰돈이 필요하다는 선입견도 존재합니다. 하지만, 우리는 이런 선입견을 반대로 생각하고, 내재 가치를 볼 수 있는 능력을 개발하여 다른 사람들이 볼 수 없는 가치를 발견할 수 있어야 합니다. 과연 그 능력을 키울 수 있을까 가능성에 대해 걱정할 수 있지만, 독자분들 걱정 마세요. 이 책을 펼친 순간부터 능력은 이미 달라졌습니다.

건물이 있는 토지를 평가할 때 사람들은 건물의 상태에 초점을 맞추는 경향이 있습니다. 그러나 정보에 입각한 결정을 내리려면 토지의 가치를 우선시해야 합니다.

부동산은 보여지는 게 중요하죠?
토지와 건물이 포함된 부동산을 평가할 때 어떤 요소를 고려해야 할까요?

건물이 있는 토지를 평가할 때 토지의 가치와 건물의 가치를 모두 고려하는 것이 중요하다는 이해가 옳습니다. 토지는 일반적으로 시간이 지나도 가치를 유지하지만, 건물은 노후화나 기타 요인으로 인해 감가상각(減價償却)될 수 있습니다. 어떤 경우에는 토지의 잠재력을 극대화하기 위해 기존 건물을 철거하고 새 건물을 짓는 것이 더 합리적일 수 있습니다.

부동산투자에 관해서는 부동산의 위치, 용도 및 수익성을 고려하는 것이 필수적입니다. 해당 지역의 개발 잠재력과 투자의 미래 가치에 대한 이해가 포함됩니다. 개발축 또는 기반시설 주변에 따라 투자하는 것은 종종 도로와 인프라를 따르기 때문에 토지투자의 유망한 전략이 될 수 있으므로 투자자에게 투자를 통한 수익 창출의 모델이 될 수 있습니다.

한 지역의 발전축을 분석하기 위해서는 국토종합계획, 광역계획, 도시기본계획 등 다양한 개발 계획을 고려해야 합니다. 이 분석은 국가 전체의 거시적 수준과 개별 도시 또는 지역의 미시적 수준에서 모두 수행되어야 합니다. 도로변이나 도시의 발전축을 따라 토지에 투자하는 것이 유리할 수 있지만, 너무 도로변에 가까운 대상지는 완충녹지로 지정되거나 지정될 예정인 경우에 토지 가치에 부정적인 영향을 미칠 수 있으므로 도로 주변 농지 및 임야투자 시 주의해야 합니다.

개발 계획과 토지이용 규제는 부동산투자 과정에서 중요한 역할을 하기 때문에 사실상 동전의 양면입니다. 개발 계획은 잠재적으로 상당한 이익을 창출할 수 있지만, 정부에서 개발 계획이 발표되면 대상지 주변의 토지들은 토지거래허가구역이나 개발행위제한지역으로 시행되어 매도 타이밍을 놓치거나 토지를 매입할 때 많은 제약이 붙게 됩니다.

실제 개발 계획 수립 및 발표 과정은 통상 국토교통부나 지방자치단체가 공식 발표하기 전까지 장기간 도시계획 및 교통연구를 통해 관련 기관인 한국개발연구원, 국토연구원, 정부기관 간 공청회 또는 세미나를 통해 유튜브 및 온라인 SNS 플랫폼에서 각 지자체의 도시개발 계획 및 도시발전 방향 공개를 통해 국민에게 개발의 개방성과 투명성을 공개하기 때문에 초보 투자자들은 개발 정보에 조금만 관심을 기울인다면 많은 정보를 제공받을 수 있습니다.

개발 정보에 입각한 토지투자는 개발지가 고시된 이후 안정적이 투자일 수는 있지만, 이미 시장가로 매입했기 때문에 개발 계획에 따라 보상이 이뤄지고 공사가 시작되면 일시적으로 토지의 가치가 상승할 수도 있습니다. 그러나 시간이 지나면서 거래량이 줄고 가격이 보합되는 경우가 많습니다.

토지투자는 개발 계획이 무산되거나 중장기 사업으로 진행되는 것이 많기 때문에 인내심이 필요하며, 투자자들은 위험과 잠재적 리스크를 따져 봐야 합니다.

부동산투자에 앞서 등기부등본, 지적도 토지대장 또는 임야대장, 토지이용계획확인서 등 '4대 서류'를 검토하는 것이 중요합니다. 특히 토지이용계획확인서는 공법상 각종 제한사항에 대한 세부 사항을 제공하고 있어 가장 중요한 문서입니다. 토지이용계획확인서를 검토함으로써 투자자들은 투자처 부동산에 적용되는 특정 토지이용규제에 대한 정보에 입각한 개발행위나 각종 지자체 조례 및 규제를 확인할 수 있습니다.

토지투자는 쉬운 과정이 아닙니다.

개발 계획과 토지이용규제에 대한 철저한 조사와 119개의 토지 법률의 이해가 필요합니다. 토지이용계획확인서 및 각지 지자체의 도시개발 관련 문서를 주의 깊게 검토함으로써 투자자는 더 많은 정보를 통해 다양한 결정을 내리고 잠재적으로 투자 수익률을 극대화할 수 있습니다.

목차

머리말   4

들어가며   7

토지투자로 비밀스럽게 번창한 대한민국

1. L(Lotte) - 대담한 토지투자의 도약, 신격호 회장의 예술 같은 현명함과 판단력   20

2. O(Original) - 원조 땅부자들의 기회와 재능, 승산마을의 세계   31

3. V(Venture) - 도전적인 벤처기업의 성지, 언주면 삼성리에서 시작되는 혁신과 변화   35

4. E(Electronic) - 전자산업의 향연, 삼성, LG, 현대의 토지투자처에서 수익을 만나다   43

땅을 통한 새로운 희망, 대한민국의 출산 고령화 대응

1. 인구소멸지역   52

2. 인구소멸지역의 혁신적인 토지 재테크 전략   54

3. 수요 창출을 위한 토지 공급의 힘과 투자 기회   58

4. 파이어족 토지 투자 방법   64

부자들의 비밀스러운 재테크 방법

1. 토지제도의 열쇠, 지목과 용도의 비밀 공개!   70

2. 국토개발의 이해, 제5차 국토종합개발계획으로 미래의 흐름을 예측하라!   80

3. 미래를 엿보는 지혜, 실용적인 개발 정보 사이트로 토지투자의 성공 공식 완성하기   90

인프라 정보는 힘이자 돈이다! : 현명한 토지투자의 시작

1. 도약하는 철의 길, 제4차 국가철도망 구축계획 혁신과 도전   94

2. 신규 공항 투자지역의 미래성과 투자 잠재력   99

3. 새로운 도시의 탄생, 공공택지 신도시 투자지역의 비즈니스 기회와 발전   104

4. 국가첨단산업 조성사업으로 펼쳐지는 경제 변화와 성공적 토지투자 전략   108

🔼💰 토지 경매의 무한한 잠재력 :
경매를 통한 부동산투자의 새로운 시대

1. 기초 권리분석 이해하기 : 공적 장부를 활용한 권리분석의 핵심 원리　　116

2. 경매 입찰 전략과 방법 : 성공적인 경매 입찰을 위한 전략 및 방법론　　121

3. 토지 경·공매의 가치 평가 필수 : 경매 공매 투자의 유의점과 가치 분석 방법　　127

🔼💰 토지 취득과 지목변경을 통한 개발행위 :
성공적인 부동산 개발을 위한 전략과 노후 보장

1. 토지 취득 방법 : 농림지역에서의 토지 취득 신청과 세제 혜택 활용　　136

2. 자금 조달과 부동산 개발 : 은행 자금과 PF프로젝트 파이낸싱을 활용한
　 부동산 개발 전략　　204

3. 노후 보장을 위한 농지연금 : 노후 보장을 위한 농지연금의 중요성과 실행 방법　　209

4. 산지연금으로의 노후 보장 : 산지연금을 활용한 노후 보장 전략과 실행 방안　　214

🔼💰 토지투자 메이크오버 : 성공을 위한 현명한 전략

1. 희망의 BUY, 전략적인 SELL : 토지투자의 어려움과 성공을 위한 전략　　220

2. 토지의 디지털 혁신 : NFT와 STO를 통한 토지투자의 새로운 가능성　　226

3. 지분투자의 미덕과 기획부동산의 유혹 : 토지투자에서의 신중한 선택　　232

4. 토지 소유의 등기 방식 이해 : 토지투자에서의 지분등기 방식의 이해와 응용　　236

5. 제4수도권 정비법으로 주목받는 유망지역　　241

6. 초보자를 위한 유망지역 : 초보 투자자를 위한 안전하고 성장 가능성 높은
　 토지투자지역 소개　　254

토지투자로
비밀스럽게 번창한
대한민국

L(Lotte) - 대담한 토지투자의 도약,
신격호 회장의 예술 같은 현명함과 판단력

한국에서 제일 높은 건물이 어디일까? 63빌딩? 인천 송도타워? 부산 시그니엘? 바로 서울 송파구 잠실동에 위치한 123층 555m 서울 롯데타워입니다. 국내 최대 유통기업인 롯데그룹은 국내 최대 유통기업으로, 그룹의 총수인 신격호 회장은 최상의 입지를 알아보는 안목과 더불어 과감한 부동산투자로 한때 한국인 중에서 세계 부자 랭킹 최고 순위까지 도달한 경험을 가지고 있습니다. 신격호 회장은 어떻게 최고의 입지를 판단하고 부동산 사업으로 접목했는지 투자 방법을 알아보겠습니다.

신격호 회장은 울산에서 농업 학교를 졸업한 후, 축사에서 종자 관리하는 일을 하다가 20살 때 배를 타고 일본으로 건너갑니다. 그 이후에는 우유배달 및 할 수 있는 일은 닥치는 대로 일을 해 왔습니다. 고등학교와 대학을 졸업한 후, 첫 사업으로 비누를 만들어 판매를 통한 돈을 모았고, 이후 껌을 판매하여 사업을 확장하게 됩니다.

마흔다섯 살의 재일교포 사업가인 신격호 회장이 일본에 가서 일하고 공부하며 사업을 일으키고 도전하는 중에 첫 번째 부인께서 돌아가시게 됩니다. 신격호 회장은 아내를 잃은 슬픔을 극복하고 계속해서 사업에 몰두하면서 성공을 향한 집념을 가지고 다시 일어납니다. 그 후 다시 학교를 졸업하고 새로운 유통사업에 도전하였습니다. 또한, 신격호 회장은 젊은 시절부터 문학에 대한 열정을 갖고 있었으며, 작가가 되기를 꿈꾸고 있었습니다. 신격호 회장이 가장 좋아했던 작품 중 괴테의 《젊은 베르테르의 슬픔》에서 여주인공인 샤롯데의 이름을 따서 롯데라는 이름으로 창업하게 되었고, 지금까지도 롯데그룹의 주요 시설들에 샤롯데라는 이름이 많이 사용되고 있습니다.

롯데는 1960년대 초반에 일본에서 제과업체로 자리를 잡고 있었는데, 이때, 대한민국은 세계 최빈국 중에 하나였습니다. 당시 대한민국의 1인당 국민소득은 110달러(13만 원 정도)였고, 일본은 GDP 당시 1100달러(130만 원 정도)로 대한민국보다 약 10배 정도 더 급격하게 성장하고 있었습니다. 당시 한국 정부는 재미교포인 신격호 회장의 사업 수단과 재력을 인식하게 되었고, 한국에서도 사업을 할 수 있도록 정부 지원 및 여러 세제 혜택을 통해 신격호 회장의 한국 투자를 장려하였습니다. 1963년도 한국에서 롯데제과를 설립하고, 일본의 인프라시설 및 고도성장으로 변화가 빠른 도심지 변화 과정을 몸소 체험하였으며, 이를 통해 대한민국은 관광과 유통 분야에 주력하여 미래 발전을 추구할 것을 예상하고, 이에 맞춰 본격적으로 부동산을 매입하기 시작합니다.

1970~1980년대 많은 인구가 서울로 모이면서 박정희 전 대통령은 4대문 안쪽으로 과밀억제권역 인구가 밀집된 시설에 대한 부동산 규제를 시행하고 있었습니다. 당시 롯데는 유통업과 관광산업으로 사업을 확장을 하고 있었으며, 소공동에 외국인이 묵을 수 있는 호텔이 조선 호텔과 반도호텔

이 존재했습니다. 그중 반도호텔은 경영난으로 시설 투자가 잘 이뤄지지 않았고, 이에 정부는 롯데에 반도호텔 및 주변 부속 토지를 취득할 수 있는 기회를 제공하게 됩니다. 신격호 회장은 서울의 과밀억제권역에 위치한 반도호텔 부동산을 취득함으로써, 서울 부동산투자를 본격적으로 시작하게 됩니다. 서울시에 주변에 호텔과 쇼핑몰 사업을 계획하고 제안했으나, 당시 4대 문안 과밀억제권역은 백화점 입점이 어려웠기 때문에, 서울시와 협력해 쇼핑몰로 변경 후 롯데쇼핑으로 사업을 진행하고, 반도호텔을 다시 짓게 됩니다.

1990년 초반 당시 최고 수준의 호텔로 준공을 맞이하고, 국내 최대 규모의 백화점과 호텔을 성장시킨 롯데가 국내에서 사업을 확장하고 유통재벌로 거듭나는 결정적인 계기가 되었습니다.

롯데 소공동 호텔은 대한민국에서 거의 최대규모의 건물이었습니다. 경부고속도로 양재IC(690억 원)를 짓는 만큼의 자금이 들어갔습니다. 1963년부터 1979년까지, 즉 박정희 대통령 집권기에 전국의 평균 땅값은 180배가 상승했으며, 이는 같은 기간 동안의 예금 소득의 10배에 달합니다.

1974년에는 칠성 사이다로 유명한 동방 청량음료를 인수하였고, 이는 지금의 롯데칠성이 됩니다. 이어서 1979년에는 호남석유화학을 인수하여 롯데케미칼의 기틀을 다지고, 1980년대에는 서울올림픽으로 몰려들 관광객이 대비해 잠실에 롯데호텔월드를 건설합니다. 그리고 한때 세계 최대의 실내 테마파크인 롯데월드 어드벤처가 준공되면서 유통시장에서도 당시 1위의 장악력을 보여 주었습니다.

신세계와 현대백화점이 전국에 12개, 15개 정도의 매장만 있었던 반면, 롯데백화점은 전국에 32개가 넘는 매장이 있었습니다. 신격호 회장은 1988년 일본의 부동산버블로 포브스가 선정한 세계 부자 4위에 오르기도 했습니다. 신격호 회장이 세계 4위 부자로 오를 수 있었는지 서울의 주요 토지를 보유한 주요 계열사와 상장 회사 위주로 롯데그룹의 부동산 입지를 한번 알아보겠습니다.

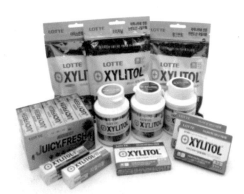

▲ 롯데제과 로고, 껌 대표 제품 (출처:롯데제과)

지역	사업장	소재지
국내 (본사 및 주요공장)	본사 사옥	서울특별시 영등포구 양평로 21길 10(양평동5가21)
	영등포 공장	서울특별시 영등포구 양평로 21길 25
	평택공장	경기도 평택시 진위면 경기대로 1952
	대전공장	대전광역시 대덕구 문평로 18번길 21
	양산공장	경상남도 양산시 양산대로 511(산막동)
	향남공장	경기도 화성시 향남읍 제약공단4길 74
	부산공장	부산광역시 기장군 정관면 산단2로 11
	수원공장	경기도 화성시 정남면 괘랑1길 42-27
	증평공장	충청북도 증평군 도안면 원명로47

출처 : 롯데그룹 홈페이지 연혁

먼저, 롯데제과입니다. 롯데그룹의 모체인 롯데제과는 1967년에 설립되었습니다. 롯데제과의 주요 사업장은 영등포 양평동으로 본사 사옥 및 공장을 소유하고 있으며, 지방 여러 곳에도 공장을 운영하고 있습니다.

특히, 9호선 선유도역 근처에 위치한 본사와 영등포 공장 부지는 '노른자 땅'으로 유명합니다.

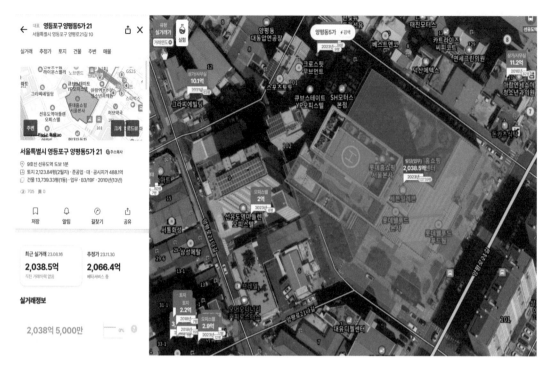

2010년 1월, 롯데제과는 국제회계 기준 도입으로 인해 2640억 원의 토지를 자산 재평가를 하기로 결정하였고, 감정평가 결과 3740억 원의 평가 차액이 발생하였습니다. 이로 인해 2009년 말 기준의 시세로는 6400억 원에 해당하는 토지를 보유하고 있다고 추정됩니다.

참고로 회계 장부 상의 토지 금액은 일반적으로 토지 취득원가를 기준으로 합니다. 다만 국제회계기준을 최초로 도입할 때는 유형 자산을 공정가치로 측정할 수 있는데, 이를 간주원가로 사용합니다. 롯데그룹의 경우, 2010년의 IFRS를 도입하면서 간주원가를 적용하고 2009년 말 기준으로 모든 토지를 재평가하였습니다. 토지의 평가는 감정평가 방식을 사용하며, 2009년 이전에 소유한 토지는 재무제표에 2009년 말에 감정평가된 금액이 기재되어 있습니다.

따라서, 재무제표상의 장부가액은 실제 시세 및 최근 평가와는 차이가 있을 수 있다는 점 참고하시기 바랍니다. 물론, 10년이 지난 현재 시세는 훨씬 높을 것이 분명합니다.

두 번째 회사는 롯데칠성음료입니다. 롯데칠성음료는 1950년에 동방음료라는 이름으로 설립되어 탄산음료 및 주스의 음료 제품을 만드는 회사였습니다.

대표적인 제품으로 칠성 사이다를 생산하던 이 회사는 재정난을 겪으면서 1974년 롯데 제과에 의해 인수되어 롯데그룹에 편입되었습니다. 롯데칠성음료의 주요 공장들은 지방의 위치하고 있습니다.

<주요 사업장 현황>

지역	사업장	소재지
국내 (주요공장)	안성공장	경기도 안성시 미양면 제2공단1길17
	오포공장	경기도 광주시 오포읍 양벌로 257
	대전공장	대전광역시 대덕구 문평서로 57
	양산공장	경상남도 양산시 북정공단1길 28
	광주공장	광주광역시 북구 양일로 111
	안성2공장	경기도 안성시 미양면 논공단지길24
	강릉공장	강원도 강릉시 관솔길7
	군산공장	전라북도 군산시 외항 1길 222
	경산공장	경상북도 경산시 진량읍 대구대로 284-33
	부평공장	인천광역시 부평구 부평대로 131번길27
	청주공장	충청북도 청주시 청원구 내수읍 우산길 71
	충주공장	충청북도 충주시 대소원면 기업도시로82
	충주2공장	충청북도 충주시 대소원면 메가폴리스로87

출처 : 롯데그룹 홈페이지 & 디스코 예상 감정가 및 실거래가

하지만 롯데칠성음료의 핵심 토지는 유통 사업장으로, 강남역 도보 1분 거리에 위치한 서초구 롯데칠성 유통 물류 센터입니다. 이 사업장은 삼성 서초 사옥 옆에 위치하며, 면적만으로 보면 삼성 서초 사옥 부지보다 더 넓다고 알려져 있습니다. 해당 부지는 면적 11,874평으로, 추정 가치는 1.7조 원이고, 공시가는 7,046억 원으로 공시되었습니다. 해당 부지는 2009년 말 기준으로 토지 재평가를 실시했습니다.

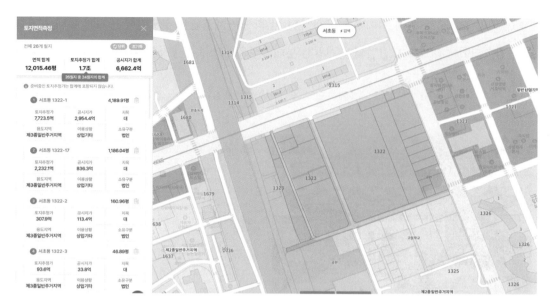

출처 : 디스코 예상 감정가 및 실거래가

현재의 강남 시세를 적용한다면 해당 토지의 가치는 1.7조 원 이상의 수준으로 형성될 것으로 판단됩니다. 향후 서울시와 강남구 도시기본계획 변경으로 용도지역이 변경되며, 최고 용적률을 적용받아 월드타워 555m를 뛰어넘을 수 있는 마천루를 지을 수 있는 요지라고 분석됩니다. 롯데 입지는 초역세권 주변으로 위치하고 있으며, 롯데의 입점 이후 도시 기반시설이 설치되었고, 넓은 이면도로 및 용도의 종상향으로 지가는 천정부지로 오를 수밖에 없는 위치에 있습니다. 신 회장은 과거부터 신설역 주변에 롯데마트 및 롯데백화점을 유치시키는 등 대한민국 거점역에는 꼭 롯데가 있지 않습니까? 교통의 중심지 주변으로 택철법(택지개발철도법) 도시개발 이뤄졌던 일본에서 이미 성공한 일본 롯데의 성장 사례를 통해 대한민국 부동산 입지를 바라보는 시선과 경험이 접목된 거라 생각됩니다.

세 번째 회사는 롯데푸드입니다.

1958년 삼성그룹의 이병철 회장님이 일동산업이라는 이름으로 설립한 회사로 주요 제품은 아이스크림, 마가린, 마요네즈, 케첩, 식용유 등입니다.

1977년 롯데그룹에 인수되어 롯데삼강으로 상호를 변경한 후, 오랜 기간 동안 사업을 진행한 롯데삼강은 파스퇴르와 롯데 햄을 합병하면서 2013년 4월 롯데삼강에서 롯데푸드로 상호를 변경했습니다.

롯데삼강 주요 공장들은 지방에 위치하고 있지만, 롯데푸드 최초의 공장은 원래 도심 한복판에 위치하고 있었습니다. 해당 토지는 기업형 임대주택을 만들기 위해 부동산투자회사로 신탁되었습니다. 이 부동산투자회사의 주주는 롯데그룹으로, 2017년 당시 매각대금이 2300억 원 규모였습니다.

2010년 재평가 시 롯데푸드가 소유한 토지는 지방 공장을 포함하여 1186억 원 규모였습니다. 그러나 2017년에는 문래동 부지만 2300억 원으로 감정을 받았고, 공장 부지가 주택 건설이 가능한 토지로 용도 변경이 이루어지면서 대박이 난 사례로 볼 수 있습니다.

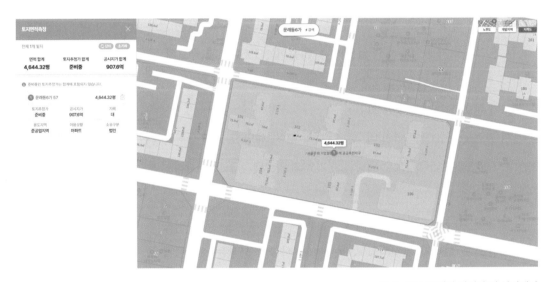

출처 : 디스코 예상 감정가 및 실거래가

현재 해당 부지에는 반경 1㎞ 이내에 지하철 2호선 문래·도림천역과 5호선 양평역이 위치하고 있어, 서울 주요 업무지구를 환승없이 이동할 수 있습니다. 또한, 주변에는 홈플러스(영등포점), 코스트코(양평점), 현대백화점(디큐브시티점) 등 생활편의시설이 가까이 위치해 있습니다.

단지 인근에 안양천생태공원, 도림천생태공원, 문래근린공원 등을 도보로 이용할 수 있으며, 양화 한강공원, 선유도공원 등도 가까워 산책 및 여가활동을 즐기기에 좋은 공간으로 2020년 4월 '문래 롯데캐슬'이 준공되었습니다.

2022년 3월에 롯데푸드는 롯데제과와 합병이 결의되어 롯데제과에 흡수되었습니다.

네 번째 회사는 롯데쇼핑입니다. 롯데쇼핑은 1970년에 만들어진 유통기업으로, 롯데백화점, 롯데마트, 롯데시네마, 아르떼 슈퍼, 하이마트 등의 다양한 사업을 영위하고 있습니다.

롯데쇼핑은 2019년 3분기 기준으로 15조 원 규모의 유형 자산과 16조 원 규모의 투자 부동산을 보유하고 있습니다. 모든 롯데백화점과 롯데마트가 위치한 곳의 토지가 롯데쇼핑의 것이 아닙니다.

직접 소유하고 있으며, 나머지 지점은 임차하여 사용하고 있습니다. 백화점 현재 32개 매장을 보유하고 있으며, 이 중 23개 지점에 대해 토지를 소유하고 있습니다. 백화점 토지의 장부가액은 3조 4천억 규모입니다.

롯데마트는 전국에 124개 지점을 운영하고 있으며, 이 중 65개 지점은 내한 토지를 직접 소유하고 있습니다. 장부가액으로는 2조 원 규모입니다. 그 외 하이마트는 정부 470개 지점에 대한 2300억 원 규모의 토지를 보유하고 있으며, 롯데슈퍼는 1950억 원 규모의 토지를 보유하고 있습니다. 그밖에 인천터미널 부지는 7727억 원, 롯데타운 동탄 토지는 1910억 원, 롯데 송도 쇼핑타운 토지는 896억 원으로 감정되어 있습니다.

앞서 말했듯이 2009년 이전 취득한 토지의 경우, 해당 토지의 장부가액은 2009년 말 시세 기준이며, 실거래가액은 대략적으로 해당 감정가액의 약 2배 정도로 생각하시면 됩니다.

다섯 번째 회사는 호텔 롯데입니다.

1973년 호텔 롯데가 설립되었고, 롯데호텔 서울의 시작은 88올림픽을 계기로 잠실에 테마파크 롯데월드와 쇼핑몰 복합 호텔을 개관한 1979년이며, 그 이후 부산, 제주, 울산 등지에도 쇼핑몰 및 호텔을 건립했습니다. 호텔 롯데는 롯데 면세점, 호텔, 테마파크, 리조트, 골프장 등을 담당하는 회사로, 호텔 롯데의 토지 장부가액은 5조 원 규모입니다.

여섯 번째 회사는 롯데물산입니다.

롯데물산은 1982년에 설립되어 관광 호텔업을 운영 중이며, 롯데월드타워 건설 사업을 완료하여 롯데월드타워와 롯데월드몰의 개발과 운영을 맡고 있습니다.

장부가의 기준으로 1.5조 원의 토지를 보유하고 있는데, 롯데월드 내에 롯데백화점(잠실점)만 민간 감정업체에서 조사한 공시지가는 5.5조 원으로, 추정 시세로는11조 원입니다. 또한, 제2의 롯데월드는 공시가는 8.3조 원이고, 추정 시세로는 9.2조 원이라고 합니다.

그 외에 조사에 따르면 소공동 롯데 본점의 시집가는 1.5조 원이고, 추정 시세로는 4.5조 원이며, 앞서 살펴본 롯데칠성음료의 서초동 물류창고는 공시지가 2천 300억 원, 추정 시세 1.6조천억, 또한, 부산 롯데호텔의 공식가는 5천억 원이며, 추정 시세로는 8,500원 규모입니다.

지금까지 롯데그룹이 소유하고 있는 토지의 위치와 자본력 역사에 대해서 간략하게 살펴보았습니다. 롯데그룹의 부동산 토지투자는 통찰력 있는 안목과 오랜 기간을 기다리는 인내심을 필요로 합니다. 신격호 회장은 오랜 기간 동안 토지를 보유하고 투자함으로써 천문학적인 자산을 형성한 것으로 보입니다.

대한민국은 1970년 이후 산업화가 본격화되고 도시화가 되면서 국민들의 생활수준이 급격히 상승하고 세계 수준의 나라로 성장하였습니다.

롯데는 그 과정에서 국민들의 소비에 대한 갈증을 풀어주었고, 지역의 입지 조건과 국토계획의 인프라 정보를 통해 개발지 주변에 지속적인 토지투자를 통해 많은 이익을 창출하였습니다. 롯데는 과거 전북보다 인구가 적었던 서울에 투자하여 다른 기업들이 서울 지역 공장이나 물류센터를 매각하고 지방으로 이전하는 것과는 달리 서울에서 버텨 내면서 토지 시세 상승에 대한 이익을 누리게 되었습니다.

롯데 토지 전략을 보면서 역시 땅 사서 묻어 놓는 게 최고라고 생각할 수 있습니다. 한국의 대기업인 롯데그룹은 수년에 걸쳐 주요 지역에 전략적으로 토지를 취득하고 개발하여 토지투자를 통해 엄청난 성장과 성공에 기여했습니다. 롯데그룹은 부동산 소유를 중점으로 롯데백화점, 롯데마트, 롯데시네마, 호텔롯데, 롯데물산 등 다양한 사업 부문에서 보유하고 있습니다. 서울 땅을 보유하는 회사의 접근 방식은 수년간 상승하는 땅값으로부터 이익을 얻을 수 있게 해 주었습니다.

롯데그룹의 토지 전략은 핵심 분야의 가치 있는 토지를 취득해 보유하는 등 성공에 큰 역할을 했습니다. 이러한 접근 방식은 한국의 도시화와 산업화가 생활과 소비의 수준을 증가시켰고 롯데그룹의 성장에 결정적인 요인이 되었습니다. 지금까지의 땅값의 빠른 상승은 빠른 성장과 도시 개발의 결과로 볼 수 있습니다.

롯데그룹의 과거 토지 전략이 성공의 핵심 요소였지만, 변화하는 시장 상황과 소비자 요구에 맞취 적응하고 진화하는 것이 중요합니다. 도시 개발이 계속되고 새로운 경제적 기회가 발생함에 따라, 롯데그룹은 경쟁 우위를 유지하기 위해 추세를 앞서고 미래의 동향을 예측해야 합니다.

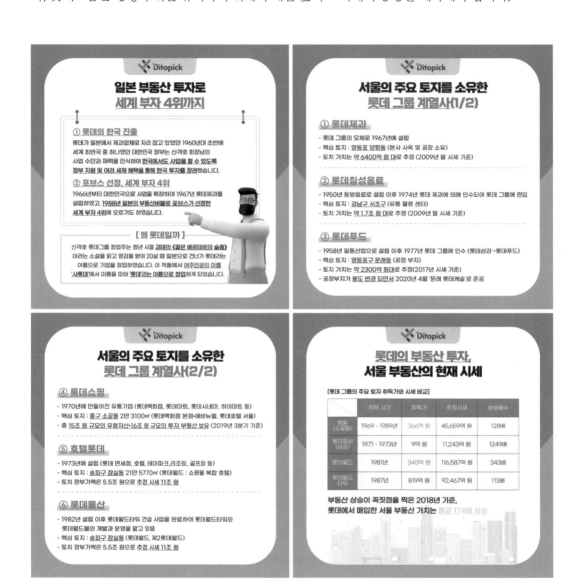

토지로 승부하라: MZ세대의 땅 재테크 비결

2

O(Original) - 원조 땅부자들의 기회와 재능,
승산마을의 세계

땅부자, 생각만 해도 듣기 좋은 소리 아닌가요?

경남 진주시 동쪽의 지수면에 자리한 승산마을은 600년 전부터 김해 허씨(金海許氏)의 집성촌이었습니다. 300년 전부터는 능성 구씨(綾城具氏)가 이주해 삶의 터전을 일궜고, 두 가문은 예로부터 겹사돈을 맺는 일이 많았다고 합니다.

조선시대에는 두 가문의 명성이 자자했는데, 천석꾼 이상만 16가구로, 그들의 재산이 5만 석에 달했다고 합니다. 그 재산을 현재의 가치로 생각하면 약 35억 원의 가치가 되는데, 당시 기준으로는 쌀의 가치를 100배로 생각한다면 약 3500억 원의 자산 규모입니다. [쌀 80kg 가마 기준 = 296,000원 / 1석 기준 200kg(조곡 72%)으로 약 70만 원, 5만 석 x 70만 원 = 약 35억 원)]

그래서 한양에서는 승산마을의 부잣집과 혼맥을 맺기를 원했고, '진주는 몰라도 승산은 안다'는 소문까지 돌았습니다.

한국의 부자들을 배출한 마을은 어떤 특별한 기운이 있습니다. 풍수지리로 보면 승산마을은 방어산을 배경으로 남강이 휘감아 흐르는 영락없는 배산임수 지형입니다.

진주 지수면 승산마을에 있는 지수초등학교는 이명을 떨쳤던 교육의 신성지입니다. 경상남도 진주시 지수면에 위치한 이 초등학교는 1921년에 개교해, 한국 경제의 대표적인 재벌그룹의 창업자들을 배출한 곳으로 알려져 있습니다. 삼성그룹의 창업자 이병철, LG그룹의 창업자 구인회, 효성그룹의 창업자 조홍제 이 세 사람은 모두 이 학교의 명예로운 동문입니다. 놀라운 것은 이 세 사람 이외에도 재벌들의 산실이라는 명성에 맞게, 한때 한국 100대 기업인 중 30명이 지수초등학교 출신이라는 점입니다.

그러나 이러한 빛나는 업적에도 불구하고, 2009년에 학교는 폐교의 쓰라린 결정을 맞았습니다. 현재 건물은 텅 비어 있지만, 그 역사적 가치는 사람들의 기억 속에 여전히 살아 있습니다. 이 학교는 현재 기업가 정신을 교육하는 센터로 재탄생하였고, 그 명성은 여전히 이어지고 있습니다.

승산마을과 지수초등학교 모두, 그 지형과 교육, 그리고 경제적 번영이 이루어진 곳입니다. 또한, 승산마을은 풍수지리적으로 완벽한 배산임수 지형을 지니고 있습니다. 방어산을 배경으로 남강이 휘감아 흐르는 이곳은 오랜 세월 동안 부의 상징이 되어 왔습니다. 승산마을의 풍수 환경과 인간의 번영 사이에 내재된 연관성을 상기시키는 역할을 합니다. 모든 지역이 지리적으로 운이 좋은 것은 아니지만, 풍수적인 활용과 주변 산의 지형 및 지맥은 사회의 번영에 긍정적으로 기여할 수 있습니다. 하지만 이러한 지형이 전국 곳곳에 분포하고 있는데, 왜 승산마을에서만 부가 이토록 번영했을까요?

그 답은 승산마을 사람들의 고요한 열정과 지속적인 협력에 있습니다. 이 마을에서는 서로 끌어주고 밀어주는 커뮤니티가 형성되어 있으며, 그것이 바로 이 마을이 지금까지 부를 유지할 수 있었던 원동력입니다. "만석꾼도 3대를 넘기지 못한다"는 말이 이곳에서는 물론, 틀렸습니다. 승산마을은 세대를 넘어 그 부를 지켜 나가고 있습니다. 이는 단순한 지리적인 요인뿐만 아니라, 사람들의 노력과 지혜, 그리고 서로에 대한 신뢰가 결합된 결과입니다.

만석꾼 허만진翁은 춘궁기에 식량이 부족한 어려운 이웃이라고 곡식을 그냥 나눠 주지 않고, 방어산에 있는 돌을 집 앞마당에 가져다 놓으면 그때서야 쌀 한 말씩을 '노동의 대가'로 지급했습니다.

사람들이 쌀을 구걸하는 것이 아니라 정당한 노동의 대가로 쌀을 갖도록 해 어려운 사람들의 마음을 다치지 않게 하는 것이 목적이었다고 합니다. 그렇게 가져다 놓은 돌들이 쌓여 마치 1만 2000 봉우리인 금강산을 닮았다고 해서 '승산마을 금강산'으로 불리게 되었습니다.

또, 허만정 GS 창업주의 아버지이자 노블레스 오블리주의 실천가였던 만석꾼 허준 선생은 자기 재산이 자식들에게 화로 남을 것을 염려해 국가와 이웃, 친족, 조상으로 4등분해 재산을 배분하겠다는 내용을 '허씨의 장비'에 새겼습니다.

이러하듯이 마을 곳곳에는 나눔과 베풂의 기풍, 근검절약하는 정신과 나라를 구해야 한다는 독립운동자금 지원의 구국·구휼 정신 등 우리가 배워야 할 소중한 가치가 남아 있습니다.

승산마을의 지속적인 부자 탄생의 기원은 풍수, 강력한 공동체 가치, 그리고 승산 주민들의 업적이 결합된 결과라고 할 수 있습니다. 이러한 가치들은 지역 사회의 유대와 사회적 책임, 그리고 변화하는 시대에 적응하는 것의 중요성에 대한 귀중한 통찰력을 제공합니다. 마을의 풍부한 역사와 주민들의 업적은 미래 세대에게 영감을 주며, 공동체는 강력한 사회적 유대, 공유된 가치, 적응성, 그리고 교육에 대한 헌신의 중요성을 강조함으로써 개인의 성장과 성공을 지원하는 역할을 합니다. 토지의 보유와 가치에 대한 이해와 평가, 그리고 토지투자의 지혜가 승산마을 부의 초석이 되었습니다. 토지는 한정된 자원이지만 안정성과 부의 제공이 가능하며, 발전 속도가 빠르게 증가하는 현대 사회에서도 여전히 중요한 자산으로 인정됩니다. 이렇게 승산마을과 지수초등학교는 지역 사회 가치, 그리고 환경 관리에 대한 교훈을 제공하며, 한국 경제와 사회, 그리고 미래에 대한 빛나는 모델을 제시하고 있습니다. 이러한 사례들은 토지의 지가의 상승의 연결고리입니다. 문화의 가치가 풍수의 가치, 무의미가 의미로 바뀌는 그런 가치가 있는 토지에 집중해야 되고 우리 모두에게 어떻게 지속적인 부와 성공을 이룰 수 있는지에 대한 생각과 실천만이 승산마을의 탄생의 배경과 부의 창출은 연결된다 생각합니다.

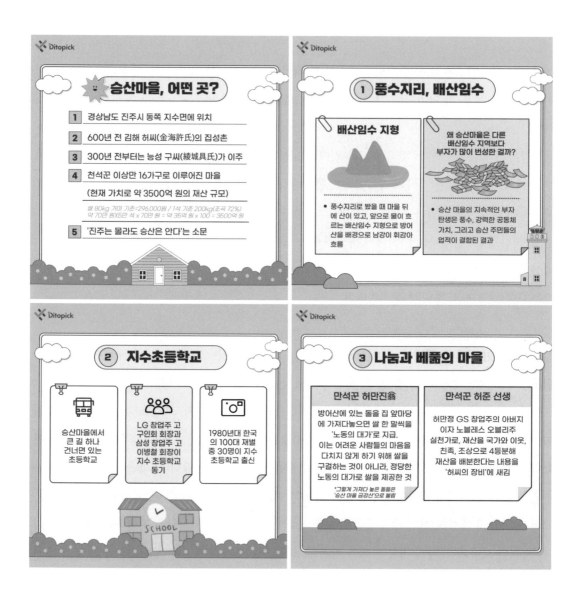

토지로 승부하라: MZ세대의 땅 재테크 비결

V(Venture) - 도전적인 벤처기업의 성지,
언주면 삼성리에서 시작되는 혁신과 변화

한강 이남의 작은 시골 마을에 소작농이 소박하게 살고 있었습니다. 한터라는 마을의 소작농들은 농사를 하며 매일이 단조로운 생활을 보내고 있었습니다. 하지만 이 마을에는 잘 알려지지 않은 비밀이 있었습니다.

바로 그곳은 "지금 모든 사람이 탐내는 대한민국 부의 중심이 될 도시의 운명이었습니다."

세월이 흐르면서 마을은 생생한 상상 이상으로 빠르게 성장하고 확장되었습니다. 수수한 작은

마을이 번화한 대도시로 탈바꿈하여 꿈을 이루고 부를 창출했습니다. 한때 경기도 광주시 한터라고 알려졌던 이 마을은 이제 부와 명성의 상징이 되었습니다.

이러한 변화는 하룻밤 사이에 이루어진 것이 아닙니다. 정부의 개발 정책으로 영동개발이라는 도시 계획이 실현되면서 허허벌판 농경지에서 현자 교육, 쇼핑, 병원, 기업 등의 인프라 시설이 잘 갖춰지고, 대한민국에서 가장 부유한 사람들이 거주하는 지역으로 성장하였습니다. 경기도 광주시에 있던 토지들이 서울시 성동구로 편입된 이후, 서울시의 도시기본계획과 각종 인프라 시설, 학교 이전, 대기업 및 본사 이전을 통해 영동개발에 시작을 알리게 되었습니다. 당시 정부의 계획은 성공적으로 진행되어 영동 지구는 사람들이 가장 살고 싶어 하는 선망 지역으로 만들어졌습니다. 그러나 강남의 개발로 인해 서울의 강남과 주변 외곽 지역 사이의 부동산 격차는 더욱 커졌습니다. 땅을 가진 자와 못 가진 자의 격차는 더욱 심해졌고, 한때 농촌 마을이었던 언주면 일원은 부동산 광풍의 염원으로 변모하였습니다. 정부는 치솟는 강남의 부동산 가격을 억제하기 위해 노력했으나, 세제 규제와 강남 재개발·재건축에 대한 부동산 규제 조치는 오히려 강남의 토지와 아파트 가격은 치솟게 만들었습니다.

이로 인해 강남은 입성하려는 사람들과 고도화된 도시계획으로 서울 랜드마크 중 하나로 강남 부동산 가격은 급등하게 되었습니다.

그렇게 강남의 부동산 불패신화는 계속해서 이어지고, 강남 이야기는 부동산 역사에 영원히 기록될 것입니다. 영동지역의 변화의 힘, 부동산 가격의 탄력성, 그리고 용도지역의 변경은 강남 개발의 무한한 잠재력에 대한 지속적인 증거입니다.

토지의 한정된 공급과 변함없는 수요 사이의 괴리로 인해 강남의 부동산 가격은 매우 높다고 생각할 수 있지만, 강남 중에서도 삼성동 일대는 금융과 무역센터가 밀집되어 있는 있음에도 불구하고 전 세계 주요 도심지(뉴욕, 도쿄, 파리, 런던)와 비교했을 때 상대적으로 저평가되었다고 생각합니다.

강남 부동산은 단순한 '경제적 재약'을 넘어 '명품재'가 되었습니다. "강남에 산다"는 말은 이제 사회적 지위를 상징하게 되었습니다. 과거 경기도 광주시 언주면 일대의 농촌마을이었던, 무등도, 닥점, 봉은산, 삼성리 일대는 광주군에서 서울 강남으로, '천지개벽'을 거쳐 탈바꿈되었습니다.

과거 경기도 광주시 언주면 영동 지구의 개발부터 현재의 강남까지에 대해서 설명을 이어가며 과거를 통해 미래를 예측하고자 합니다.

　놀랍게도 강남은 불과 수십 년 전만 해도 농촌이자 침수지역이었습니다. 경기도 광주시였던 토지들이 1963년 이후에 강남, 서초, 송파 3개 지역이 서울 성동구로 통합되어, 이후 서울시 강남구로 편입되었습니다. 그러나 편입된 이후에도 강남은 낙후된 상태였습니다. 비포장 도로와 진흙탕이 많아서 "남편 없이 살아도 장화 없이는 못 산다"라는 속담이 있을 정도였습니다.

　1960년대 후반, 변화의 바람이 강남을 휩쓸기 시작했고, 이후 부동산 개발 광풍의 바람은 단순한 우연이 아니라 여러 요인이 한데 어우러져 필연적으로 발생한 결과였습니다.

　첫째, 해방 이후 90만 명에서 1966년 379만 명으로 급증한 서울의 인구 증가는 서울시의 도시 확장 및 개발 계획으로 이어졌습니다. 15년 만에 4,893,500명의 인구가 유입되고, 하루 평균 900명 이상의 인구 증가는 박정희 전 대통령에게 엄청난 부담이 되었습니다. 도시기능이 강북에 집중되면서 인구가 폭발적으로 증가하였고, 주택, 상하수도, 학교, 교통 등의 부실과 같은 수많은 부작용을 낳을 수밖에 없었습니다. 이에 서울시의 해결책은 강북 인구를 한강 이남으로 분산시키는 것이었습니다. 서울시는 1977년에 종로, 영등포, 영동(강남)을 주요 도심지로 지정 및 삼핵 구상안을 채택했습니다. 종로는 정부청사 및 관공서를 중심으로 개발하였고, 영등포생활권은 주로 금융권 및 공업단지 위주의 발전을 추진했습니다. 한편, 한강 이남 지역 중 영등포의 동쪽에 위치한 영동 지역은 특허청, 한전 등 공공기관 이전 및 강북의 1학군 이전 정책으로 농촌과 갯벌로 혼돈된 토지들에 대한 도로 및 도시기반시설 구축을 위한 대규모 토지구획정리 사업이 이루어졌습니다. 이로 인해 과거 말죽거리라고 불렸던 행정구역은 윗말, 아랫말, 말죽거리 3리가 합쳐져 역삼리로, 봉은사, 닥점, 무등도 3개리는 삼성리로 통합되어 지금의 강남구 역삼동과 삼성동으로 발전하였습니다.

　둘째, 남북한 사이의 고조된 긴장은 강남 개발에 결정적인 역할을 했습니다. 한국전쟁 당시 한강교 폭파 사건의 기억과 1960년대 후반, 북한 대남공작 및 무장공비 침투사건, 그리고 1968년 1월 21일 청와대 습격을 목적으로 울진, 삼척에 무장간첩 침투 사건 등은 강북 위주의 도심개발을 한강 이남으로 분산시키고 주요 정부 기관을 이전하는 계기가 되었습니다.

　이러한 상황은 강남 개발의 촉매제가 된 경제 개발 계획으로 절정에 달했습니다.

박정희 대통령은 수출주도형 경제전략을 수립하고 울산, 포항, 창원 등 영남권에 산업단지를 조성했습니다. 그러나 문제는 서울의 접근성을 확보하는 것이었습니다. 이에 1966년에는 제3한강교(한남대교)가 개통되었고, 1968년에는 경부고속도로(서울-수원)가 이후 부산까지 개통되면서 1970년 7월, 강남 '천지개벽'의 시발점이 되었습니다.

강남개발사업은 "영동 지구사업"이라는 이름으로 추진되었습니다. 강남을 개발촉진지구로 지정하고, 서울시 도시기본계획과 교통정책을 적용하며, 공무원 및 기업 이주자들에게 혜택과 인센티브를 제공하여, 강남의 성장을 견인하였습니다.

1970년대와 1980년대를 걸쳐 강남은 배추밭과 과수원에서 빠른 도시 성장과 불평등을 상징하는 상징적인 도시 장소로 탈바꿈했습니다. 영동 지역은 다양한 인프라 프로젝트, 공공 시설 및 주택 개발을 시작하고 지원함으로써 영동 지구를 형성하는 데 결정적인 역할을 했습니다. 그 결과로 강남은 부유한 개인, 기업, 유명 인사들이 모이는 번화하고 현대적인 지역으로 발전하였습니다.

강남의 발전을 통해 도시 성장, 성숙, 회복, 쇠퇴기의 사이클을 배웠습니다. 서울과 빠르게 발전하는 다른 도시들은 미래를 예측하고 가치를 판단하여, 더 지속 가능하고 도시 계획 전략을 시행할 수 있는 입지를 찾아야 합니다. 이를 통해 제2의 강남 지역을 예측하고, 과거 도시 발전과 토지투자의 성공 사례를 통해 현재 용기 있는 투자 결정을 내리는 것이 중요합니다.

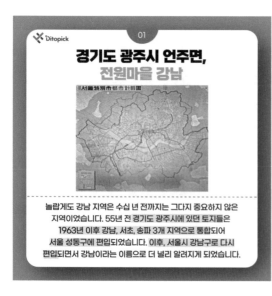

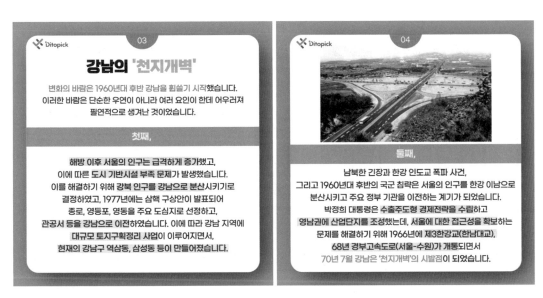

부동산 정책 중 부동산 규제와 더불어 공급은 늘리고, 규제를 통한 부동산 투기 수요 감소를 선택했으나, 부동산 시장 심리는 지금 아니면 살 수 없다는 '영끌'과 부동산투자 심리는 과열을 넘어 투기 시장으로 변모되었습니다. 더 강한 규제와 임대차 3법 및 재건축·재개발 규제로 인해 아파트 가격은 3배로 상승하고, 공시가격과 보유세 관련 세제는 중과되어 저소득층 서민들에게 더 큰 세금 부담으로 이어졌습니다. 이로 인해 부동산 대출 규제가 강화되는 시기에는 건축업자들은 감정가를 올려 대출을 받아 건물을 짓고, 법인 소유 건물은 전월세 시장에서 매매 가격 이상의 세입자를 구해 보증금을 돌려주지 않고 매매를 진행하는 '깡통전세' 사기가 발생하였습니다. 정부는 2023년 최대 이슈인 전세 사기 피해자들에 대한 피해 대책을 마련해야 합니다.

'깡통전세'란?

전세사기의 대표적인 유형의 한가지로 주택담보대출 금액과 전세금을 합친 금액이
집값의 70%를 넘는 경우를 말합니다. 즉, 매매가와 전세가 거의 차이가 없거나
오히려 전세가가 매매가를 넘어가는 상태를 말합니다.
일반적으로 시세를 정확하게 파악하기 어려운 신축빌라에서 일어나는 경우에 자주
발생하거나, 부동산의 급격한 침체로 매매금액이 크게 하락하여 역전세가 일어나는
경우도 있습니다.

깡통전세 감별기?

MBC에서 전세사기 예방을 위해서 국토 교통부 실거래가를 기반으로 세입자들에게
단독주택, 다가구주택, 오피스텔을 제외한 전국의 모든 아파트와 다세대주택의
전세·매매 실거래가 자료를 전수조사해 단지별 평균 전세가율
정보를 제공하는 깡통전세 감별기를 만들었습니다.
지역과 아파트단지를 검색하면 해당 아파트나 다세대주택의
2022년 평균전세가율과 함께 평균매매가와 평균전세가를 확인할 수 있습니다.
(전세가율 숫자가 높을수록 깡통전세가 될 확률이 높은 곳입니다.)

깡통전세 감별기!

2022년 평균 전세가율 100% 이상 깡통 전세 리스트, 전국 아파트 평균 전세가율 80%
이상 비율 지역 TOP 10, 전국 연립·다세대 평균 전세가율 80% 이상 비율 지역 TOP 10,
전국사도별 아파트 평균 전세가율 변화(%) 등의 정보를 한눈에 볼 수 있습니다.

깡통전세의 심각성

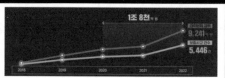

주택도시 보증 공사가 대신 내준 보증금이 폭증해 최근 3년간 1조 8천억 원에
이른 것으로 나타났다고 합니다.
이는 '깡통 전세 사고'로 인해 공적 자금이 사용된 결과인데요.
정부는 깡통 전세 문제의 확산 가능성이 적다고 발표했지만, 전문가들은 이 같은
추세가 계속된다면 깡통 전세 문제가 더욱 심각해질 것으로 우려하고 있습니다.
이에 대해 전문가들은 보증금 요건을 낮추고 세입자에게 주택 상황을 정확
파악할 수 있도록 정보 공개를 확대하는 등의 대책이 필요하다고 제안하고 있습니다.
또한 임대인의 보증금 반환 능력이 악성 임대인 여부를 확인하는 데 도움이 될 수 있는 정보
를 공개하는 것도 중요하다고 강조하고 있습니다.

전세보증보험이란?

계약 기간 만료 시에 보증금을 돌려받지 못할 때를 대비해서
전세보증보험을 가입할 수 있는데,
전세금의 일정 비율을 보험료로 납부하면,
보증 기관인 주택도시보증공사(HUG)와 서울보증보험회사(SGI)에서
임대인 대신 보증금을 돌려주고 임대인에게 나중에 받아내는 구상권을
행사하는 제도입니다. 보증 기관마다 가입 조건이나 한도, 보험료, 기간들이 다르므로
꼼꼼하게 체크 한 뒤 가입하는 것이 좋습니다.

깡통전세 감별기 사용시 유의사항

- 동일 평형대 매매가와 전세가가 연계되지 않은 단지는
  조회되지 않을 수 있음

- 전세가율이 낮더라도 다른 선순위 채권 등에 대해서는 임대차
  거래 시 직접 확인할 것

- 2022년 데이터를 기반으로 2023년 상반기 이후
  전세가율 데이터로 향후 업데이트 될 예정

정부명	박정희 정부	전두환 정부	노태우 정부	김영삼 정부	김대중 정부
부동산 정책	규제	규제완화	규제	규제완화	규제완화
년대	1963	1988	1993	1998	2003
정부명	노무현 정부	이명박 정부	박근혜 정부	문재인 정부	윤석열 정부
부동산 정책	규제	규제완화	규제완화	규제	규제완화
년대	2008	2013	2017	2020	2022

역대 대통령 대선 후 부동산 정책과 시장

과거 정부의 부동산 규제와 완화 정책을 통해 부동산 시장의 공급과 수요를 설명하면 다음과 같습니다.

- 박정희 대통령 시기 : 부동산 규제 / 전국 공업 지역 개발 및 댐 도로 개발 (부동산 폭등)
- 전두환 대통령 시기 : 부동산 규제 완화 / (부동산 시장 안정)
- 노태우 대통령 시기 : 부동산 규제 / 1기 신도시 지정, 고속철도 계획 산업단지 이주 계획 (부동산 폭등)
- 김영삼 대통령 시기 : 부동산 규제 완화 / 한국 정부 기업 구조 유연화, IMF 구제금융 신청 (부동산 시장 폭락)
- 김대중 대통령 시기 : 부동산 규제 완화 / 아나바다 및 금 모으기 운동으로 IMF 극복 (부동산 시장 안정)
- 노무현 대통령 시기 : 부동산 규제 / 2기 신도시, 혁신도시, 기업도시, 세종특별자치시 준비 (부동산 폭등)
- 이명박 대통령 시기 : 부동산 규제 완화 / 개발제한구역 해제, 보금자리주택 건설, 4대강 사업,

고속철도 역세권 개발 (부동산 안정기)

- 박근혜 대통령 시기 : 부동산 규제 완화 / 행복주택 건설, 기업 이전 대책 발표 (부동산 안정화)
- 문재인 대통령 시기 : 부동산 규제 / 3기 신도시 발표, 임대차 3법 시행 (부동산 폭등)
- 윤석열 대통령 시기 : 부동산 규제 완화 / 재개발·재건축 완화, 국가첨단산단 발표, 반도체 산
  단 유치 (부동산 안정기)

과거의 사이클을 토대로 본다면 부동산 규제 시기에는 매도하는 타이밍, 완화 시기에는 매수하는 타이밍이었습니다. 그럼 현 정부의 완화 정책은 부동산 시장에서 매수하는 타이밍인가? 그렇지 않습니다. 아직 부동산 거품이 꺼진 상태가 아니기 때문에 한국은행의 금리 인상 및 지방 지역의 아파트 미분양 통계 등 다양한 지표에서는 앞으로 아파트 시장은 하락국면으로 내려갈 상황이 예측됩니다. 따라서, 부동산투자 시기는 3기 신도시 착공과 함께 공공 주택 입주 시기인 2025년도로 예측됩니다. 토지 시장은 어떨까요? 토지 시장은 신도시 보상금이 풀리고 신도시에 기반시설이 형성되는 시기부터 계단식으로 상승하며 가격이 급등할 것으로 예상됩니다.

E(Electronic) - 전자산업의 향연, 삼성, LG, 현대의 토지투자처에서 수익을 만나다

기업은 지역 경제를 살린다

삼성·LG·현대는 한국에서 가장 영향력 있고 성공적인 세 대기업으로, 다양한 산업 분야에서 혁

신과 성장을 주도하고 있습니다. 국가 산단 조성에 따른 기업 정부의 기업 투자와 국내 공장 본사 이전, 지역 경제 성장과 지가상승에 초점을 맞춰 각 그룹사의 설비 투자와 인구 증가에 따른 지역 개발과 토지 지가상승에 대해서 알아보겠습니다.

1970년대 수원 삼성(선경합섬)

출처 : SK 케미칼(수원공장전경)

삼성의 성공 스토리

삼성의 국내 반도체 공장 본사를 수원으로 이전함으로써 수원시에 120만 인구를 창출하고 택지 개발 기반시설을 성공적으로 구축하였습니다. 수원뿐만 아니라 삼성의 첨단 시설이 들어서면서 주택 및 상업 공간에 대한 수요가 증가하면서 부동산 가치가 크게 상승했습니다. 삼성의 최첨단 기술에 대한 지속적인 투자는 글로벌 성공에 기여하여 전자 산업에서 선도 기업이 되었습니다. 또한, 삼성은 용인 기흥 공장을 시작으로 화성 반도체, 수원 삼성, 평택 고덕 등 경기 지역의 부동산 상승을 견인하고, 지자체의 세수 증가와 인구 유입을 유도하여 인프라투자에 기여하였습니다. 지자체 장들은 삼성을 유치하기 위해 다양한 지자체 지원과 세제 혜택을 제공하여 삼성 유치에 열을 올리고 있습니다.

1975년 창원 공장　　　　　　　　　1960년대 중반 부산

LG(금성사) 창원 공장 및 부산 온천동 공장

출처 : 한국향토문화 전자대전

LG의 성공 스토리

금성사와 락희그룹의 LG는 창원 공장 건설 및 구미 공장 등을 통해 TV와 세탁기 등의 가전 제품을 출시함으로써 해당 지역의 땅값이 크게 상승했습니다. 1970년대 조성된 경북과 경남 지역의 국가산단 조성으로 인해 부산, 울산, 포항 항만 주변의 농지 및 임야 토지 시장은 상당한 관심을 불러일으켰고, 이로 인해 성장과 번영의 파급 효과를 창출했습니다. LG의 첨단 제조 기술과 R&D에 대한 투자는 가전 분야의 글로벌 리더로서의 명성을 더욱 공고히 했습니다.

울산 염포동 일대 현대자동차 공장 주변(1971)

현대의 성공 스토리

현대자동차 조선 현대그룹의 메인 공장이 위치한 울산은 이 지역 부동산 시장의 판도를 바꾸는 일이었습니다. 울산 미포 조선소 및 산단 주변의 설비투자와 기반시설은 울산 전 지역의 땅값을 끌

어올렸고, 투자자들은 울산의 성장 잠재력을 활용하기 위해 이 지역으로 몰려들었습니다. 현대자동차의 자동차 제조에 대한 혁신적인 접근 방식과 친환경 자동차 생산에 대한 노력은 회사를 자동차 산업의 리더로 자리매김하게 했습니다. 이로 인해 현대자동차는 글로벌 입지를 강화했을 뿐만 아니라 지역 경제의 성장을 촉진하고 새로운 일자리를 창출했습니다.

삼성·LG·현대는 공장 설립으로 주변 부동산 가격과 지역 경제 성장을 눈부신 성과로 이끌었습니다. 현재 삼성은 용인 남사면 일대를, 현대는 화성 남양읍 일원을, LG는 평택 진위면 주변 지역의 부동산 가치 상승에 기여했으며, 각 회사는 해당 산업에서 글로벌 리더로서의 명성을 공고히 했습니다.

| 수원시 | 창원시 | 울산시 |

출처 : 수원시, 창원시, 울산시 보도자료

삼성·LG·현대가 입지한 부동산 시장 전망은 여전히 긍정적이며, 각 회사는 성장 궤적을 유지할 수 있는 좋은 위치에 있습니다.

삼성·LG·현대차·롯데·SK 등 5대 그룹이 보유한 토지 자산이 장부가액 기준 1995년 12조 3000억 원에서 2018년 73조 2000억 원으로 23년간 약 61조 원(약 6배) 급증하였습니다. 이후 11년간 49조 원(연간 평균 4조 4000억 원)을 토지 상승으로 벌어들였습니다.

과거 건설교통부 토지국 토지정책과에서 당시 재벌 및 간부들의 토지 보유 현황이 공시되었습니다. 2018년 말 기준, 현대차는 24조 7000억 원으로 가장 높은 가치의 땅을 소유하고 있었으며, 롯데(17조 9000억 원), 삼성(14조 원), SK(10조 4000억 원), LG(6조 2000억 원) 순이었습니다.

1995년부터 2018년까지 토지 자산의 증가폭도 현대차(22조 5000억 원)가 가장 많았으며, 롯데(16조 5000억 원), 삼성(10조 3000억 원), SK(8조 5000억 원), LG(3조 원) 순으로 나타났습니다.

1994년 이후 대기업들이 토지를 매입한 후, 23년간 토지 자산(금액)의 상승 폭이 가장 큰 기업은 롯데로 13.3배의 가격 상승이 있었습니다. 또한, 현대차는 11.3배, SK는 5.7배, 삼성은 3.8배, LG는 1.9배의 위자료는 실거래가가 아닌 공시가 기준입니다.

5대 그룹의 부동산 자산 증가는 R&D 투자, 현지 기업 이전, 본사 설립 등에 기인했습니다. 이외에도 비사업용 토지도 크게 늘어나 인프라투자와 인구 유입의 기반이 되어 기업 유치에 중요한 역할을 하였습니다. 이로 인해 기업들의 부동산 토지 자산은 지난 23년간 크게 성장했습니다. 토지 자산의 증가는 인구소멸지역의 공업단지나 신규 택지, 인프라 시설과 5대 기업의 R&D 투자 및 본사 이전에 기인했습니다. 이로 인해 지방세 세수는 기업의 유치 전후로 5배에서 많게는 10배가량 늘어난 지자체도 있으며, 주변 부동산 지가상승을 견인해 왔습니다.

기업 유치를 통한 부동산 상승이 주로 수도권 중 경기도 용인시, 평택시, 그리고 충청권역 중 충북 청주시와 세종특별자치시, 전라남도 전라권역 중 전남 광주광역시입니다. 대기업 이전을 통해 인구 유입이 활성화되고 인구소멸지역에서 벗어난 지역도 생기게 되었습니다.

기업 투자로 인해 토지 자산의 증가는 정부의 R&D 투자 지원, 현지 기업의 지방 이전 촉진, 그리고 지방 이전을 통한 본사 설립과 같은 일부 혜택도 제공했다는 점을 인식하는 것이 중요합니다.

정부의 국토계획을 통한 경제자유구역, 혁신도시 및 기업도시의 지정 및 개발은 인프라투자와 인구 유입에 기여하여 지역 경제를 활성화했습니다.

대기업의 부동산투자 촉진 방법과 미래 부동산 시장의 변화에 대해서 예를 들어보겠습니다.

기술을 통한 투명성 촉진

블록체인과 같은 기술을 활용하여 부동산 거래 및 토지 소유권에 대한 투명하고 변경 불가능한 기록을 생성할 수 있습니다. 이는 시스템에 대한 신뢰성을 높이고, 불분명하거나 숨겨진 정보로 인한 분쟁 가능성을 줄여줍니다.

커뮤니티 참여 장려

대기업은 부동산 개발이나 토지 취득을 계획할 때, 지역 커뮤니티 및 이해관계자와 적극적으로 협력하고 참여하도록 권장해야 합니다. 이것은 그들의 활동이 지역사회의 필요와 기대에 부합하도록 하고, 부동산 개발에 대한 보다 포괄적인 접근 방식을 촉진하는 데 도움이 될 것입니다.

혜택의 공평한 분배 보장

정부는 부동산 활동 및 토지 자산에서 파생된 혜택이 지역 사회 및 중소기업을 포함한 모든 이해관계자에게 공정하게 분배되도록 조치해야 합니다. 여기에는 공평한 경제 성장과 일자리 창출을 촉진하는 정책 구현과 저렴한 주택 및 사회 기반시설 프로젝트 지원이 포함될 수 있습니다.

정책 결정에 대한 협력적 접근 방식 수립

정부, 규제 당국, 대기업 및 기타 이해관계자는 부동산 부문의 투명성, 책임성 및 책임 있는 투자를 촉진하는 효과적인 정책 및 규정을 개발하고 구현하기 위해 협력해야 합니다. 이 협력적 접근 방식은 안정적이고 지속 가능한 부동산 시장을 만들어 모든 참가자에게 혜택을 주는 데 도움이 될 것입니다.

정부는 이러한 추가 조치를 채택함으로써 주요 대기업의 부동산 활동이 투명하고 책임 있으며, 더 광범위한 사회 이익에 부합하는 환경을 더욱 촉진할 수 있습니다. 이는 부동산 부문이 지속 가능한 경제 성장에 기여하는 동시에 주요 사회 및 환경 문제를 해결하는 데 도움이 될 것입니다.

기업들은 정부와 협업하여 사업용지가 아닌 비사업용 땅에 대한 기능을 개발하고, 지자체와 협력하여 인구소멸지역의 인프라 시설을 투자하고 기업 투자 유치로 도시용지로 변경 및 일자리를 창출하여 지역 사회를 이끌어 가고 있습니다.

2024년 기업유치를 통한 토지투자 유망지역을 서해 라인과 동해 라인을 나눠서 설명한다면, 서해 라인은 경기도 화성시 남양읍과 용인시 남사면, 충남 당진시 송산면이 포함되고, 동해 라인은 강원도 원주시 지정면, 강원도 강릉시 박월동, 강원도 강릉시 주문진읍, 강원도 속초시 노학동 일원으로 대규모 SOC 사업 및 대기업 투자 유치가 이어질 것으로 예상되고 있습니다.

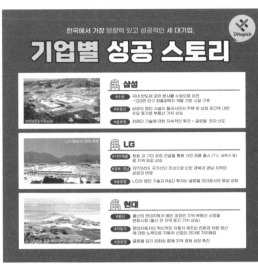

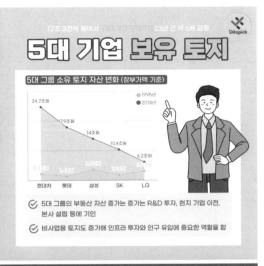

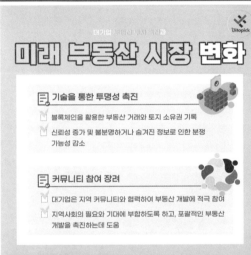

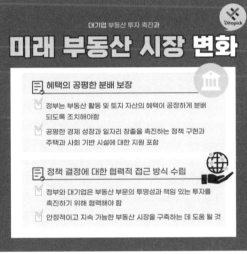

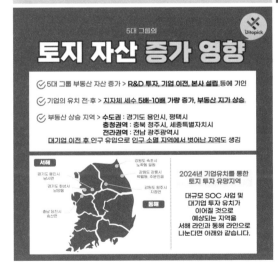

땅을 통한 새로운 희망, 대한민국의 출산 고령화 대응

인구소멸지역

한국의 인구소멸

한국은 현재 인구 감소와 고령화로 인해 어려움을 겪고 있으며, 2023년 기준으로 한국의 합계 출산율은 0.8명에 불과합니다. 이는 한 여성이 평생 동안 낳을 자녀의 수를 의미하며, 세계 최저 수준입니다. 이러한 인구 감소는 한국 경제에 부정적인 영향을 미치고 있으며, 노동력 감소와 세수 감소로 이어지고 있습니다.

인구 감소의 가장 큰 영향을 받는 지역은 지방입니다. 지방은 심각한 인구 유출로 인해 지역 경제가 침체되고 있습니다. 2023년 기준으로 한국에는 89개의 지방 지역이 지방소멸 위기에 처해 있습니다. 이들 지역은 인구 감소와 고령화 문제가 심각하며, 이로 인해 경제 활동이 위축되고 있습니다.

한국 정부는 지방소멸 위기를 해결하기 위해 노력하고 있습니다. 정부는 지방에 인구 유입을 촉진하기 위해 투자를 늘리고 있으며, 지방의 일자리 창출을 지원하고 있습니다. 그러나 정부의 노력에도 불구하고 지방소멸 위기는 여전히 심각한 상황입니다.

한국의 인구소멸은 한국 사회와 경제에 큰 위협으로 작용하고 있습니다. 이에 정부는 지방소멸 위기를 해결하기 위해 보다 적극적인 정책을 마련해야 합니다.

인구소멸지역의 혁신적인 토지 재테크 전략

한국의 인구소멸은 토지투자에 영향을 미치고 있습니다. 인구가 감소하는 지역의 토지 가치는 하락하고 있으며, 인구가 증가하는 지역의 토지 가치는 상승하고 있습니다.

따라서 토지투자를 위한 최선의 지역은 인구가 증가할 것으로 예상되는 지역입니다. 이러한 지역은 경제 활동이 활발하며, 인구 유입이 증가하고 있습니다. 이와 반대로, 토지투자를 회피해야 할 지역은 인구가 감소할 것으로 예상되는 지역입니다. 이러한 지역은 경제 활동이 침체되고 있으며, 인구 유출이 증가하고 있습니다. 이에 따라 토지투자를 위해서는 인구 추세를 고려하고, 인구 증가와 활발한 경제 활동이 예상되는 지역에 투자하는 것이 중요합니다.

한국은 고령화·저출산 국가로 심각한 인구 문제에 직면하고 있습니다. 농촌지역의 인구가 도시 지역으로 매우 빠른 속도로 이동하고 있으며, 이로 인해 공간적, 부익부 빈익빈 시대가 나타나고 있습니다. 농촌의 쇠퇴와 1960년대에 준공된 준공업 지역의 기업 이전과 R&D 엔지니어 이주가 수도권 및 대도시권으로 쏠림 현상이 이뤄지고 있습니다. 정부는 국가의 사회 경제적 안정을 위협하고 있는 이 문제에 대한 해결책을 찾아야 합니다.

이 문제에 대한 한 가지 가능한 해결책은 농촌지역 개발을 촉진하는 것입니다. 정부는 이미 인프라 개선, 일자리 창출, 농업 지원 등 농촌 개발을 지원하기 위한 다양한 조치를 시행하고 있습니다. 그러나 농촌으로의 인구 이동을 장려하고 사람들이 농촌지역에 머물 수 있도록 하기 위해서는 더 많은 조치가 필요합니다. 사람들이 농촌지역으로 돌아가도록 장려하는 효과적인 접근 방식 중 하나는 농촌지역을 높은 삶의 질을 제공하는 환경 친화적이고 살기 좋으며 지속 가능한 지역으로 개발하는 것입니다. 이 접근법은 젊은이들과 가족들이 농촌지역으로 돌아가 그곳에서 살도록 유도

토지 투자 유리한 지역		
지역	특징 및 인구 유입 변화	도시명
경기남부권역 (수도권)	한국 경제의 중심지로 인구 유입 증가	경기도 화성시, 광명시, 하남시, 평택시, 시흥시
강원특별자치도	관광 및 경제 활동이 활발하여 인구 유입 증가	강원도 강릉시, 속초시, 원주시, 춘천시
3기 신도시 (인근)	정부 지원으로 인구 유입 증가	-
혁신도시	정부 지원으로 경제 활동 활발	-
국가산업단지	기업 투자와 인구 유입 증가	세종특별자치시, 충남 당진시, 아산시, 천안시, 청주시

토지 투자 회피지역	
지역	특징 및 인구 유입 변화
지방 소멸 위기 지역	경제 활동이 침체되고 있으며, 인구 유출 증가 중
낙후된 지역	
고령화 지역	
폐광 지역	
군사 기지 지역	경제 활동이 제한되어 있으며, 인구 유입 감소 중

하여 이 지역의 성장에 기여할 것입니다.

이를 달성하기 위해 정부는 농촌지역에서 친환경적이고 지속 가능한 커뮤니티 개발을 장려하는 정책을 시행해야 합니다. 여기에는 이러한 분야에 투자하는 회사에 대한 세금 인센티브, 친환경 농업 관행을 채택하는 농민에 대한 보조금, 친환경 인프라를 개발하는 지방 당국에 대한 보조금이 포함될 수 있습니다.

뿐만 아니라 정부는 농촌지역의 교육 및 의료 시설 개발에 투자해야 합니다. 이는 좋은 학교와 의료 시설을 필요로 하는 자녀가 있는 가족들에게 이 지역의 인구 유출을 막고 유지할 수 있도록 만들 것입니다.

인구 문제에 대한 또 다른 해결책은 이민을 장려하는 것입니다. 정부는 이미 특정 국가 국민에게 다양한 인센티브를 제공하고 외국인 근로자를 지원하는 등 이민을 장려하기 위한 다양한 조치를 시행하고 있습니다. 그러나 숙련된 노동자를 국가로 유치하기 위해서는 더 많은 조치가 필요합니다.

이를 위해 정부는 외국인 근로자의 한국 이주를 장려하는 정책을 시행해야 합니다. 여기에는 외국인 근로자가 저렴한 의료, 주택 및 교육에 접근할 수 있도록 사회 복지 시스템을 개선하고, 외국인 근로자가 한국 문화와 언어에 적응할 수 있도록 교육 프로그램을 제공하는 것이 포함될 수 있습니다. 또한, 정부는 또한 기업과 협력하여 외국인 근로자를 한국으로 유치할 수 있도록 지원해야 합니다. 이를 위해 한국에 투자하고 내국인 근로자와 외국인 근로자 모두를 위한 일자리를 창출하는 기업에 세금 인센티브 및 보조금을 제공하는 것이 포함될 수 있습니다.

이러한 종합적인 정책으로 외국인 근로자들의 한국 이주를 유도하여 인구 문제를 해결과 경제 성장 촉진이 가능합니다.

결론적으로 한국의 인구 문제는 국가의 사회경제적 안정을 위협하는 심각한 문제입니다. 이 문제를 해결하기 위해 정부는 농촌지역 개발을 촉진하고 이민을 장려하며 숙련된 인력을 국가로 유치하는 정책을 시행해야 합니다. 많은 농촌지역에서 인구 감소와 중공업 쇠퇴, 고령화 및 저출산으로 인한 문제를 직면하고 있으며 이를 해결하기 위해서는 지역 발전을 촉진하고 일자리를 늘리며 가족을 지원하는 정책을 시행할 필요가 있습니다.

새로운 일자리가 창출되고 교육 의료 공공복지가 공급되는 해당 지역의 농지나 임야 원형지 투자를 통해 인프라시설의 투자로 인한 지가상승을 기대 할 수 있는 곳을 살펴봐야 할 것입니다.

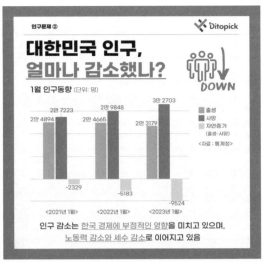

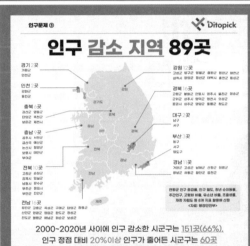

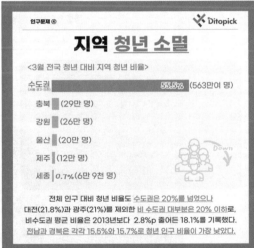

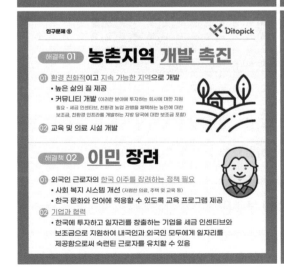

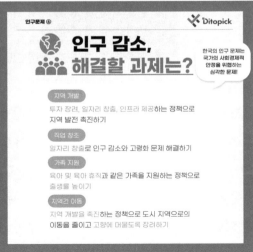

출처 : 국토교통부 보도자료

수요 창출을 위한 토지 공급의 힘과 투자 기회

    도시계획과 개발의 개념은 주거, 상업 및 산업 개발과 같은 다양한 목적을 위해 토지의 가용성을 높여 경제 성장을 촉진하고 특정 지역으로 더 많은 사람들을 유치하는 것에 기반합니다. 여기서 토지의 가용성은 종종 도시의 성장 잠재력을 결정하는 중요한 요소입니다.

    한국 도시의 맥락에서 토지 공급은 다양한 유형의 부동산 개발에 대한 수요를 창출하는 데 중요한 역할을 할 수 있습니다. 예를 들어, 정부는 인천 송도국제업무지구와 세종시 등 신도시 및 도시

개발에 적극적으로 참여하여 혼잡을 완화하고 인구 증가에 대응하기 위해 더 많은 생활 및 작업 공간을 제공하는 것을 목표로 합니다. 이러한 개발은 지역의 균형과 발전을 위해 제4차 국토종합개발계획에 입각해 향후 인구소멸지역의 인프라 시설과 공공기관을 유치하고 민자 기업을 유치하여 새로운 도시를 계획하고 다양한 방식으로 인구 수요를 창출했습니다. 인천 송도 신도시 완공으로 인해 줄어드는 인천시의 인구도 유지되었으며, 2023년도에는 기초자치단체 가운데 3만 4000명이 늘어나 인천시 인구 성장을 견인하고 있습니다.

토지 공급이 한국 도시에서 어떻게 수요를 창출하는지 보여 주는 한 가지 예시는 송도국제업무지구 개발입니다. 2000년대 초반에 시작된 이 야심 찬 프로젝트는 간척지에 건설되었으며 국제 비즈니스, 교육 및 문화의 허브로 설계되었습니다. 개발을 위한 충분한 토지를 제공함으로써 이 프로젝트는 수많은 국제 기업, 교육 기관 및 주거 개발을 유치하여 해당 지역의 부동산에 대한 높은 수요를 창출했습니다.

또 다른 예시는 서울에서 남쪽으로 약 120㎞ 떨어진 계획도시인 세종시입니다. 2007년 준비된 세종시는 수도권 인구 분산과 새로운 행정수도 역할을 하도록 설계되었습니다. 2012년도에 탄생된 세종특별자치시는 현재 인구 39만 명으로 내년에는 40만 명을 돌파할 예정입니다. 세종시의 개발용지 확보로 인해 각종 정부기관, 연구기관, 주거단지가 들어서면서 이 지역의 부동산 수요가 더욱 늘고 있습니다.

한국 도시의 맥락에서 송도국제업무지구와 세종시 등 신도시 개발은 토지 공급이 어떻게 부동산 개발 수요를 창출할 수 있는지 보여 주는 사례입니다. 충분한 농촌지역의 토지를 도시용지로 편입함으로써 해당 프로젝트는 다양한 국제 기업, 교육 기관 및 주거 개발을 유치하여 해당 지역의 토지투자 수요를 높였습니다.

송도국제업무단지와 세종시 등 대규모 도시개발사업 이외에도, 토지 공급은 기존 도시 내 소규모 개발에서도 수요를 창출할 수 있습니다. 인프라 투자 도시지역 편입으로 인한 농촌지역의 토지 가격은 100배 200배도 오른 대표적인 도시지역 중 하나입니다. 도심지에서 예를 든다면, 서울의 강남, 홍대 등 노후 주거지역의 도시재생과 재정비를 통한 주거용 상업용 부동산은 신규 공급되는 APT와 꼬마빌딩 투자의 수요 증가로 이어졌습니다.

강남의 경우 1970년대에 대부분 농업 지역이었지만, 오늘날 주요 상업 및 금융 중심지로 변모되었습니다. 이러한 변화는 부분적으로 개발을 위한 토지의 가용성에 의해 주도되었으며, 경부고속도로와 지하철 건설 등 한국 정부의 정책과 인프라투자는 이 지역의 성장에 더욱 기여했습니다. 그 결과 강남은 서울에서 가장 살고 싶고 일하기 좋은 곳 중 하나로 자리 잡았으며, 이 전국 부동산 투자자의 수요를 견인하고 있습니다.

마찬가지로, 도심회귀현상 중 재정비 재개발을 통한 서울 홍대 프로젝트의 문화 예술 복합지구 지정으로 인해 이 지역은 활기찬 예술과 엔터테인먼트 현장의 인기 증가와 함께 개발을 위한 토지 가용성에 힘입어 변화하였으며, 미술과 디자인으로 유명한 홍익대학교의 존재도 이 지역의 문화적 매력에 기여했습니다. 이로 인해 홍대 지역의 주거 및 상업용 부동산에 대한 수요가 크게 증가하게 되었고 노후 된 건물, 빈 땅, 주차장 주유소등 재정비구역에 있던 토지와 건물은 부르는 게 값인 지역중에 하나가 되었습니다.

이러한 예는 개발을 위한 토지의 가용성이 새로운 도시지역과 기존 도시지역 모두에서 부동산 수요를 촉진하는 데 중요한 역할을 할 수 있음을 보여 줍니다. 다양한 유형의 개발을 위한 토지를 제공함으로써 도시는 기업, 교육 기관 및 주민을 유치하여 궁극적으로 경제 성장을 촉진하고 전반적인 삶의 질을 향상시킬 수 있습니다.

다양한 유형의 개발을 위해 토지의 가용성을(용도지역변경) 전략적으로 높임으로써 도시는 경제 성장을 촉진하고 더 많은 사람들을 유치하며 궁극적으로 주민들의 전반적인 삶의 질을 향상시킬 수 있습니다. 송도국제업무지구, 세종시, 강남, 홍대 등의 사례는 도시지역 편입 및 도시 재정비를 통한 용도지역의 종상향으로 도시용지의 공급이 어떻게 부동산 수요를 창출하고 도시지역의 성공적인 성장과 활성화에 기여할 수 있는지를 보여 줍니다. 또한, 토지 공급과 인프라 시설의 공급으로 개발된 사례로 서울의 마곡 지구를 볼 수 있습니다. 이 프로젝트는 허허벌판이었던 농경 기지를 서울시와 SH 공사의 서울시 도시기본계획, 관리계획, 지구단위 등 토지의 사용 용도를 종상향 시키고, 개발제한구역 농경지 약 100만 평의 대상지를 계획인구 3만 3천 명 주거, 상업 및 산업유치를 통해 지역을 최첨단 환경 기술과 통합하는 지속 가능한 복합 용도 커뮤니티를 만드는 것으로 목표로 2025년 최종 준공을 앞두고 있습니다.

마곡 지구는 지속 가능한 도시 발전의 모델이 되도록 설계되었으며, 토지 공급이 어떻게 친환경 부동산 프로젝트에 대한 수요를 창출할 수 있는지 보여 줍니다. 개발을 위한 토지를 제공함으로써 도시는 환경을 생각하는 기업, 주민 및 투자자를 유치하여 보다 친환경적이고 지속 가능한 도시 환경을 조성할 수 있습니다. 또한, 마곡 지구와 같은 대규모 사업 외에도 소규모 사업들도 지속 가능한 토지이용과 도시용지의 부동산 수요 창출에 기여할 수 있습니다. 마곡지구의 토지보상 대신 협의양도 택지, 이주자 택지를 받은 지주들은 최소 100배이상 수익을 창출한 지역중에 하나이며, 해당 농지는 과거 개발과는 먼 불모지였던 토지들이었습니다. 하지만 지금은 LG, 이랜드, 대우조선해양 등 대기업 유치와 현재 강서권역 중 지가 1등인 위치에 속해 있습니다. 서울에서 가장 비싼 군사시설 및 자연경관지구 각종 규제로 묶여 있는 용산 국제 공원은 미군기지 반환 입지로 60년간 묶여 있던 토지를 활용하여 도시 공원, 커뮤니티 정원, 용산국제업무지구, 그리고 남산 일대와 연결하여 도시 거주자의 삶의 질을 향상시키는 동시에 환경 보존을 하는 계획을 서울시에서 발표하게 되었습니다. 앞으로 용산 국제공원 주변은 대한민국의 대표 센트럴파크 중심지로 변모할 것이며, 용산 국제 이니셔티브는 사람들이 도시 환경에서 자연과 야외 편의시설에 대한 접근성을 점점 더 중요하게 인식함에 따라 녹지 공간에 가까운 부동산에 대한 수요를 촉진할 것으로 예상되며, 강남 3구의 아파트 가격보다 앞으로 서울시에서 가장 비싼 곳으로 예측이 되는 지역중 하나입니다. 해당 지역의 토지 지가 상승 또한 뉴욕 스카이 라인 중심에 자리잡은 ONE 57 Winter 버금가는 하이엔드 주상복합단지로 탈 바꿈이 이뤄 질거라 생각됩니다.

인천국제공항의 개발과 인천, 서울, 부산을 연결하는 고속철도 건설은 국제 기업과 한국을 방문하는 외국관광객을 유치하는 데 중요한 역할을 통해 미 중 일 외국인 투자가 늘어 났으며 한국의 서울 강남과 부산 해운대구의 상업용 및 주거용 부동산 가격을 상승시키는데 역할을 하게 되었습니다. 이러한 허브 주변에서 국토부는 특정 지역의 부동산 수요를 창출하기 위해 교통 인프라와 토지이용계획을 통합하는 것이 중요하다는 점을 인식했습니다.

TOD(Transit-Oriented Development)는 지하철역이나 버스 터미널과 같은 대중 교통 중심으로 복합 용도의 고밀도 커뮤니티를 만드는 데 중점을 둔 접근 방식 중 하나입니다. 이 접근 방식은 대중 교통 이용을 촉진하고 개인 차량에 대한 의존도를 줄임으로써 보다 지속 가능한 도시 성장을 장려하여, 교통 혼잡을 완화하고 고밀 압축 개발을 통한 도시의 온실 가스 배출량을 줄이는 데 도움이 될 수 있습니다.

한국에서는 경기도 화성시 남양읍 일원 주변에서 구현된 TOD 프로젝트는 대상 지역인 화성시와 수자원공사가 송산그린시티의 도시 부동산 수요를 성공적으로 창출할 거라 예상하고 있습니다. 이 프로젝트는 고밀도 복합용지 관광용지 공급 및 도시 개발을 계획할 때 교통 인프라(서해선 복선전철, 제2서해안고속도로, 제2외곽순환도로)와 접근성과 토지밀도를 높여 한국의 베니스와 홍콩을 연상시키는 도시 프로젝트가 진행되고 있습니다. 인프라 투자와 관광단지 유치를 통한 이러한 요소들은 토지 투자수요와 개발 프로젝트의 전반적인 성공에 상당한 영향을 미칠 수 있기 때문입니다.

결론적으로 교통 인프라, 접근성, TOD와 같은 지속 가능한 도시 계획 접근법과 같은 요소는 부동산 수요를 형성하고 도시 성장을 주도하는 데 중요한 역할을 합니다.

개발 대상지의 공급과 함께 이러한 측면을 고려함으로써 화성의 도시는 기업, 주민 및 방문객의 다양한 요구를 충족시키는 활기차고 잘 연결된 커뮤니티를 만들 수 있으며, 궁극적으로 지속 가능하고 도시 개발을 촉진할 수 있습니다. 주변 미개발지의 도시지역 편입으로 인한 지가상승 및 도로 철도를 통한 서울의 접근성 인구유입에 따른 직주근접의 도시가 화성 남양읍에서 조성되고 있습니다.

토지 공급의 중요성

"토지 공급이 수요를 창출한다"

한국 도시에서 토지 공급은 다양한 유형의 부동산 개발에 대한
수요를 창출하는데 중요한 역할을 하며,
정부는 인천 송도와 세종시 같은 신도시 및 도시 개발에
적극적으로 참여해옴

- ☑ 혼잡 완화
- ☑ 인구 수요 창출
- ☑ 인프라 시설과 공공기관, 민자 기업 유치

*인구 수요 창출 : 인천 송도신도시의 완공으로 인천시의 인구 성장이 지속되고 있으며,
2023년에는 3만4000명이 늘어나 인천시 인구 성장을 견인하고 있음

토지 공급 → 도시 수요 창출의 예시

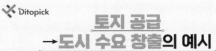

01

송도 국제 업무 지구 개발

- 2000년대 초반에 간척지에 시작된 프로젝트
- 국제 비즈니스, 교육 및 문화의 허브로 설계
- 충분한 토지를 제공하여 국제 기업, 교육 기관 및 주거 재발을 유치하여 부동산 수요 증대

(이미지 출처 : 위키백과)

02

계획도시 세종특별자치시

- 2012년도에 탄생되었으며, 현재 인구 39만명으로 내년 40만 명 돌파 예정
- 세종시의 개발용지 확보로 각종 정부기관, 연구기관, 주거단지 등의 유입 증가
- 지역 부동산 수요 증대

(이미지 출처 : 위키백과)

기존 도시 내 소규모 개발

강남

1970년대 강남은 농업 지역이었지만, 토지 가용성과 정부 정책, 인프라 투자로 오늘날 주요 상업 및 금융 중심지로 성장하여 서울에서 가장 살기 좋은 지역 중 하나로 자리 잡고 있으며 부동산 수요를 견인하고 있다.

홍대

홍대 인근 지역의 재활성화는 토지 가용성과 활기찬 예술, 엔터테인먼트 현장의 인기 상승으로 이뤄졌으며, 홍익대학교의 문화적 매력으로 인해 부동산에 대한 수요가 크게 증가했다.

이러한 예시는 토지 가용성이 새로운 도시와 기존 도시에서 모두 부동산 수요를 촉진하는 역할을 하며, 다양한 유형의 개발을 위한 토지를 제공하여 경제 성장과 삶의 질 향상을 이룰 수 있다는 것을 보여준다.

토지 공급 → 도시 수요 창출의 예시

01

📍 마곡지구

- 토지 공급과 인프라 시설의 공급으로 개발된 지역
- 농경기지를 개발하여 약 100만평 이상의 지역으로 변화
- 인구 3만 3천명을 위한 주거, 상업, 산업 지역 조성
- 2025년 최종 준공을 목표로 녹지공간과 최첨단 환경 기술을 통합한 지속 가능한 복합 용도 커뮤니티를 만드는 것
- 녹색 개발을 통해 친환경적, 지속 가능한 도시 환경 구축

(이미지 출처 : 위키백과 / 1999년 10월 2일 마곡지구 모습)

02

📍 용산 국제공원

- 미군 기지 반환 입지로 미사용 또는 활용되지 않는 토지
- 농경기지를 개발하여 약 100만평 이상의 지역으로 변화
- 인구 3만 3천명을 위한 주거, 상업, 산업 지역 조성
- 2025년 최종 준공을 목표로 녹지공간과 최첨단 환경 기술을 통합한 지속 가능한 복합 용도 커뮤니티를 만드는 것
- 녹색 개발을 통해 친환경적, 지속 가능한 도시 환경 구축

(이미지 출처 : 위키백과 / 용산가족공원)

TOD 프로젝트
(TRANSIT-ORIENTED DEVELOPMENT)

지하철역이나 버스 터미널과 같은 대중 교통 노드를 중심의 고밀도 복합 용도 커뮤니티 접근 방식 중 하나

인천국제공항과 고속철도 개발 (인천-서울-부산)은 국제 기업과 방문객 유치로 인한 부동산 수요 증가

한국에서는 화성시 남양읍 일원에서 TOD 프로젝트로 도시부동산 수요 성공 창출

지속 가능한 도시 계획과 교통 인프라는 부동산 수요와 도시 성장 촉진에 중요한 역할 이를 고려하면서 토지 공급을 확보하여 지속 가능하고 공평한 도시 개발을 촉진할 수 있다.

파이어족 토지 투자 방법

　FIRE 운동(Financial Independence, Retire Early)은 재정적 독립과 조기 은퇴를 목표로 하는 라이프스타일로 밀레니엄 세대 사이에서 상당한 인기를 끌고 있습니다. 이 운동은 사람들이 전통적인 은퇴 계획보다 훨씬 더 일찍 은퇴하기 위해 공격적으로 저축하고 현명하게 투자의 포트폴리오를 구성하는 것이 특징입니다.

경제적 자립을 이루는 한 가지 방법은 부동산, 농지, 임야 등 토지에 투자하는 것입니다. 부동산 투자는 안전하고 수익성 있는 방법으로 간주되며, 많은 사람들에게 가장 선호되는 투자 방식입니다. 농지 및 임야투자는 한국의 안보 및 보존해야 할 농지를 제외하곤 도시지역으로 편입될 수 있는 경우가 많아 부동산투자의 지향적인 투자 방법으로 부상했습니다.

또한, 대규모 인프라투자가 이루어지면서 농지와 임야가 도시지역으로 편입되어 현금 보상 및 대체 토지 혜택을 제공하고 있습니다. 그러나 2021년 LH 투기 사건과 같은 사회적 이슈로 인해 농지 투자와 산지 투자도 쉽지는 않습니다. 정부에서도 농지는 경자유전(耕者有田), 즉 농민과 농업법인이 소유할 수 있는 농지법을 강화하고 있으며, 이로 인해 도시인이 농지를 산다는 것이 투기적으로 보일 수밖에 없는 안타까운 현실입니다.

많은 젊은이들이 재정적 독립과 조기 퇴직을 달성하기 위해 FIRE 운동의 일환으로 조각 투자와 APT 투자를 하고 있습니다. 파이어 족이 되기 위해서는 다양한 부동산투자 유형과 관련된 장점과 잠재적 위험을 고려해야 합니다. FIRE 운동의 인기와 부동산투자 중 토지와의 연관성에 대해 설명하려고 합니다.

재정적 독립과 조기 은퇴를 달성하는 데 있어 다양한 토지투자의 역할은 부동산투자, 특히 도시지역의 부동산투자가 한국의 많은 개인에게 신뢰할 수 있는 부의 축적 방법으로 입증되었습니다. 주택 및 상업 공간에 대한 강한 수요, 시세 상승 가능성, 꾸준한 임대 소득 등 부동산투자 인기에 기여하는 요인을 강조합니다.

도시 부동산 외에도 농지 및 임야투자가 대체 투자 옵션으로 주목을 받고 있습니다. 환경보전 및 지속 가능한 개발에 기여하는 산림투자의 생태적 이점과 장기적인 자본 가치 상승 가능성에 대해 논의할 수 있습니다. 농지 투자는 농업 생산을 통해 안정적인 수입원을 제공할 수 있으며, 증가하는 식량 수요로부터 이익을 얻을 수 있습니다.

그러나 토지투자의 잠재적 이점에도 불구하고, 이러한 투자 옵션과 관련된 위험과 과제를 언급하는 것이 중요합니다. 예를 들어, 부동산투자는 시장변동, 규제 변화 및 경기 침체의 영향을 받을 수 있으며, 농지와 산림투자는 기후 변화, 해충 및 질병과 같은 요인들로 인해 작물 생산과 산림 건강에 영향을 받을 수 있습니다. 투자의 목적은 물론, 어떤 시기에 구입하고 어떤 시기에 팔아 exit 할 수 있는지 투자 시기와 투자 방식, 투자지의 가치 분석이 포트폴리오에 포함되어 부동산, 농지, 임야 등 토지투자는 경제적 자립과 조기 은퇴를 추구하는 밀레니엄 세대가 FIRE 운동을 달성하는 데에도 중요한 역할을 할 수 있습니다.

그러나 이러한 투자 옵션의 잠재적 이점과 위험을 신중하게 평가하여 정보에 입각한 결정을 내리고, 장기 재무 목표에 부합하는 다양한 투자 포트폴리오를 만드는 것이 중요합니다.

구체적으로 예를 들자면, '철수'라는 젊은 전문가가 한국에서 FIRE 운동을 추진하고 있다고 상상해 보겠습니다. 철수는 안정적인 직업을 가지고 있으며, 재정적 독립을 달성하고 조기 은퇴를 하기 위해 수입의 상당 부분을 저축하는 노력을 기울이고 있습니다. 그는 투자 포트폴리오를 다양화하고 수익을 극대화하기 위해 다양한 유형의 토지에 투자하기로 결정합니다.

철수는 주택 수요 증가와 인근 지역의 지속적인 개발로 인해 시간이 지남에 따라 부동산 가치가 상승할 것으로 기대되는 도시지역에 작은 아파트를 경·공매로 감정가 80%대로 구입하는 것으로 시작합니다. 이 아파트를 임대하여 임대료로 꾸준한 월 수입을 창출하는 동시에 철수는 소액으로 도시 외곽에 있는 작은 농지를 구입하여 토지에서 미래가치에 수입을 기대합니다. 해당 지역의 농지는 도시가 확장되고 지역에서 인프라 프로젝트가 진행됨에 따라 토지의 가치가 상승 지역중 하나였고, 투자 지역에는 KTX복합역사 및 신규 도로가 만들어지면서 투자농지는 도시지역으로 편입되어 많은 보상금을 받게 됩니다. 이후, 철수는 마지막으로 투자 포트폴리오를 더욱 다양화하고 공원으로 지정되었다가 해제가 예측되는 임야에 투자합니다. 철수는 서식지 보존과 같은 숲의 생태적 이점이 투자에 장기적인 가치를 더할 것이라고 기대했던, 해당 대상지는 지자체에서 대규모 공원 조성으로 20년간 행위를 할 수 없던 임야는 공원일몰제로 해제가 되면서 지자체로부터 해당 임야를 지자체에 매수청구를 통해 지차체로부터 많은 보상금을 받고 양도를 하게 됩니다.

그러나 철수는 자신의 토지투자가 내재된 위험을 인지하고 있습니다. 안정적이지만 환금성이 떨어진다는 것을 철수의 투자 방식은 부동산 시장의 변동성과 자신의 아파트 가치가 항상 예상대로 상승하지 않을 수도 있음을 고려하고, 해당 토지가 강제 수용되면 헐값의 보상금을 받을 수 있다는 RISK 또한 알고 있습니다.

그러나 이러한 위험을 인지하면서도 철수는 다각화된 부동산투자 전략으로 자신의 FIRE 목표와 일치하여 부를 축적하고 재정적 독립과 조기 은퇴를 향해 노력하고 있으며, 그는 투자의 잠재적 이점과 위험을 신중하게 평가하며 저축 계획에 전념함으로써 재정 목표를 달성하는 데 성공할 가능성을 높이고 있습니다.

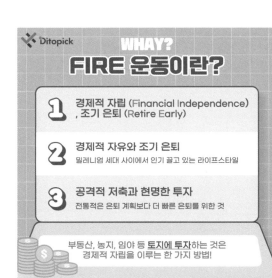

WHAY?
FIRE 운동이란?

1 경제적 자립 (Financial Independence), 조기 은퇴 (Retire Early)

2 경제적 자유와 조기 은퇴
밀레니엄 세대 사이에서 인기 끌고 있는 라이프스타일

3 공격적 저축과 현명한 투자
전통적은 은퇴 계획보다 더 빠른 은퇴를 위한 것

부동산, 농지, 임야 등 토지에 투자하는 것은
경제적 자립을 이루는 한 가지 방법!

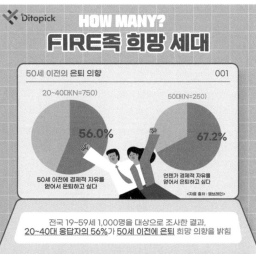

HOW MANY?
FIRE족 희망 세대

50세 이전의 은퇴 의향   001

20~40대(N=750)   56.0%   50대(N=250)   67.2%

50세 이전에 경제적 자유를 얻어서 은퇴하고 싶다

언젠가 경제적 자유를 얻어서 은퇴하고 싶다

<자료 출처: 엠브레인>

전국 19~59세 1,000명을 대상으로 조사한 결과,
20~40대 응답자의 56%가 50세 이전에 은퇴 희망 의향을 밝힘

HOW MANY?
FIRE족 자산 규모

경제적 자유를 누릴 수 있는 자산 규모   002

10억 미만	10~20억	20~30억	30~40억	40~50억	50억 이상	잘모름
5.7	32.4	22.7	16.4	2.4	12.8	7.6

<자료 출처: 엠브레인>

파이어족을 하기 위해 모아야 할 자산 규모는
최소 10~20억, 혹은 그 이상을 모아야 한다는 의견

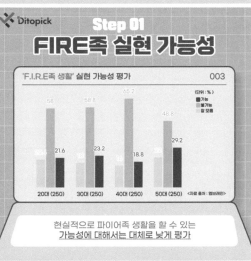

Step 01
FIRE족 실현 가능성

'F.I.R.E족 생활' 실현 가능성 평가   003

(단위 : %) 가능 / 불가능 / 잘 모름

	20대 (250)	30대 (250)	40대 (250)	50대 (250)
불가능	58	58.8	65.2	48.8
가능	21.6	23.2	18.8	29.2

<자료 출처: 엠브레인>

현실적으로 파이어족 생활을 할 수 있는
가능성에 대해서는 대체로 낮게 평가

Step 02
은퇴 자금 마련 시작

Tip! 부동산에 투자하라!   004

☑ **안전성과 수익성**
농지, 임야 등 토지와 부동산에 투자하는 것은
많은 사람들에게 가장 선호되는 투자 방식

☑ **위험성 인지하기**
부동산 투자 : 시장 변동, 규제 변화 및 경기 침체의 영향
농지·산림 투자 : 작물 생산과 산림 건강에 영향(기후 변화, 해충 및 질병 등)

많은 젊은이들이 재정적 독립과 조기 퇴직을
달성하기 위해 부동산에 투자 중!

Step 03
FIRE족 실현 예시

ex!   005

철수
• 안정적인 직업
• 파이어족 희망

위험을 인지하면서도 투자의 잠재적 이점과
위험을 신중하게 평가하는 다각화된 토지 투자 전략

부자들의
비밀스러운
재테크 방법

토지제도의 열쇠, 지목과 용도의 비밀 공개!

지목이란 논, 밭, 과수원 대지 등등 우리가 일상적으로 주변에서 보이는 토지의 모양을 보고 토지의 이용 및 가치를 판단하는 것은 오류를 범하기 마련입니다. 지목이 물론 중요하지만, 지목보다는 토지의 용도라는 단어를 더 중요하게 생각해야 합니다.

지목의 개념은 토지이용계획법에서 시작되었습니다. 1962년에 제정된 법률로서, 토지의 이용을 계획하고 관리하기 위해 만들어졌습니다. 이 법률에서 지목은 토지의 용도를 나타내는 용어로 사용되었으며, 20가지로 구분되었습니다.

이후, 2002년 1월 1일에는 공간정보의 구축 및 관리 등에 관한 법률이 제정되었습니다. 이 법률은 토지이용의 효율성과 합리성을 높이기 위해 만들어졌으며, 지목은 토지이용계획의 기초자료로 사용되어 28가지로 구분되었습니다.

지목은 토지의 개발 및 이용에 큰 영향을 미칩니다. 예를 들어, 농지는 농업용으로만 사용할 수 있고, 건물을 지을 수 없습니다. 임야는 임업용으로만 사용할 수 있고, 건물을 지을 수는 있지만 건축물의 용도가 제한됩니다. 반면 대지는 건물을 지을 수 있고, 용도가 다양합니다.

따라서 토지투자를 할 때는 반드시 지목을 고려하여 투자 대상을 선정해야 합니다. 예를 들어, 토지투자의 목적이 임대사업, 단독주택 건설, 상가 건설 등인 경우, 대지를 매입하는 것이 유리합니다.

다음은 대한민국의 28가지 지목과 그 내용입니다.

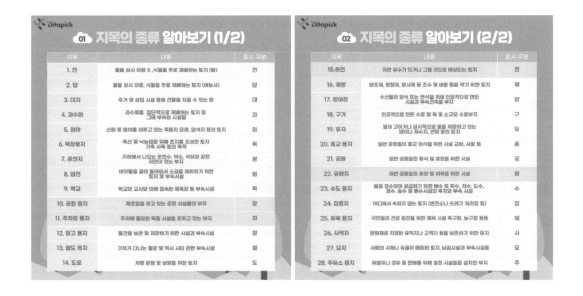

토지의 용도지역

용도지역제는 토지의 이용을 합리적이고 효율적으로 하기 위해 도입되었습니다. 토지를 용도별로 구분하여 각 용도에 맞는 건축물만을 지을 수 있도록 함으로써, 주거, 상업, 공업 등 다양한 기능이 조화롭게 어우러진 도시를 조성하는 것을 목적으로 합니다.

대한민국에서 최초의 용도지역 지구는 1934년 일제강점기에 조성되었습니다. 조선총독부는 도시계획에 관한 최초의 법령인 "조선시가지계획령"을 제정하여 주거지역, 상업지역, 공업지역 등 3개의 용도지역 풍치, 방화, 미관, 풍기지구 등 4개의 용도지구를 도입했습니다.

광복 이후에도 용도지역제는 지속적으로 유지되었습니다. 1962년 한국전쟁 이후 도시계획법이 제정되면서 용도지역은 도시지역 내 주거지역, 상업지역, 공업지역, 녹지지역, 농림지역 등 5개로 세분화되었습니다. 이후 1981년 자연환경보전법이 제정되면서 자연환경보전지역이 추가되었습니다.

용도지역제는 여러 차례 개정되었습니다. 가장 최근에는 국토의 계획 및 이용에 관한 법률이 개정되면서 용도지역은 도시지역, 관리지역, 농림지역, 자연환경보전지역 등 4개로 세분화되었습니다.

용도지역제는 법률에 의해 규정되어 있으며, 국토의 계획 및 이용에 관한 법률은 용도지역의 지정, 변경, 해제에 관한 사항을 규정하고 있습니다. 이를 통해 용도지역은 도시·군관리계획에 따라 지정되며, 도시·군관리계획은 주민의 의견을 수렴하여 도시·군의 장이 결정합니다.

용도지역제는 토지의 이용을 합리적이고 효율적으로 하는 데 기여해 왔습니다. 주거, 상업, 공업 등 다양한 기능이 조화롭게 어우러진 도시를 조성하는 데 도움이 되었으며, 토지이용의 혼란을 방지하는 데에도 도움이 되었습니다.

그러나 용도지역제가 항상 완벽하게 작동하는 것은 아닙니다. 용도지역에 따라 건축물의 용도와 건폐율, 용적률 등이 제한되어 있어 토지이용의 자유를 제한하는 측면이 있기 때문입니다. 또한, 용도지역이 시대의 변화에 따라 적절하게 조정되지 못하는 경우, 도시의 발전을 저해하는 요인이 될 수도 있습니다.

용도지역제는 토지의 이용을 합리적이고 효율적으로 하는 데 도움이 되는 중요한 제도입니다. 그러나 용도지역제가 항상 완벽하게 작동하는 것은 아니며, 시대의 변화에 따라 적절하게 조정되어야 합니다. 2022년 3월 서울시는 2040도시기본계획을 발표했습니다. 이 계획에서는 국계법에서 정한 용도지역 외에도 도시지역 내 주상공녹 이외의 업무용지, 관광용지, 공공용지를 추가하여 총 도시지역 내 7개의 다기능 복합용도의 변화가 필요하다고 발표했습니다.

특히, 한강변 부근의 재개발·재건축, 역세권 주변 토지의 밀도와 용적률을 완화하여, 일률적으로 적용했던 '35층 높이 기준'을 삭제하고, 대신 유연하고 정성적인 '스카이라인 가이드라인'으로 전환하였습니다. 이로 인해 서울시 도시기본계획안은 주변 대상 여건을 고려하여 높이기준을 삭제하고 초고층 빌딩도 들어올 수 있게 도시기본계획안을 발표하였습니다. 국토계획에서 가장 중요한 용도지역·지구·구역에 의미와 설명에 대해 분류하면 다음과 같습니다.

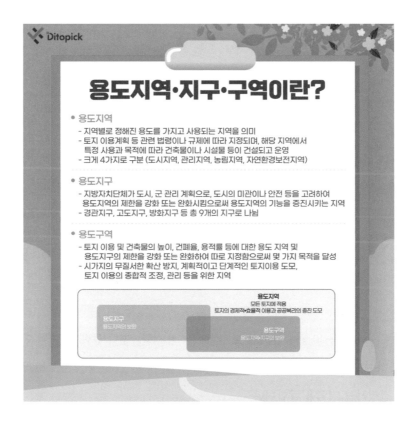

용도지역에서 가장 중요한 것은 토지의 기능입니다. 기능은 토지의 밀도와 연결되며, 건물을 얼마나 넓고 높게 올릴지에 대한 중요한 요소입니다.

다음 표에서 용도지역에 따른 건폐율과 용적율에 대해 간단히 설명하겠습니다.

04 용도지역의 구분

구분	용도지역	건폐율	용적률
도시지역	중심상업지역	90%이하	1500%이하
	일반상업지역	80%이하	1300%이하
	유통상업지역	80%이하	1100%이하
	근린상업지역	70%이하	900%이하
	준공업지역	70%이하	400%이하
	일반공업지역	70%이하	350%이하
	전용공업지역	70%이하	300%이하
	준주거지역	70%이하	500%이하
	제3종일반주거지역	50%이하	300%이하
	제2종일반주거지역	60%이하	250%이하
	제1종일반주거지역	60%이하	200%이하
	자연녹지지역	20%이하	100%이하
	생산녹지지역	20%이하	100%이하
	보존녹지지역	20%이하	80%이하
관리지역	계획관리지역	40%이하	100%이하
	생산관리지역	20%이하	80%이하
	보존관리지역	20%이하	80%이하
농림지역		20%이하	80%이하
자연환경보전지역		20%이하	80%이하

*[건폐율] 건설 대지 면적에 대한 건물의 바닥 면적의 비율

용도지구는 토지의 이용 및 건축물의 용도·건폐율·용적률·높이 등에 대한 용도지역의 제한을 강화 또는 완화하여, 용도지역의 기능을 증진시키고 미관, 경관, 안전 등을 도모하기 위해 도시·군관리계획으로 결정하는 지역을 말합니다.

용도지구는 1962년 도시계획법이 제정되면서 도입되었으며, 그 이후 여러 차례 개정되어 왔습니다. 가장 최근에는 2017년 국토의 계획 및 이용에 관한 법률이 개정되면서 10가지로(경관지구, 미관지구, 고도지구, 방화지구, 방재지구, 보존지구, 시설보호지구, 취락지구, 개발진흥지구, 특정용도제한지구 등) 세분화되었습니다.

용도지구는 법률에 의해 규정되어 있으며, 국토의 계획 및 이용에 관한 법률은 용도지구의 지정, 변경, 해제에 대한 사항을 규정하고 있습니다. 용도지구는 도시·군관리계획에 따라 지정되며, 해당 계획은 주민의 의견을 수렴하여 도시·군의 장이 결정합니다.

용도지구는 토지의 이용을 합리적이고 효율적으로 하는 데 기여해 왔습니다. 주거, 상업, 공업

등 다양한 기능이 조화롭게 어우러진 도시를 조성하는 데 도움이 되었으며, 토지이용의 혼란을 방지하는 데에도 도움이 되었습니다.

그러나 용도지구제가 항상 완벽하게 작동하는 것은 아닙니다. 용도지구에 따라 건축물의 용도와 건폐율, 용적률 등이 제한되어 토지이용의 자유를 제한하는 측면이 있습니다. 또한 용도지구가 시대의 변화에 따라 적절하게 조정되지 못하는 경우, 도시의 발전을 저해하는 요인이 될 수도 있습니다.

용도지구는 다음과 같은 용도로 활용되고 있습니다.

- 주거지역의 미관을 보호하기 위해 경관지구를 지정하여 고층 건축물의 건축을 제한하는 경우
- 상업지역의 화재 위험을 방지하기 위해 방화지구를 지정하여 특정 용도의 건축물의 건축을 제한하는 경우
- 공업지역의 환경오염을 방지하기 위해 방재지구를 지정하여 특정 용도의 건축물의 건축을 제한하는 경우
- 역사적, 문화적 가치가 있는 지역을 보존하기 위해 보존지구를 지정하여 개발을 제한하는 경우
- 도시의 균형 있는 발전을 도모하기 위해 개발진흥지구를 지정하여 특정 용도의 건축물에 대한 인센티브를 제공하는 경우
- 특정 업종의 사업을 육성하기 위해 특정용도제한지구를 지정하여 특정 용도의 건축물에 대한 인센티브를 제공하는 경우

이러한 용도지구제는 토지의 합리적이고 효율적인 이용을 도와주는 중요한 제도입니다.

용도지구 종류 및 구분		설명	용도지구 종류 및 구분		설명
경관지구	자연경관지구	경관 보호 및 형성	보존지구	특정용도제한지구	숙박/위락 제한
	수변경관지구			문화자원보존지구	보존가치가 큰 지역의 보호와 보존
	시가지경관지구			중요시설물보존지구	
미관지구	중심지미관지구	도시 미관 유지		생태계보존지구	
	역사문화미관지구		취락지구	자연취락지구	취락 정비 지구
	일반미관지구			집단취락지구	
고도지구	최고고도지구	도시 환경 조성	개발진흥지구	주거개발진흥지구	각 목적별 기능 중심 집중적 개발 정비지역
	최저고도지구			산업개발진흥지구	
	방화지구	화재 예방		유통개발진흥지구	
	방재지구	재해 예방		관광휴양개발진흥지구	
시설보호지구	학교시설보호지구	주요시설 보호, 기능 효율화, 안전 등을 위해 용도 및 형태 제한		복합개발진흥지구	
	공용시설보호지구			특정개발진흥지구	
	항만시설보호지구			위락지구	위락시설 집단화
	공항시설보호지구			리모델링지구	리모델링 활성화
그 밖의 대통령령이 정하는 지구			아파트지구		집단적 아파트 건설 관리

용도구역

용도구역의 네 가지 구역은 1971년 박정희 대통령이 제정하고 시행한 수도권 정비계획법에 따라 도입되었습니다. 당시 한국은 고도성장을 이룩하면서 수도권의 인구와 주택이 급격히 증가하여 도시의 무질서한 확산과 환경오염 문제가 심각해졌습니다. 정부는 이러한 문제를 해결하기 위해 개발제한구역, 도시자연공원구역, 시가화조정구역, 수산자원보호구역 등 4가지 용도구역을 도입하게 되었습니다.

4가지 용도구역의 탄생 배경은 다음과 같습니다.

- 개발제한구역 : 도시의 무질서한 확산을 방지하고 도시 주변의 자연환경을 보전하기 위하여 도입
- 도시자연공원구역 : 도시의 자연환경을 보전하고 시민들에게 휴식과 여가공간을 제공하기 위하여 도입
- 시가화조정구역 : 도시의 무질서한 확산을 방지하고 계획적·단계적인 개발을 도모하기 위하

여 도입

- 수산자원보호구역 : 어족자원을 보호하고 증식시켜 국가 수산자원의 지속적인 생산을 도모하기 위하여 도입

4가지 용도구역은 도입 이후 도시의 무질서한 확산과 환경오염을 방지하는 데 크게 기여했습니다. 그러나 이러한 용도구역으로 인해 토지가격이 상승하고 주택난이 심화되는 등 부작용이 발생했습니다. 이에 정부는 이러한 부작용을 완화하기 위해 4가지 용도구역의 지정 기준을 완화하는 등 다양한 정책을 시행하고 있습니다.

도시자원공연구역

도시자연공원구역은 도시의 자연환경을 보전하고 시민들에게 휴식과 여가공간을 제공하기 위하여 도시 · 군관리계획으로 지정되는 지역입니다.

도시자연공원구역은 1981년 12월 31일 「자연공원법」이 제정되면서 도입되었으며, 그 후 여러 차례 개정되어 왔습니다. 가장 최근에는 2017년 국토의 계획 및 이용에 관한 법률이 개정되면서 도시자연공원구역의 지정 및 해제에 관한 사항이 규정되었습니다.

시가화조정구역

시가화조정구역은 도시의 무질서한 확산을 방지하고 계획적 · 단계적인 개발을 도모하기 위하여 도시 · 군관리계획으로 지정하는 지역입니다.

시가화조정구역은 1971년 12월 31일 「수도권 정비계획법」이 제정되면서 도입되었으며, 그 후 여러 차례 개정되어 왔으며, 도시의 무질서한 확산을 방지하고 계획적이고 단계적인 개발을 도모하는 데 중요한 역할을 하고 있습니다.

수산자원보호구역

수산자원보호구역은 어족자원을 보호하고 증식시켜 국가 수산자원의 지속적인 생산을 도모하기 위하여 해양수산부장관이 「수산자원관리법」에 따라 지정하는 구역입니다.

수산자원보호구역은 1962년 12월 31일 「수산자원개발법」이 제정되면서 도입되었으며, 그 후 여

러 차례 개정되어 왔으며, 어족자원을 보호하고 증식시켜 국가 수산자원의 지속적인 생산을 촉진하는 데 중요한 역할을 하고 있습니다.

개발제한구역

개발제한구역은 1971년 12월 31일 「수도권 정비계획법」이 제정되면서 도입되었습니다. 개발제한구역은 도시의 무질서한 확산을 방지하고 도시 주변의 자연환경을 보전하기 위한 제도이며 이 구역에서는 건축물의 건축, 토지의 형질변경, 토지이용의 변경 등 개발행위가 제한됩니다.

2023년 1월 기준 개발제한구역의 면적은 약 1,234.7㎢로, 서울시 면적의 약 3배에 달합니다. 이 구역은 전국 17개 시·도에 걸쳐 분포되어 있으며, 경기도가 377.7㎢로 가장 많고, 그 뒤를 이어 인천(194.5㎢), 충남(151.2㎢), 경북(143.8㎢) 순입니다.

개발제한구역은 도시의 무질서한 확산을 방지하고 도시 주변의 자연환경을 보전하기 위해 도입되었으나, 토지가격 상승과 주택난 심화 등 부작용도 발생했습니다. 이에 정부는 이러한 부작용을 완화하기 위해 개발제한구역의 지정 기준을 완화하고, 해제 절차를 간소화하는 등 다양한 정책을 시행하고 있습니다.

2022년 한 해 동안 개발제한구역에서 해제된 면적은 14.2㎢로, 이 중 국방부가 9.7㎢, 국토교통부가 2.1㎢, 농림축산식품부가 2.4㎢를 해제했습니다.

용도구역 중 가장 투자가 가치가 높은 지역은 개발제한구역이며 하남, 광명, 과천, 시흥, 화성 등의 지역들이 투자 유망지역으로 손꼽힙니다. 이러한 지역들은 모두 수도권에 위치하고 있어 서울과의 접근성이 뛰어나며, 신규 교통망과 일자리가 창출되고 있어 개발 가능성이 높습니다. 특히 하남은 서울 지하철 9호선과 교산 신도시가 착공 및 보상에 들어갔고, 광명은 신안산선 및 월곶~판교선 개통 예정으로 교통 여건이 크게 개선될 전망입니다. 또한, 시흥은 개발제한구역에서 가장 많이 해제된 지역 중 장현 택지지구와 매화지구, 하중역세권 등 시화공단과 안산공단이 위치하고 있어 산업단지 종사자 수요가 높습니다. 마지막으로, 화성은 송산그린시티 서해선 복선전철, 현대자동차 연구소가 위치하고 있어 첨단산업 종사자 수요가 많은 지역입니다.

이러한 지역은 개발제한구역이 해제되면 토지 가격이 크게 상승할 것으로 예상되며, 토지투자의 좋은 기회가 될 것으로 전망됩니다. 그러나 개발제한구역의 해제 여부는 정부의 정책에 따라 결정되므로, 투자 결정 시에는 신중을 기해야 합니다.

토지투자 포트폴리오를 작성할 때는 다음과 같은 요소를 고려하는 것이 중요합니다.

- 수익성 : 토지투자에서 기대할 수 있는 수익률을 고려해야 합니다. 개발제한구역의 해제 시기는 불확실하므로, 투자 기간을 고려하여 수익률을 산정해야 합니다.
- 안정성 : 토지 가격은 경기 변동에 따라 변동하므로, 투자 안정성을 고려해야 합니다. 개발제한구역의 해제 여부는 정부의 정책에 따라 결정되므로, 투자 안정성이 낮은 지역은 피해야 합니다.
- 환금성 : 토지가 필요할 경우 언제든지 현금화할 수 있는지 고려해야 합니다. 개발제한구역은 개발이 제한되어 있어 환금성이 낮은 지역이므로, 환금성이 높은 지역을 선택해야 합니다.
- 리스크 : 토지투자에는 개발제한구역의 해제 지연, 토지 가격 하락, 토지 개발 지연 등 다양한 리스크가 존재하므로, 리스크를 회피할 수 있는 투자 방법을 선택해야 합니다.

결론적으로, 이러한 요소를 고려하여 경기도 하남, 광명, 과천, 시흥, 화성 중에서 신규 교통망과 일자리가 창출되고 있는 지역을 중심으로 토지투자 포트폴리오를 구성하는 것이 좋습니다. 또한, 개발제한구역의 해제 여부와 토지 가격 변동, 환금성 등을 고려하여 투자 위험을 최소화한 토지투자 결정을 내리는 것이 바람직합니다.

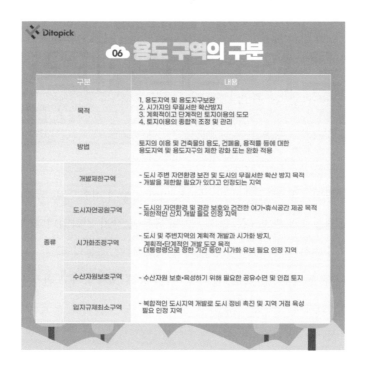

국토개발의 이해,
제5차 국토종합개발계획으로 미래의 흐름을 예측하라!

국토종합계획은 대한민국의 국토 관리 및 이용을 위한 최상위 계획으로, 국가의 미래 성장, 개발 및 토지이용 문제를 해결하기 위한 대한민국 국토교통부의 장기 전략입니다. 인구 감소, 저출산, 고령화, 도농격차, 기후변화 등 다양한 과제를 해결하고, '사람 중심의 국토', '지역균형발전', '지속 가능한 국토관리'의 3대 원칙을 기반으로 합니다. 이를 통해 포용적이고 환경적으로 지속 가능한 미래를 조성하기 위한 전략과 정책을 설명합니다.

부동산투자자로서 장기 개발 계획의 중요성을 인식해야 합니다. 이러한 계획은 성장 잠재력이 있는 영역을 식별하고 미래 추세를 예측하는 데 도움이 되며, 주요 문제를 해결하고 지속 가능한 미래를 조성하려는 한국 정부의 노력은 한국을 부동산투자, 특히 주택, 상업 공간 및 기반시설 개발과 같은 부문에서 매력적인 투자 목적지로 만드는 데 기여합니다.

오래전부터 국토 발전의 청사진의 역할을 해 왔으며 헌법과 국토기본법에 근거한 최고 계획입니다. 정부 부처와 지방자치단체가 장기계획을 세우거나 예산을 검토할 때 반드시 필요한 지침입니다.

대한민국 헌법 제120조 제2항에 따르면 "국토와 자원은 국가에 의하여 보호받으며, 국가는 균형 있는 개발과 이용을 위하여 필요한 계획을 세운다."는 원칙을 강조하며, 종합국토계획은 이러한 헌법적 토대를 바탕으로 수립되며 국가발전과 관련된 모든 계획의 기준이 됩니다.

"모두를 위한 국토, 함께 포용하는 국토계획을 추구한다."는 개발에 중점을 둔 과거의 계획과 달리 제5차 국토종합계획은 세대, 지역에 걸쳐 균형 잡힌 발전을 달성하는 동시에 모든 사람에게 좋은 일자리와 안전한 국토를 만드는 것을 목표로 합니다. 이 계획은 삶의 질과 건강을 추구하고 깨끗하고 품위 있는 국가 환경을 조성하는 것을 중시합니다. '함께 사는 땅'이라는 비전을 실현하기 위해 '균형 잡힌 국토', '스마트 국토', '혁신적인 국토'의 세 가지 목표와 6가지 전략을 제시합니다.

- 전략 1 : 지역발전과 연대, 협력 촉진
- 전략 2 : 지역 산업 혁신과 문화관광 활성화
- 전략 3 : 세대와 계층을 아우르는 안심 생활공간 조성
- 전략 4 : 품격 있고 환경 친화적 공간 창출
- 전략 5 : 인프라의 효율적 운영과 국토 지능화
- 전략 6 : 대륙과 해양을 잇는 평화 국토 조성

1972년에 처음 출범한 국토종합계획(National Land Comprehensive Plan)은 시간이 지남에 따라 각 시대의 과제와 과제를 해결하기 위해 발전해 왔습니다. 제1차에서 제3차까지는 '국토종합개발계획'이라고 불렸으며, 2000년 제4차부터는 '국토종합계획'으로 명칭이 변경되었습니다. 이러한 명칭 변경은 개발에만 초점을 맞추기보다는 개발과 환경 관리의 균형을 맞추는 것의 중요성을 강조하기 위해 이루어졌습니다.

그 결과, 이 계획은 국가 인프라에 중점을 둔 '하드웨어 계획'에서 국가 국토의 관리 및 운영을 우선시하는 '소프트웨어 계획'으로 점차 전환되었습니다. 이러한 변화는 경제 성장과 개발의 필요성 외에도 시민과 환경의 복지에 대한 광범위한 관심을 반영합니다.

제1차 국토종합개발계획은 수도권과 동남해안 공업지대를 중심으로 거점을 개발하여 산업화를 촉진하고 국력을 증강하는 것을 목표로 하였습니다. 이 기간 동안 교통통신, 수자원, 에너지 공급망을 재편하여 사회적 간접자본을 창출하여 높은 경제 성장과 국민의 열악한 생활환경을 개선하였습니다.

제2차 국토종합개발계획은 복지 향상과 환경보전을 목표로 분권화된 국토개발에 초점을 맞추었습니다. 서해안 공업 지대를 포함한 새로운 산업단지가 만들어지면서 지역적 발전과 함께 지방 도시가 개발되었습니다. 이에 따라 사람들의 삶과 환경에 대한 투자가 증가하면서 국가 환경보전에 대한 관심이 높아졌습니다.

제3차 국토종합개발계획은 산업구조의 변화와 농촌에서 도시로의 인구 이동에 따른 수도권의 확대를 다루었습니다. 이에 대응하기 위해 교통 및 통신과 같은 사회적 간접 자본이 지역 전역으로 확대되었습니다. 서울과 부산과 같은 주요 도시의 인구집중을 억제하기 위해 지역의 생활 환경을 개선하고 지역 생활 공간을 만들기 위한 노력이 이루어졌습니다.

제4차 국토종합개발계획은 개발과 환경의 조화를 통한 개방적이고 통합된 국가를 지향하였고, 2000년에 "21세기 통합국토실현"을 비전으로 시작되어 두 번 수정되었습니다. 이 계획의 행정 복합 도시의 건설과 공공기관의 지방 이전은 균형 잡힌 발전을 이루기 위해 분배를 기반으로 추진된 변화 중 하나였습니다.

특정 지역에서 인구가 감소함에 따라 해당 지역의 국토와 공간이 사용되는 방식을 재구성하고 조정하는 것이 중요합니다. 이를 위해 제5차 종합국토계획(5차 종합국토계획)은 인구 감소를 고려하여 도시와 지역을 보다 현명하게 활용하여 이 문제를 해결하는 것을 목표로 합니다.

인구 감소에 대한 국토계획의 접근법은 정확한 인구 예측을 기반으로 도시 공간과 국토 이용을 효율적으로 재구성하는 것입니다. 여기에는 필요한 기반시설을 제공하고 효율적인 도시 계획을 촉진하는 동시에 활용 비중이 적은 시설을 제거하거나 줄이는 것이 포함됩니다. 특히 교통 및 문화 축을 중심으로 시설을 중앙 집중 화하면 도시를 보다 편리하고 접근하기 쉽게 만들 수 있습니다.

또 다른 전략은 1970년대와 1980년대의 노후화된 산업단지와 기반시설을 녹지 공간과 공원으로 전환하여 주민들의 삶의 질을 향상시키는 것입니다.

또한 자녀 양육을 위한 지원 환경 제공으로 인구 감소를 겪고 있는 지역의 출생률을 높이는 데 도움이 될 수 있습니다. 이는 보육 시설과 보육 서비스를 늘려 가족 접근이 용이하게 함으로써 달성할 수 있습니다. 인프라는 노인과 장애인에게 안전하고 편리하도록 설계되어야 하며, 필요에 따라 의료 및 의료 시설을 확장하는 것이 중요합니다.

마지막으로, 대중 교통을 개선하고 "행복한 택시"와 같은 교통 시스템을 제공하면 주민들이 필수 서비스 및 시설에 더 쉽게 접근할 수 있습니다.

요약하면, 특정 지역의 인구 감소를 해결하는 열쇠는 변화하는 인구 통계에 맞게 도시 계획과 인프라를 조정하고, 효율성, 접근성 및 거주자의 삶의 질 향상에 중점을 두는 것입니다.

지역 간의 큰 격차는 지속적인 문제였으며, 대도시, 대도시, 중소 도시, 농업 및 어촌 마을에 걸쳐 보다 균형 잡힌 발전을 이루기 위한 노력이 계속되고 있습니다. '제5차 국토종합계획'은 이 문제를 해결하기 위해 지역 간 협력을 확보하고 모든 분야에서 쾌적한 생활환경을 조성함으로써 이 문제를 해결하는 것을 목표로 하고 있습니다.

이를 위해 중앙 정부, 지역 및 지방 정부는 산업, 관광 및 문화에 중점을 두고 협력합니다. 이들은 프로젝트를 공동으로 추진하며 중앙 정부로부터 적극적인 지원을 받습니다. 또한 이 계획은 국가의 다양한 센터 주변에서 균형 잡힌 개발을 가능하게 하는 멀티 코어 국토 공간을 창출하는 것을 목표로 합니다.

광역 순환형 고속 교통 인프라를 구축하여 지역을 더 가깝게 만들고, 대도시는 주변 지역 및 주요 성장 기반과 연결될 것입니다. 또한, 지역 대도시가 주변 도시 및 농촌지역과 경제적으로 연결된 "대도시지역"으로 성장하도록 지원합니다.

행정복합도시, 혁신도시, 기업도시, 경제자유구역 새만금프로젝트 등 균형발전을 위해 건설된 도시는 지역 혁신의 허브가 될 것입니다. 중소도시들은 각자의 조건에 따라 연결되고 협력하여 결국 지역 성장 및 생활 서비스 제공자의 중심으로 대도시 기초 단체의 네트워크가 형성되며 균형발전이 이뤄질 것입니다.

농촌은 사람들이 일과 삶의 균형과 "도시 & 농촌" 생활에 중점을 둔 새로운 라이프스타일을 추구함에 따라 매력적인 생활 공간으로 탈바꿈할 것입니다. 농촌지역에서 첨단 기술 및 서비스 인프라가 확장되고 농촌 융합 산업을 통해 경제가 풍요로워질 것입니다.

지역 간 격차는 중앙 정부, 지역 및 지방 정부 간의 협력을 통해 균형 잡힌 개발과 교통 인프라, 그리고 모든 분야에서 매력적인 생활 공간 창출하여 해결할 수 있습니다. 이것은 위치에 관계없이 모든 사람에게 좋은 생활 환경을 보장합니다.

1인 가구와 빈집의 증가 등 우리나라의 주거를 둘러싼 여건 변화가 발생하고 있습니다. 이에 대응하여 이 계획은 무주택자에게도 주거 걱정 없이 쾌적한 주거 생활을 제공하는 것을 목표로 합니다.

변화하는 주택 수요를 수용하기 위해 4인 가구가 아닌 1인 또는 2인 가구를 기준으로 국민 주택의 크기를 조정하고 그에 따라 최소 주택 기준을 검토할 것입니다. 또한 "쉐어하우스", 공동 주택 및 서비스 주거형 공유 주택과 같은 공유 주택을 홍보하며 다양한 요구를 충족시키기 위해 다양한 유형의 공유 주택 옵션을 제공할 것입니다.

또한 이 계획은 첨단 기술을 사용하여 주택을 관리하는 "스마트 홈", 공장에 지어진 모듈러 주택, 쉽게 리모델링할 수 있는 수명이 긴 주택을 도입하는 것을 목표로 합니다.

또한, 생애 첫 주택은 소득 수준에 따라 충분한 장기 공공 임대 주택과 맞춤형 주택을 제공하는 것을 강조하며, 모두의 안정적인 생활여건 보장을 위해 노인 가구 복지주택과 주거 관련 정보 및 다문화·외국인 가구 지원 등을 확대합니다.

마지막으로, '복합주택보급프로그램'은 지역 특성에 맞춘 편의시설, 주거서비스, 주거공간 인근 커뮤니티 공간 등을 제공하여 편리한 주거환경을 조성할 것입니다. 농어촌에서는 복합농어촌계획에 따라 지역 자산을 활용한 지역사회사업과 주택이 제공됩니다.

인공지능(AI)과 사물인터넷(IoT)이 주도하는 4차 산업혁명 시대에 풍경은 크게 변화하고 있습니다. '제5차 국토종합계획'은 스마트 기술이 접목된 새로운 산업단지 모델을 개발하고, 데이터와 AI를 기반으로 운영되는 스마트시티의 개념을 추진함으로써 한국의 미래를 준비합니다.

각 지역은 도시와 지방별 스마트 특성화를 위한 지역 주도 산업 혁신 전략을 기반으로 지역에 잘 맞는 산업 혁신의 기반을 구축할 것입니다. 신설된 국가산단은 지역특화산업의 거점이 되어 산업단지와 그 주변을 아우르는 지역산업계를 조성하며, 미래 산업단지는 스마트 기술과 접목되어 반도체 산업 등 4차 산업혁명에 필수적인 산업을 활성화하여 도시 내 편리한 위치에 도시첨단산업단지를 조성하여 일과 삶의 휴식이 조화를 이루도록 합니다.

한국은 4차 산업혁명 기술을 접목한 스마트시티를 선보이는 시범도시를 만들어 한국형 모델로 발전할 예정입니다. 기존 도시는 스마트 솔루션과 서비스를 결합하고, 농촌과 도시·농촌 복합 도시는 스마트 빌리지 프로젝트와 연결될 것입니다.

IoT, 6G, AI 등의 스마트 기술을 활용하여 인프라를 최적의 상태로 유지하는 첨단 기술을 국토 관리에 활용하고, 국토 정보의 통합 관리를 위한 "디지털 트윈" 가상 국토 플랫폼을 구축하여 모든 사람이 필요한 정보에 빠르고 편리하게 접근할 수 있도록 합니다. 또한 교통 시스템은 자율 주행 자동차 및 친환경 차량과 같은 미래의 교통 수단을 수용할 수 있도록 조정될 것이며, 통신시설, 정밀지도, 교통관제, 첨단도로시설물 등을 개편하고 미래 자동차 서비스를 위한 통합 교통정보를 제공할 예정입니다. 또한 자율주행 대중교통, 자율주행차 연동 서비스 등 미래 교통체계를 단계적으로 준비할 것입니다.

저성장 시대에는 제조업 침체로 인해 지역 경제가 어려움을 겪을 수 있습니다. 그러나 문화에 대한 관심이 높아짐에 따라 성장하고 있는 관광 산업에는 새로운 기회가 있습니다. '제5차 국토종합계획'은 이러한 상황에 맞춰서 지역 특성을 살린 전략 산업을 육성하고 지역특화산업에 집중하며 도시재생사업을 통해 지역 일자리를 확보하는 국가혁신클러스터를 조성하는 것을 목표로 합니다.

도보 여행, 생태 관광, 해양 관광 및 레저 산업, 전통 문화 체험과 같은 지역 자산을 활용하여 독특한 관광 콘텐츠를 개발할 수 있으며, 폐쇄된 조선소, 오래된 상업시설 및 남아 있는 공공 건물 부지와 같은 공간을 매력적인 관광 자원으로 재개발할 수 있습니다.

지역 간 협력 관광 자원을 개발하면 보다 다양한 관광 프로그램으로 이어질 수 있으며 다른 지역과 연결된 광역 관광 루트를 장려할 수 있습니다. 도로 및 철도와 같은 교통 인프라의 개선과 대중 교통 경로의 보완은 지역 간 이동을 촉진하고 다양한 관광 자원을 발견하는 데 도움이 될 수 있습니다.

기후 변화는 심각한 문제로, 우리에게 미치는 영향이 더욱 분명해지고 있습니다. 기온 상승과 극심한 기상 현상 및 기타 기후 변화의 결과는 우리의 안전에 위협이 될 수 있습니다.

한반도의 맥락에서 폭염은 국민 건강에 영향을 미치며 의료 비용을 증가시키고, 특히 노인과 같은 취약 계층에 피해를 입혔습니다. 질병관리본부는 이러한 비용을 2020년 12조 6000억 원에서 2050년 57조 5000억 원으로 늘릴 것으로 예상하고 있습니다. 또한 기후 변화는 예상치 못한 폭우, 홍수, 장기 가뭄, 심지어 지진과 같은 극한 기상 현상을 더 자주 유발합니다. 서울의 미세먼지 수준도 세계보건기구(WHO)가 권장하는 기준치보다 2배 이상 높은 상태입니다.

'제5차 국토종합계획'에서는 자연재해와 지구온난화에 대응하기 위한 전략을 제시하고 있습니다. 이를 위해 미세먼지 저감을 위한 공간 구조 형성, 기후변화에 대응한 안전한 국토 조성, 매 순간 국토 확보, 지도가 통합된 투명한 지하공간 조성, 스마트 기술 활용으로 신속한 대응 등 다양한 방안을 제시하고 있습니다. 기후 변화는 우리 땅에 심각한 위협이 되지만, 사전 계획 및 완화 노력을 통해 지역 사회와 환경을 보호하는 데 도움이 될 수 있습니다.

인구가 감소하고 예산이 줄어들면서 저개발 인프라를 관리하는 것은 어려운 일이 되었습니다. 그러나 지역 사회를 활성화하고 안전을 보장하면서 이러한 문제에 접근할 수 있는 혁신적이고 지속 가능한 방법이 있습니다.

한 가지 접근법은 도시 재생 로드맵에 따라 오래된 도시 생활 공간을 재개발하는 것입니다. 이를 통해 빈집은 공동 주택이나 녹지 공간으로 탈바꿈하여 취약 계층에게 저렴한 생활 공간을 제공할 수 있습니다. 또한 열악한 기반시설과 노후된 건물을 철거하여 공원 및 기타 커뮤니티 공간을 확보할 수 있습니다. 지역 특화 도시 재생 프로젝트를 통해 인구 감소나 상업 지구 이동으로 활력을 읽은 거리를 활성화할 수 있으며, 빈집이나 공간을 공유 플랫폼으로 전환하여 청년, 여성, 퇴직자에게 공유 경제 사업을 시작하는 실험을 할 수 있는 기회를 제공할 수 있습니다.

개발제한구역은 GIS, 드론 등 신기술을 활용하여 불법활동을 감시하고 피해 지역을 복원하여 친환경공간으로 관리하며 보존 가치가 낮고 생활 공간에 인접한 지역은 도서관 및 스포츠 시설과 같은 공공복지 및 복합용지로 용도를 변경할 수 있습니다.

오래된 산업단지를 혁신 허브로 재생하여 스타트업을 지원하고 스마트 인프라와 서비스를 육성할 수 있으며, 오래된 공장을 리모델링하고 주변 지역을 통합함으로써 새로운 일자리 기회가 있는 활기찬 산업 지역으로 탈바꿈할 수 있습니다.

공공 안전에 위협이 되는 노후화된 시설에 대한 안전 투자를 확대해야 합니다. 국가 안보 태스크 포스(TF)는 긴급 점검을 수행하여 댐, 저수지 및 강과 같은 노후화된 기반시설을 개선할 수 있습니다. 도로, 하수도, 열수송을 위한 낡은 배관을 교체하거나 개조하고 지하권에 내화 케이블을 설치하여 재난 대응 능력을 강화할 수 있습니다.

창의적인 솔루션과 첨단 기술에 집중함으로써 지역 사회는 인구 감소와 예산 축소에도 불구하고 저개발 인프라를 효율적으로 관리할 수 있습니다.

전 세계 국가들은 계속 증가하는 교통 혼잡 문제를 해결하기 위해 혁신적인 솔루션을 연구하고 있습니다.

141개국 중 국가 경쟁력 13위, 인프라 6위를 차지한 대한민국은 "제5차 종합 국토계획"에서 교통 인프라 개선의 필요성을 확인했습니다. 고속철도 서비스를 통해 90분 이내로 전국을 연결하는 계획을 추진하고 있으며, 이를 위해 철도를 연장하고 최첨단 교통 시스템을 도입하고 있습니다. 또한 균형 잡힌 국가 발전을 위한 'X 자'형과 'ㅁ 자'형의 철도망 추진이 포함됩니다.

특히 수도권의 교통 혼잡을 해결하기 위해 수도권과 서울을 30분 이내에 연결하는 광역 철도망 (GTX-A, B, C)을 구축하고 있으며, 고속도로 네트워크를 완성하여 도심의 교통량을 분산하고 주요 혼잡 지역을 해결하기 위해 노력하고 있습니다.

한국은 GTX와 하이퍼루프와 같은 지하교통 발전과 더불어 USM 및 에어택시, 드론 등 항공교통의 급속한 성장에 대비하기 위해 필요한 대응체계를 구축하고 있습니다. 또한, 이용자 편의성 향상을 위해 교통정보 제공 시스템을 강화하고 빅데이터 분석을 활용하여 대중교통 경로 및 배치를 최적화하는 등 교통서비스 혁신에 주력하고 있습니다. 결론적으로, 향후 20년 안에 교통 혼잡이 완전히 해소될지 예측하기는 어렵지만 한국과 같은 국가는 교통 인프라를 개선하고 문제를 해결하기 위해 상당한 조치를 취하고 있습니다.

남북관계의 맥락에서 국토계획은 남과 북이 함께 번영할 수 있는 통일영토의 미래를 구상하고 있습니다. "한반도의 새로운 경제 구상"이라고 불리는 이 계획은 일련의 이니셔티브를 통해 양국 간의 협력과 경제 통합을 촉진하고, 궁극적으로 한반도 전체와 유라시아를 아우르는 경제 공동체를 창설하는 것을 목표로 합니다.

이 야심 찬 계획은 "하나의 시장" 협력과 "3대 경제벨트" 건설이라는 두 가지 핵심 구성 요소를 중심으로 합니다. "하나의 시장" 협력은 남북한 간의 경제 협력을 위한 공유된 물리적, 제도적 공간을 조성하여 상품, 생산 요소 및 기술의 교환을 촉진하고 3대 경제벨트의 토대를 마련하고자 합니다.

"3대 경제벨트"에는 "환동해 에너지 및 자원 벨트", "환서 해상 물류 및 산업벨트", "국경 지역의 평화 벨트"가 포함됩니다. 에너지 및 자원 벨트는 러시아와의 에너지 부문에서 협력을 포함하며, 물류 및 산업벨트는 한국, 북한 및 중국 간의 무역에 중점을 둡니다. 마지막으로 평화 벨트는 DMZ(비무장지대)의 생태적, 환경적 특성을 활용하여 관광지역을 조성하는 데 초점을 두고 있습니다.

남북한 경제 협력이 확대됨에 따라 동아시아철도공동체를 통해 한반도와 유럽을 연결하는 대륙 연계 교통망 구축을 계획하고 있습니다. 이는 한반도를 넘어 운송 및 물류 협력을 촉진하여 궁극적으로 유라시아 경제 공동체의 성장을 촉진할 것입니다.

국토종합계획은 국토 이용을 관리하고, 시민 복지를 우선시하며 개발과 환경보호의 균형을 맞추고 있습니다. 시간이 지남에 따라 인프라, 효율성 및 삶의 질에 초점을 맞추기 위해 발전해 왔으며 전략에는 도시 공간 재건, 오래된 산업 지역을 녹지 공간으로 전환, 보육 및 대중 교통 지원이 포함됩니다. 이 계획은 정부 간의 협력을 바탕으로 지역 격차를 해소하고 다양한 주택 옵션을 제공하며, 첨단 기술을 활용하여 스마트 시티와 산업단지를 촉진하는 것을 목표로 합니다.

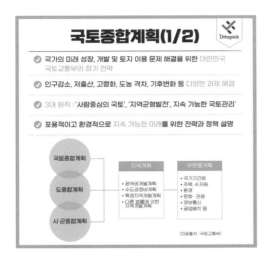

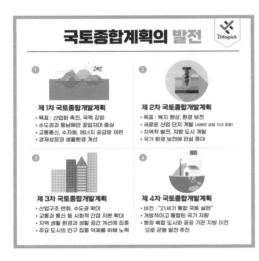

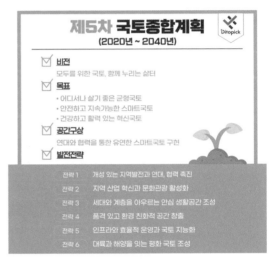

출처 : 국토교통부 제5차 국토종합개발계획 정책자료

미래를 엿보는 지혜,
실용적인 개발 정보 사이트로 토지투자의 성공 공식 완성하기

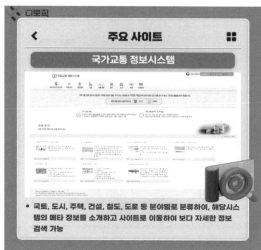

주요 사이트

한국수자원공사 온라인 청약시스템

- 수자원공사 산업단지 및 택지 분양관련 공고 서비스

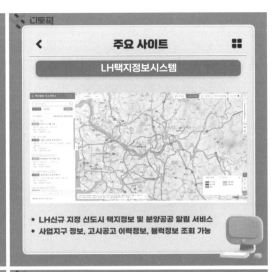

주요 사이트

LH택지정보시스템

- LH신규 지정 신도시 택지정보 및 분양공공 알림 서비스
- 사업지구 정보, 고시공고 이력정보, 블럭정보 조회 가능

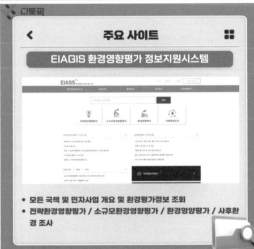

주요 사이트

EIAGIS 환경영향평가 정보지원시스템

- 모든 국책 및 민자사업 개요 및 환경평가정보 조회
- 전략환경영향평가 / 소규모환경영향평가 / 환경영양평가 / 사후환경 조사

주요 사이트

SH서울주택도시공사

- 서울주택도시공사에서 시행하는 각종 분양, 임대, 청약, 보상, 이주, 설계 등의 대내외 공개 사이트

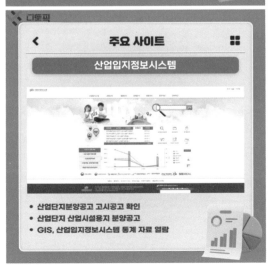

주요 사이트

산업입지정보시스템

- 산업단지분양공고 고시공고 확인
- 산업단지 산업시설용지 분양공고
- GIS, 산업입지정보시스템 통계 자료 열람

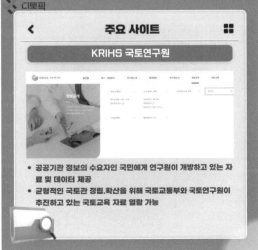

주요 사이트

KRIHS 국토연구원

- 공공기관 정보의 수요자인 국민에게 연구원이 개방하고 있는 자료 및 데이터 제공
- 균형적인 국토관 정립.확산을 위해 국토교통부와 국토연구원이 추진하고 있는 국토교육 자료 열람 가능

인프라 정보는
힘이자 돈이다!
: 현명한 토지투자의 시작

도약하는 철의 길, 제4차 국가철도망 구축계획 혁신과 도전

(이 카드뉴스는 국토교통부의 '제4차 국가철도망 구축계획' 자료를 바탕으로 제작되었습니다.)

우리나라는 2021년 기준으로 5,000만 명이 넘는 인구가 살고 있는 고밀도 국가입니다. 이러한 인구 규모와 밀도는 철도 교통의 중요성을 더욱 부각시킵니다. 철도는 대량의 인원을 빠르고 편리하게 수송할 수 있는 교통 수단으로, 도시 간 연결은 물론 지역 간의 균형발전에도 기여할 수 있습니다.

이에 따라 2021년 10월 국토교통부에서 2021년부터 2030년까지의 철도망 구축 계획인 제4차 국가철도망 구축계획을 수립하고 발표했습니다. 이 계획은 1,080㎞의 철도 노선을 신설하거나 개량

하는 것을 목표로 하며, 총 52조 8,000억 원의 예산이 투입될 예정입니다.

제4차 국가철도망 구축계획(이하 4차 철도망 구축계획)은 향후 10년간 철도망 구축의 기본방향과 노선 확충계획 등을 담고 있는 중장기 법정 계획입니다.

4차 철도망 구축계획은 크게 3가지 목표를 가지고 있습니다.

첫째, 철도운영 효율성을 제고하여 철도 이용객의 편의를 높이고자 합니다.

둘째, 지역 거점 간 고속이동서비스를 제공하여 지역균형발전을 도모하고자 합니다.

셋째, 비수도권 광역철도를 확대하여 수도권 집중을 완화하고자 합니다.

4차 철도망 구축계획에는 총 100여 개의 노선이 신설되거나 확충할 예정입니다. 그중 주요 노선인 고속철도 2개 노선(KTX-이음, GTX-A)과 일반철도 28개 노선, 광역철도 64개 노선이 포함됩니다.

4차 철도망 구축계획이 완료되면 철도 이용객은 더 편리하고 빠르게 이동할 수 있게 될 것입니다. 또한, 지역균형발전과 수도권 집중 완화에도 크게 기여할 것으로 기대됩니다.

우리나라는 자동차 중심의 교통체계로 인해 교통혼잡과 대기오염이 심각한 문제입니다. 또한, 수도권에 인구와 산업이 집중되어 있어 지역균형발전이 저해되고 있습니다. 하지만 철도는 자동차보다 에너지 효율이 높고 대기오염이 적은 친환경 교통수단이며, 대량 수송이 가능하여 교통혼잡을 줄이는 데 효과적입니다.

4차 철도망 구축계획은 이러한 문제점을 해결하기 위해 마련되었습니다. 이 계획은 철도망 구축을 통해 철도 이용을 활성화함으로써 교통혼잡과 대기오염을 줄이고, 지역균형발전을 도모하고자 합니다.

제4차 국가철도망 구축계획이 완료되면 철도 이용객은 연간 1억 5천만 명이 증가하고, 철도 수송 분담률은 20%까지 높아질 것으로 예상됩니다. 또한, 철도 건설로 인한 일자리 창출은 약 18만 명에 달할 것으로 추산됩니다.

이 계획은 국민들의 생활여건을 크게 개선할 것으로 기대됩니다. 철도망이 확충되면 국민들은 더욱 편리하고 빠르게 이동할 수 있게 될 것이며, 교통 체증을 줄이고 교통효율성을 증대시킬 것입니다. 또한, 철도는 친환경 교통수단이기 때문에 대기오염과 미세먼지 감소에도 도움이 될 것입니다.

제4차 국가철도망 구축계획은 국민들의 삶의 질을 높이는 데 크게 기여할 것입니다. 이 계획이 성공적으로 추진되기를 기대합니다.

특히, 제4차 국가철도망 구축계획에는 서해안고속철도, 동해선 고속철도, 경강선 고속철도 등 3개의 고속철도 노선이 포함되어 있습니다. 이러한 고속철도 노선들이 개통되면, 서울과 부산, 광주, 강릉 등 주요 도시 간의 이동을 1시간 30분 이내로 가능하게 할 것입니다. 또한, 이 노선들은 서해안과 동해안 지역의 개발에도 크게 기여할 것으로 기대됩니다.

서해안고속철도는 인천과 평택, 시흥, 안산, 수원, 천안, 대전, 논산, 부여, 공주, 서천, 군산, 김제, 전주, 목포, 여수 등 14개 대도시를 연결하는 노선으로 구성됩니다. 이 노선이 개통되면 서해안 지역의 관광산업과 물류산업을 활성화시킬 것으로 기대됩니다.

동해선 고속철도는 부산과 포항, 경주, 울산, 강릉 속초 등 6개 대도시를 연결하는 노선으로 구성됩니다. 이 노선이 개통되면 동해안 지역의 관광산업과 해양산업이 활성화될 것으로 기대됩니다.

제4차 국가철도망 구축계획은 국민들의 삶의 질을 크게 향상시킬 것으로 기대됩니다. 이러한 계획의 성공적인 추진을 기대합니다.

또한, 이 계획은 역세권 개발에도 큰 영향을 미칠 것으로 예상됩니다. 철도역 주변은 교통이 편리하고 접근성이 좋은 지역이기 때문에 개발 가능성이 높습니다.

특히, 제4차 국가철도망 구축계획에는 수도권과 광역시를 중심으로 많은 철도역이 신설되거나 개량될 예정입니다. 이로 인해 철도역 주변 지역의 개발이 더욱 활발해질 것으로 기대됩니다. 따라서 우리는 앞으로 미래의 개발 가능성을 가진 토지에 투자하는 것이 중요하며, 특히 제4차 국가철도망 구축계획 라인 중 서해 라인과 동해 라인, 그중에서도 경기 화성, 충남 당진, 강원 강릉, 속초 일대에 개발축을 주의 깊게 살펴봐야 합니다. (이 지역들의 개발축을 주시함으로써, 미래에 성공적인 투자를 통해 해당 지역의 경제 성장과 지역 주민들의 삶의 질이 향상될 것으로 예상됩니다.)

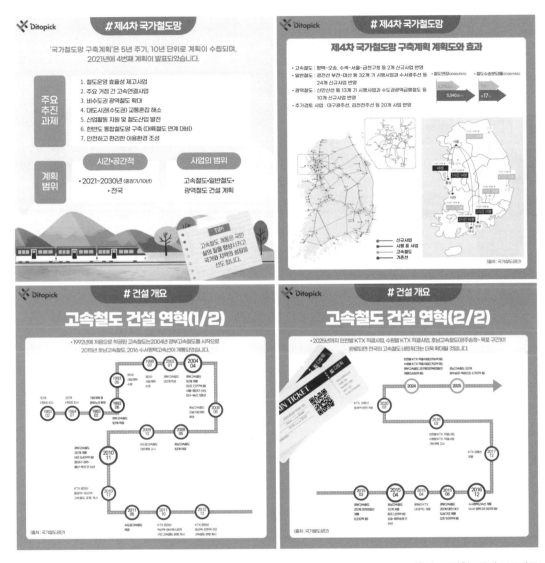

출처 : 국가철도공단 보도자료

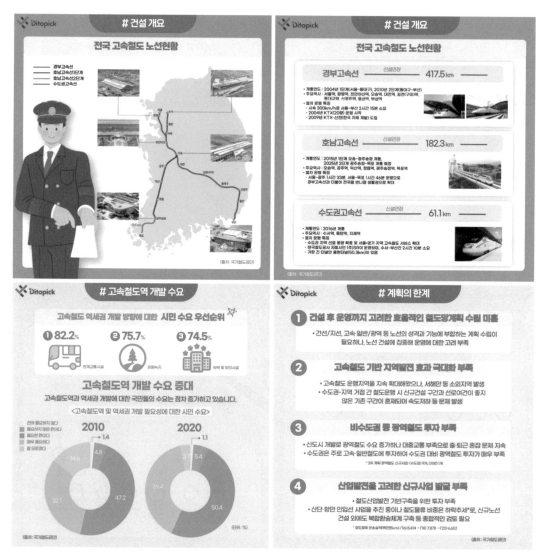

출처 : 국가철도공단 보도자료

토지로 승부하라: MZ세대의 땅 재테크 비결

신규 공항 투자지역의 미래성과 투자 잠재력

대한민국은 세계에서 가장 빠른 경제 성장을 이룬 나라 중 하나입니다. 경제 성장은 항공 산업의 성장으로 이어졌습니다.

2019년 대한민국의 항공 산업은 4,100만 명의 승객을 운송하여 전년 대비 10% 성장했습니다. 이 성장은 국내 및 국제선 수요 증가로 인한 것입니다.

대한민국 정부는 항공 산업의 성장을 지원하기 위해 여러 공항 건설 프로젝트를 추진하고 있습니다. 새로운 공항이 건설될 때 주변 지역은 종종 "땅값 뜨는 지역"으로 간주됩니다. 이는 새로운 공항이 인구 유입과 경제 활성화를 가져올 수 있기 때문입니다. 사람들의 공항 근처에 살고 싶어 하고, 일하고 싶어 하는 경향으로 인해 땅값이 상승하며, 근처에는 다양한 기업체가 생길 수 있습니다.

예를 들어, 인천 영종도는 2001년 인천국제공항이 개항한 이후 토지 가격이 100배 이상 상승하며 수많은 일자리와 비즈니스를 창출하였고, 인천 영종국제도시의 인구가 급증하였습니다.

새로운 공항이 건설되면 인구 유입과 경제 활성화가 촉진되고, 이로 인해 부동산 가치가 상승하는 결과를 가져올 수 있습니다. 공항을 이용하기 위해 해당 지역으로 이동하는 사람들로 유입인구가 증가하게 되며, 사람들은 주택, 상점, 음식점을 포함한 다양한 서비스를 필요로 하며, 이는 해당 지역의 경제 활동을 증가시킵니다.

경제 활동의 증가는 부동산 수요 증가로 이어지며, 이는 토지 가치 상승으로 이어질 수 있습니다. 그러나 새로운 공항이 건설되는 모든 지역이 성공하는 것은 아닙니다. 공항의 성공 여부는 여러 요인에 따라 달라지며, 토지투자를 고려하고 있다면 공항의 위치, 계획, 경제 상황과 같은 요소를 신중하게 고려하는 것이 중요합니다.

그러나 새로운 공항이 건설되는 지역은 투자 가치가 높아질 가능성이 높으며, 토지투자를 고려하고 있다면 새로운 공항 주변 지역을 고려할 가치가 있습니다.

다음은 땅을 사기 전에 숙고할 사항들입니다.

첫째, 공항이 실제로 건설될지 확인하는 것이 중요합니다. 공항 건설 계획이 취소되거나 지연되는 경우가 많습니다.

둘째, 공항의 목적을 확인하는 것이 중요합니다. 만약 군사 공항이 건설되는 경우 땅값이 오를 가능성이 적습니다.

셋째, 주변 지역을 확인하는 것이 중요합니다. 공항 근처에 많은 사업체가 있는 경우 땅값이 오를 가능성이 더 큽니다.

전반적으로 새로운 공항 주변에 토지를 투자하는 것은 투자 가치를 높이는 좋은 방법이 될 수 있습니다. 공항은 인구 증가, 경제 활성화, 교통 편의성, 투자 수익 등 여러 가지 이점을 제공할 수 있습니다.

프로젝트 중 가장 주목할 만한 프로젝트는 제주 제2공항, 가덕도 신공항, 대구 경북 신공항입니다.

1. 제주 제2공항은 제주도 서귀포시 안덕면 송악리에 건설될 예정인 신공항입니다. 이 공항은 2025년에 개항할 예정이며 연간 2,500만 명의 승객을 수용할 수 있습니다. 제주 제2공항은 제주도의 관광 산업을 활성화하고 지역 경제를 발전시키는 데 도움이 될 것으로 기대됩니다.

2. 가덕도 신공항은 부산광역시 강서구 가덕도에 건설될 예정인 신공항입니다. 이 공항은 2030년에 개항할 예정이며 연간 1,000만 명의 승객을 수용할 수 있습니다. 가덕도 신공항은 부산의 항공 허브 역할을 하고 지역 경제를 발전시키는 데 도움이 될 것으로 기대됩니다.

3. 대구 경북 신공항은 대구광역시 달성군 유가읍에 건설될 예정인 신공항입니다. 이 공항은 2035년에 개항할 예정이며 연간 500만 명의 승객을 수용할 수 있습니다. 대구 경북 신공항은 대구 경북의 항공 허브 역할을 하고 지역 경제를 발전시키는 데 도움이 될 것으로 기대됩니다.

이러한 신규 공항 건설 프로젝트는 대한민국의 경제에 상당한 이익을 가져다줄 것으로 예상되며 이 프로젝트는 새로운 일자리 창출, 세수 증대, 지역 경제 활성화에 도움이 될 것으로 기대됩니다.

공항이 인근 지역으로의 교통 흐름을 증가시켜 해당 지역에 대한 수요를 증가시킬 것이기 때문에 신규 공항 건설 프로젝트가 예정된 지역의 토지투자는 환금성과 수익성이 높을 수 있습니다. 토지투자 결정을 내리기 전에 해당 지역의 개발 계획 및 기타 요인을 고려하는 것이 중요합니다.

다음 표는 신규 공항의 면적 및 사업개요입니다.

공항	위치	사업 규모	면적	개요
가덕도 신공항	부산광역시 강서구	3,500m 활주로 1본	180만 평	부산의 교통난 해소 및 동남권 경제 활성화
새만금 국제공항	전북 군산시	2,500m 활주로 1본, 여객터미널 15,000㎡, 화물터미널 5,000㎡	100만 평	새만금 개발 촉진 및 전북 경제 활성화
울릉공항	경상북도 울릉군	1,200m 활주로 1본, 여객터미널 12,000㎡	13만 평	울릉도의 교통난 해소 및 섬 지역 경제 활성화
흑산공항	전라남도 신안군	1,200m 활주로 1본, 여객터미널 6,000㎡	20만 평	흑산도의 교통난 해소 및 섬 지역 경제 활성화

제주 제2공항	제주특별자치도 서귀포시	3,200m 활주로 1본, 여객터미널 170,000㎡ 화물터미널 7,000㎡	150만 평	제주도의 교통난 해소 및 제주 지역 경제 활성화

새로운 공항이 건설되면 해당 지역의 교통난이 해소되고 경제 활성화에 도움이 될 것으로 기대되며, 또한 새로운 일자리 창출과 지역 주민들의 삶의 질 향상에도 기여할 것으로 예상됩니다.

토지투자 측면에서도 새로운 공항이 건설되는 지역은 투자 가치가 높아질 것으로 전망됩니다. 이는 새로운 공항이 인구 유입과 경제 활성화를 촉진시켜 해당 지역의 부동산 가치 상승으로 이어질 수 있기 때문입니다.

토지로 승부하라: MZ세대의 땅 재테크 비결

05 울릉공항

울릉공항
경북 울릉군 울릉읍
사동리 일원

- 활주로 규모
  길이 1200m,
  폭 30m
- 사업비 5805억 원
- 개항시기(예정)
  2021년

사업 위치	경상북도 울릉군 울릉읍 사동리 일원
사업 규모	50인승 항공기 취항 가능 공항 건설 (설계항공기: ATR-42)
사업 효과	서울-울릉 간 6~9시간 소요 (항공) 약 1시간 소요
사업비	6,651억원
규모	• 활주로 1,200m * 36m • 착륙대 1,320m * 140m • 계류장: 6대(잡렴식) 헬기 2대, 경항공기 4대

(출처 : 국토교통부)

울릉공항 조감도 (출처 : 국토교통부)

06 흑산공항

흑산공항
전남 신안군 흑산면
예리 일원

흑산도

- 활주로 규모
  길이 1200m,
  폭 30m
- 사업비 1835억 원
- 개항시기(예정)
  2020년
  자료: 국토교통부

사업 위치	예리항에서 북동쪽으로 1.6㎞ 떨어진 대봉산(해발 125m)
사업 규모	50인승 항공기 취항 가능 공항 건설 (설계항공기: ATR-42)
사업 효과	김포공항-흑산도 간 8시간이상 소요 (항공) 약 1시간 소요
사업비	1,833억원
규모	• 활주로 1,200m * 30m • 계류장: 여객 5대, 제빙 1대

(출처 : 국토교통부)

흑산공항 조감도 (출처 : 신안군)

07 대구·경북 통합 신공항

대구경북신공항 조감도 (출처 : 경북도)

	군공항(K-2) 이전	민간공항 이전
사업 기간	경북 군위군 소보면·의성군 비안면 일원	
면적	7.36km² → 16.9km²	0.17km² → 0.83km² (국토부 추후 확정)
근거 법률	군공항 이전 및 지원에 관한 특별법	공항시설법
재원	기부 대 양여	정부 재정
주체	국방부↔대구시↔민간사업자	국토교통부 한국공항공사
사업비	11조 4,000억원	1조 4,000억원 (국토부 추후 확정)
내용	활주로 군부대 종전부지 개발	민항터미널 계류장 주차장
추진 방식	동시 이전하지만 별개 사안으로 추진	

새로운 도시의 탄생, 공공택지 신도시 투자지역의
비즈니스 기회와 발전

블록명	주택유형	주택규모	면적(㎡)	세대수(호)	건폐율(%)	용적률(%)	최고층수	최고높이	토지사용가능시기	공급유형	공급가격결정방법	공급시기
B1	분양APT	60㎡ 이하 +60~85㎡	47,196	896	50	185	-	57.86m	2027.07	공모(임대주택 건설 형)	감정가격	미정(4월 이후)

블록명	주택유형	주택규모	면적(㎡)	세대수(호)	건폐율(%)	용적률(%)	최고층수	최고높이	토지사용가능시기	공급유형	공급가격결정방법	현재수의계약가능
B1	분양APT	60㎡ 이하	10,557	282	60	200	15	57.86m	2023.12.	수의계약	감정가격	

수도권.03 인천계양

위치도
토지이용계획도

① 위치 인천광역시 계양구 귤현동, 도양동, 박촌동, 병방동, 상야동 일원
② 면적 3,331,714M²
③ 수용 세대 수 16,640호
④ 사업기간 2019.10.~2026.12.

공급대상 토지목록

블록명	주택유형	주택규모	면적(m²)	세대수(호)	건폐율(%)	용적률(%)	최고층수	최고높이	토지사용가능시기	공급일정	공급가격결정방법	추첨일
A4	분양APT	60~85m²	22,540	379	50	185	-	57.86m	2026.12.	추첨	감정가격	5월
A7	분양APT	60~85m²+85m²초과	43,903	662	50	185	-	57.86m	2027.06.	추첨	감정가격	5월

수도권.04 인천영종(1/2)

위치도
토지이용계획도

① 위치 인천시 중구 운서동, 운남동, 운북동, 중산동 일원
② 면적 19,300,049.1M²
③ 수용 세대 수 53,553호
④ 사업기간 2003.08.~2023.12.(예정)

수도권.04 인천영종(2/2)

블록위치는 전장 '토지이용계획도' 참고

공급대상 토지목록

블록명	주택유형	주택규모	면적(m²)	세대수(호)	건폐율(%)	용적률(%)	최고층수	최고높이	토지사용가능시기	공급일정	공급가격결정방법	추첨일
A50	분양APT	60~85m²	18,489	299	50	182	-	항공고도제한높이이하	현재가능	추첨	감정가격	4월
A53	분양APT	60~85m²	21,096	187	50	100	5	100m	현재가능	추첨	감정가격	6월
A54	분양연립	85m²초과	49,870	265	50	80	4	100m	현재가능	추첨	감정가격	4월
A64	분양APT	60~85m²	21,095	187	50	100	5	100m	현재가능	추첨	감정가격	6월

수도권.05 시흥거모

위치도
토지이용계획도

① 위치 시흥시 거모동, 군자동 일원
② 면적 1,524,243.4M²
③ 수용 세대 10,687호
④ 사업기간 2018.12.~2025.06.

공급대상 토지목록

블록명	주택유형	주택규모	면적(m²)	세대수(호)	건폐율(%)	용적률(%)	최고층수	최고높이	토지사용가능시기	공급유형	공급가격결정방법	추첨일
B1	분양APT	60~85m²	22,254	370	50	180	25	해발91.64m이하	미정	공모(임대주택건설)	감정가격	4월

수도권.06 군포대야미

위치도
토지이용계획도

① 위치 경기도 군포시 대야미동, 속달동, 둔대동 일원
② 면적 621,834M²
③ 수용 세대 수 5,113호
④ 사업기간 2018.07.02~2023.12.31

공급대상 토지목록

블록명	주택유형	주택규모	면적(m²)	세대수(호)	건폐율(%)	용적률(%)	최고층수	최고높이	토지사용가능시기	공급유형	공급가격	추첨일
M1	주상복합	60~85m²	16,455	334	60	270	7/15	-	2027.01.	수의계약	감정가격	3월

수도권.07 평택고덕국제화계획

위치도
토지이용계획도

① 위치 경기도 평택시 서정동, 고덕면 일원
② 면적 13,359,646.4M²
③ 수용 세대 수 60,144호
④ 사업기간 2008.09.~2025.12.

공급대상 토지목록

블록명	주택유형	주택규모	면적(m²)	세대수(호)	건폐율(%)	용적률(%)	최고층수	최고높이	토지사용가능시기	공급유형	공급가격결정방법	공급일
Ab51	분양APT	60~85m²	55,701	793	50	160	20	-	미정	공모(임대주택건설)	감정가격	9월
Ab52	분양APT	60~85m²	69,348	987	50	160	20	-	미정	공모(임대주택건설)	감정가격	9월

수도권.08 평택소사벌

위치도 / **토지이용계획도**

- 위치: 경기도 평택시 비전동, 죽백동 일원
- 면적: 3,027,021.9M²
- 수용 세대 수: 17,852호
- 사업기간: 2006.07.~2016.02.

공급대상 토지목록

블록명	주택유형	주택규모	면적(m²)	세대수(호)	건폐율(%)	용적률(%)	최고층수	최고높이	토지사용가능시기	공급유형	공급가격결정방법	공급예정월
S1	분양연립	60~85m²+85m²초과	22,598	198	50	100	4	-	현재가능	추첨	감정가격	3월

수도권.09 하남교산

위치도 / **토지이용계획도**

- 위치: 경기도 하남시 천현동, 항동, 하사창동, 교산동, 상사창동, 춘궁동, 덕풍동, 창우동, 신장
- 면적: 6,862,463M²
- 수용 세대 수: 33,037호
- 사업기간: 2019.10.~2028.12.(예정)

공급대상 토지목록

블록명	주택유형	주택규모	면적(m²)	세대수(호)	건폐율(%)	용적률(%)	최고층수	최고높이	토지사용가능시기	공급유형	공급가격결정방법	공급예정월
주복6	주상복합	60~85m²	13,676	348	50	350(주거280)	-	-	2026.12.	입찰	감정가격·낙찰가격	12월

수도권.10 화성동탄2

위치도 / **토지이용계획도**

- 위치: 경기도 화성시 반송동, 석우리, 반월리, 산척리, 중리, 목리, 영천리, 송리, 청계리, 방교리, 오산동, 동리, 창계리 일원
- 면적: 24,028,490.1M²
- 수용 세대 수: 117,283호
- 사업기간: 2008.07.~2024.12.

공급대상 토지목록

블록명	주택유형	주택규모	면적(m²)	세대수(호)	건폐율(%)	용적률(%)	최고층수	최고높이	토지사용가능시기	공급유형	공급가격결정방법	공급예정월
B-11	분양연립	85m²초과	23,283	161	50	90	4	-	2023.09.	추첨	감정가격	4월
B-12	분양연립	85m²초과	33,818	234	50	90	4	-	2023.09.	추첨	감정가격	4월
B-14	분양연립	60~85m²	57,228	472	50	90	4	-	2023.09.	추첨	감정가격	4월

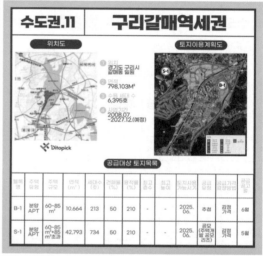

수도권.11 구리갈매역세권

위치도 / **토지이용계획도**

- 위치: 경기도 구리시 갈매동 일원
- 면적: 798,103M²
- 수용 세대 수: 6,395호
- 사업기간: 2008.07.~2027.12.(예정)

공급대상 토지목록

블록명	주택유형	주택규모	면적(m²)	세대수(호)	건폐율(%)	용적률(%)	최고층수	최고높이	토지사용가능시기	공급유형	공급가격결정방법	공급예정월
B-1	분양APT	60~85m²	10,664	213	50	210	-	-	2025.06.	추첨	감정가격	6월
S-1	분양APT	60~85m²+85m²초과	42,793	734	50	210	-	-	2025.06.	공모(주택개발공모리츠)	감정가격	5월

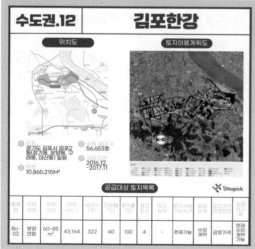

수도권.12 김포한강

위치도 / **토지이용계획도**

- 위치: 경기도 김포시 김포(장기)동, 운양동, 구래동, 마산동) 일원
- 면적: 10,865,215M²
- 수용 세대 수: 56,653호
- 사업기간: 2016.12.~2017.11

공급대상 토지목록

블록명	주택유형	주택규모	면적(m²)	세대수(호)	건폐율(%)	용적률(%)	최고층수	최고높이	토지사용가능시기	공급유형	공급가격결정방법	공급예정월
Bc-02	분양연립	60~85m²	43,164	322	40	100	4	-	현재가능	수의계약	감정가격	현재수의계약가능

수도권.13 남양주양정역세권

위치도 / **토지이용계획도**

- 위치: 경기도 남양주시 잠패동 일원
- 면적: 2,063,000M²
- 수용 세대 수: 12,512호
- 사업기간: 2019.03.~2027.

공급대상 토지목록

블록명	주택유형	주택규모	면적(m²)	세대수(호)	건폐율(%)	용적률(%)	최고층수	최고높이	토지사용가능시기	공급유형	공급가격결정방법	공급예정월
B-03	분양APT	60~85m²	28,137	460	50	180	25	해발135m이하	2027.12.	입찰	낙찰가격	10월
S-03	분양APT	60~85m²+85m²초과	39,244	673	50	200	25	해발135m이하	2027.12.	입찰	낙찰가격	5월

수도권.14 남양주왕숙

위치도 / 토지이용계획도

① 경기도 남양주시 진접읍 내각리, 내곡리, 연평리, 진건읍 사능리, 신월리, 진관리, 퇴계원읍 퇴계원리 일원
② 8,654,000㎡
③ 52,380호
④ 2019.10.~2028.

Ditopick

공급대상 토지목록

블록명	주택유형	주택규모	면적(㎡)	세대수(호)	건폐율(%)	용적률(%)	최고층수	최고높이	토지사용가능시기	공급유형	공급가격결정방법	공급예정월
C-02	분양APT	85㎡초과	24,505	350	50	200	25	해발150m이하	2025.07.	추첨	감정가격	9월
C-03	분양APT	85㎡초과	27,130	388	50	200	28	해발150m이하	2025.10.	추첨	감정가격	9월
S-01	분양APT	60-85㎡·85㎡초과	31,255	645	50	220	25	해발150m이하	2024.07.	공모(임대주택건설형)	감정가격	4월

수도권.15 남양주왕숙2

위치도 / 토지이용계획도

① 경기도 남양주시 일패동, 이패동 일원
② 2,394,000㎡
③ 15,616호
④ 2019.10.~2028.

공급대상 토지목록

블록명	주택유형	주택규모	면적(㎡)	세대수(호)	건폐율(%)	용적률(%)	최고층수	최고높이	토지사용가능시기	공급유형	공급가격결정방법	공급예정월
B04	분양APT	60-85㎡·85㎡초과	35,011	538	50	190	30	해발140.93m이하	2025.10.	공모(임대주택건설형)	감정가격	8월
B06	분양APT	60-85㎡	38,865	671	50	180	30	해발140.93m이하	2029.07.	공모(임대주택건설형)	감정가격	4월

수도권.16 남양주진접2

위치도 / 토지이용계획도

① 위치 경기도 남양주시 진접읍 내각리 및 연평리 일원
② 1,292,471㎡
③ 수용세대수 10,275호
④ 사업기간 2018.07.~2025.06.

Ditopick

공급대상 토지목록

블록명	주택유형	주택규모	면적(㎡)	세대수(호)	건폐율(%)	용적률(%)	최고층수	최고높이	토지사용가능시기	공급유형	공급가격결정방법	공급예정월
M-1	주상복합	60-85㎡	11,704	357	80	400(주거320)	30	해발132.11m이하	2025.12.	입찰	감정가격+낙찰가격	6월

수도권.17 양주회천

위치도 / 토지이용계획도

① 위치 경기도 양주시 고암동, 덕계동, 덕정동, 산북동, 회정동 일원
② 4,120,664㎡
③ 수용세대수 25,923호
④ 사업기간 2007.09.~2025.12.

공급대상 토지목록

블록명	주택유형	주택규모	면적(㎡)	세대수(호)	건폐율(%)	용적률(%)	최고층수	최고높이	토지사용가능시기	공급유형	공급가격결정방법	공급예정월
A5	분양APT	60-85㎡	41,947	769	50	200	-	-	2027.07.	공모(임대주택건설형)	감정가격	9월

출처 : 국토교통부 보도자료

국가첨단산업 조성사업으로 펼쳐지는
경제 변화와 성공적 토지투자 전략

 국가첨단산업단지 15개소는 첨단산업 생태계 조성과 일자리 창출을 위해 조성되는 산업단지로, 첨단산업 생태계 조성과 일자리 창출을 목적으로 조성되었습니다.

 2023년 3월 15일 범정부 추진지원단 2차 회의에서 선정된 15개 후보지 중 LH 단독 시행은 용인·천안·경주 3개소, 지방공사 단독 시행은 광주 등 3개소, 그 외 11개소는 LH와 지방공사의 공동 시행으로 진행됩니다.

국가첨단산업단지 15개소는 반도체, 디스플레이, 이차전지, 미래차, 바이오, 로봇 등 첨단산업 육성을 목적으로 조성됩니다. 전체 면적은 11.4㎢이며, 사업비는 14.9조 원입니다.

국가첨단산업단지 15개소는 다음과 같은 세부적인 내용을 가지고 있습니다.

- 위치 : 경기도 용인, 천안, 경북 구미, 경남 창원, 경북 울진, 대구, 경북 안동, 전북 익산, 충남 홍성, 전남 고흥, 강원 강릉, 광주, 충북 청주
- 면적 : 11.4㎢
- 사업비 : 14.9조 원
- 조성시기 : 2026년까지
- 육성산업 : 반도체, 디스플레이, 이차전지, 미래차, 바이오, 로봇
- 기대효과 : 15만 명 일자리 창출, 100조 원에 이르는 경제유발 효과 기대

다음은 국가첨단산업단지 15개소에 대한 토지투자 시 예상 수익률을 시나리오로 정리한 것입니다. 투자 기간은 국가첨단산업단지가 모두 조성되는 2026년까지로 가정하였으며, 투자 수익률은 10%, 12%, 15%의 세 가지 경우로 나누었습니다. 투자 수익률은 국가첨단산업단지가 성공적으로 조성되고 기업이 유치될 경우 최대 15%까지의 수익률을 기대할 수 있지만, 성공 여부에 따라 수익률이 달라질 수 있습니다.

위치	사업개요	투자 기간	투자 수익률
경기도 용인	반도체 메가 클러스터 구축	2026년까지	10%
천안	미래차 및 부품, 철도차량 등 모빌리티 산업 육성	2026년까지	15%
경북 구미	이차전지, 디스플레이, 로봇 등 첨단산업 육성	2026년까지	12%
경남 창원	방위·원자력 등 주력산업 육성 및 수출 촉진	2026년까지	10%
경북 울진	원전 활용 수소 생산	2026년까지	15%
대구	미래차·로봇, 원자력, 바이오 분야 산업 육성하여 新성장 활로 개척	2026년까지	12%
경북 안동	바이오의약(백신, HEMP)	2026년까지	10%
전북 익산	식품(푸드테크)	2026년까지	15%
충남 홍성	천연물 바이오(식료품, 에너지)	2026년까지	12%

전남 고흥	우주발사체	2026년까지	15%
강원 강릉	천연물 바이오(식료품, 에너지)	2026년까지	12%
광주	미래차 핵심부품	2026년까지	10%
충북 청주	철도	2026년까지	15%

투자 시 유의사항은 다음과 같습니다.

• 국가첨단산업단지 15개소가 성공적으로 조성될지는 불확실합니다.
• 국가첨단산업단지가 성공하더라도 기업 유치가 어려울 수 있습니다.
• 사업기간이 길어질 수 있습니다.

따라서, 국가첨단산업단지 15개소에 대한 토지투자는 신중한 판단이 필요하며, 투자 전에는 첨단 산단의 해당 토지이용을 확인한 후, 기반시설(도로, 광케이블, 가스관, 상하수도) 공동구 라인을 검토해야 합니다. 또한, 산단 주변의 중장기 투자를 한다면 보상 시점, 착공 시점, 준공 시점 등 각 시점마다 언론보도를 통해 주변 토지 가격과 거래량이 늘어날 것으로 기대됩니다.

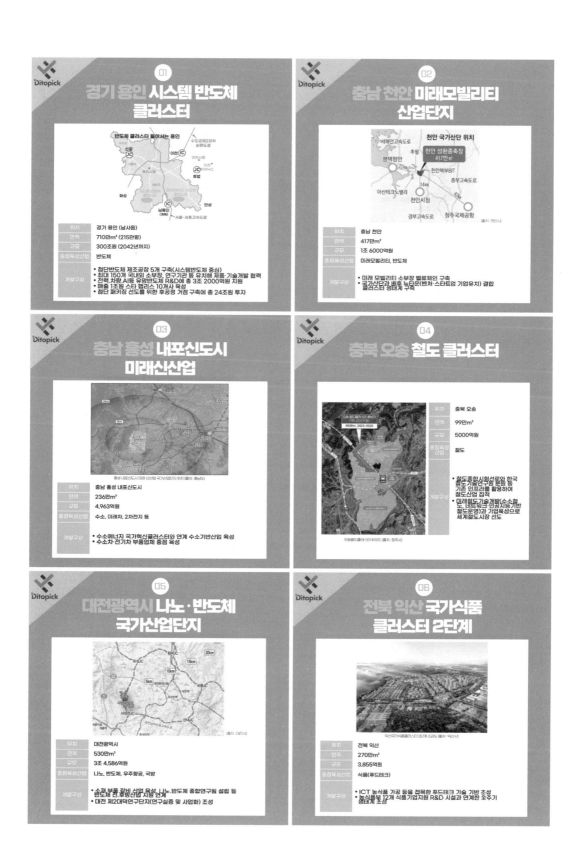

07 광주광역시 미래자동차 국가산단

위치	광주광역시
면적	338만m²
규모	6700억원
중점육성산업	미래차 핵심부품
개발구상	• 2곳의 완성차 생산공장을 기반으로 미래차 핵심부품 국산화, 첨단기술 개발 등 자동차부품산업 육성 • 빛그린산단과 연계 통해 전후방 산업기반 강화

08 전북 완주 수소특화 국가산단

위치	전북 완주
면적	165만m²
규모	4600억원
중점육성산업	수소저장, 활용 제조업
개발구상	• 중대형 수소 상용차 및 수소 저장·운송·용기, 핵심제품 (연료전지, 수전해, 수소추출기) 거점으로 저탄소 산단 조성 • 연구개발·제품인증·기업 지원 등 수소산업 전주기 지원 체계 마련을 통한 글로벌 시장 선점

09 전남 고흥 우주발사체 국가산단

위치	전남 고흥
면적	173만m²
규모	3800억원
중점육성산업	우주발사체
개발구상	• 나로우주센터 연계 우주산업 클러스터 추진 • 민간발사장 등 기업 지원을 위한 혁신인프라 구축 예정

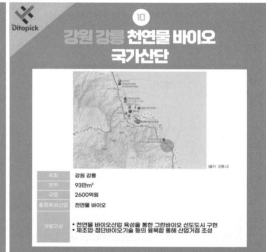

10 강원 강릉 천연물 바이오 국가산단

위치	강원 강릉
면적	93만m²
규모	2600억원
중점육성산업	천연물 바이오
개발구상	• 천연물 바이오산업 육성을 통한 그린바이오 선도도시 구현 • 제조업·첨단바이오기술 등의 융복합 통해 산업거점 조성

11 경북 울진 원자력 수소 국가산단

위치	경북 울진
면적	158만m²
규모	2,076억원
중점육성산업	원전 활용 수소
개발구상	• 원전(최대 집적지)의 열과 비송전 전력을 활용한 수소 생산 • 수소산업 전주기 생태계 조성 및 수소·전력 다사용 기업 유치

12 경북 안동 바이오생명 국가산단

위치	경북 안동
면적	132만m²
규모	3,579억원
중점육성산업	바이오의약 (백신, HEMP)
개발구상	• 바이오·백신 연구기관 및 지원시설을 통해 전주기 지원 시스템 구축 • 헴프(HEMP)를 이용한 원료의약품 및 식품산업 육성

토지로 승부하라: MZ세대의 땅 재테크 비결

경북 경주 SMR 국가산단 (혁신원자력)

경주 (SMR)혁신 원자력) 국가산업단지 조감도 (출처: 경주시)

위치	경북 경주
면적	150만m²
규모	3,966억원
중점육성산업	소형모듈원전 (SMR)
개발구상	• 소형모듈원전(SMR) 실증·생산·수출 특화산단 조성 • 혁신원자력 R&D 거점(문무대왕과학연구소) 연계 및 관련 대학, 기관 협력을 통한 SMR 제조·산업 물뱃품 확보

대구 달성 미래 스마트기술 국가산단

대구 제2국가산업단지 대구 미래 스마트기술 국가산업단지 특성화 구상도 (출처: 대구시)

위치	대구 달성
면적	329만m²
규모	2조 2000억원
중점육성산업	미래자동차, 로봇
개발구상	• 미래차와 로봇산업의 첨단기술 융·복합 활성화 • 지역 내 산단을 연계하는 클러스터 조성

경남 창원 방위·원자력 융합 국가산단

방위·원자력 융합 국가산단 구상도 (출처: 창원시)

위치	경남 창원
면적	339만m²
규모	1조 4125억원
중점육성산업	방위, 원자력
개발구상	• 기존 창원 국가산단의 노후화·포화 상태 등을 고려하여 생산·첨단연구 지원 • 연구·생산·융합 거점을 복합개발하고 방위·원자력 산업 혁신 도모

출처 : 국토교통부 보도자료

토지 경매의
무한한 잠재력
: 경매를 통한
부동산투자의
새로운 시대

기초 권리분석 이해하기 : 공적 장부를 활용한 권리분석의 핵심 원리

경매의 기초

경매 권리분석은 경매 물건에 설정된 권리 중 매수인이 인수하는 권리를 파악하는 것을 말합니다. 이를 통해 매수인은 경매 물건의 소유권을 취득할 수 있는지, 임차권이나 저당권과 같은 다른 권리가 설정되어 있는지, 낙찰 후 발생할 수 있는 위험을 파악할 수 있습니다.

경매 물건에 설정된 권리는 매수인이 인수하는 권리와 인수하지 않는 권리로 구분됩니다. 매수인이 인수하지 않는 권리는 낙찰 후에도 소멸되기 때문에 매수인은 경매 물건에 설정된 권리를 반드시 확인해야 합니다.

예를 들어, 경매 물건에 저당권이 설정되어 있는 경우 매수인은 저당권자와 대항할 수 없으며, 저당권이 설정된 금액만큼을 낙찰가에 추가로 지급해야 합니다. 또한, 경매 물건에 임차권이 설정되어 있는 경우 매수인은 임차인에게 임대차보증금을 지급해야 합니다.

경매 권리분석은 매각물건명세서, 등기부등본, 현황조사보고서, 감정평가서 등을 통해서 할 수 있습니다. 이때 각 문서에는 다음과 같은 정보가 포함되어 있습니다.

- 매각물건명세서 : 경매 물건의 위치, 지번, 구조, 용도, 감정평가액, 유치권, 가압류 등과 같은 경매에 출품되는 물건의 기본적인 권리 정보가 기재되어 있습니다.
- 등기부등본 : 경매 물건에 설정된 소유권, 저당권, 전세권 등과 같은 권리가 기재되어 있습니다.
- 현황조사보고서 : 경매 물건의 주변 환경, 교통 여건, 토지이용계획 등과 같은 정보가 기재되어 있습니다.
- 감정평가서 : 경매 물건의 시세, 감정평가액, 감정평가 근거 등과 같은 정보가 기재되어 있습니다.

경매 물건에 설정될 수 있는 권리는 다음과 같습니다.

- 소유권 : 부동산의 가장 기본적인 권리로, 소유자는 부동산을 사용할 권리, 처분할 권리, 임대할 권리가 있습니다. 소유권이 등기된 경우 소유권자는 부동산에 대한 완전한 권리를 가지며, 타인의 권리 침해 없이 부동산을 사용할 수 있습니다.
- 저당권 : 채권자가 채무자의 채무를 담보하기 위해 설정하는 권리로, 저당권자는 경매를 통해 채무자의 부동산을 매각하여 채권을 변제할 수 있습니다. 저당권은 등기부에 등기되어야 유효합니다.

- 전세권 : 임차인이 임대인에게 지급한 보증금을 담보하기 위해 설정하는 권리로, 전세권자는 경매를 통해 임대인의 부동산을 매각하여 보증금을 회수할 수 있습니다. 전세권은 등기부에 등기되어야 유효하며, 전세권이 등기된 경우 전세권자는 부동산에 대한 우선변제권을 가지고 있어 경매를 통해 임대인의 부동산을 매각하여 보증금을 회수할 수 있습니다.
- 지상권 : 토지 소유자가 타인에게 토지를 사용할 수 있도록 허락하는 권리로, 지상권자는 경매를 통해 토지를 매입하여 사용할 수 있습니다. 지상권은 등기부에 등기되어야 유효하며, 지상권자는 토지에 대한 사용·수익권을 가지고, 타인의 권리를 침해하지 않고 토지를 사용할 수 있습니다.
- 지역권 : 건물 소유자가 타인에게 건물을 사용할 수 있도록 허락하는 권리로, 지역권자는 경매를 통해 건물을 매입하여 사용할 수 있습니다. 지역권은 등기부에 등기되어야 유효하며, 등기된 경우 지역권자는 건물에 대한 사용·수익권을 가지고, 타인의 권리를 침해하지 않고 토지를 사용할 수 있습니다.

경매 물건에 설정된 권리는 매수인이 인수하는 권리와 인수하지 않는 권리로 구분됩니다. 매수인이 인수하는 권리는 낙찰가에 포함되며, 매수인이 인수하지 않는 권리는 낙찰 후 소멸됩니다. 이러한 권리들은 매각물건명세서, 등기부등본, 현황조사보고서, 감정평가서를 확인하여 파악됩니다.

매수인은 이러한 문서들을 통해 경매 물건에 설정된 권리가 매수인이 인수하는 권리인지, 인수하지 않는 권리인지 확인합니다.

- 경매 물건에 설정된 권리가 매수인이 인수하는 권리인 경우, 해당 권리는 낙찰가에 포함됩니다.
- 경매 물건에 설정된 권리가 매수인이 인수하지 않는 권리인 경우, 해당 권리는 낙찰 후 소멸됩니다.
- 경매 물건에 설정된 권리가 매수인이 인수하는 권리인 경우, 매수인은 권리변동 여부를 확인합니다. 경매 물건에 설정된 권리는 낙찰 후에도 변경될 수 있으며, 변경된 경우 매수인은 변경된 권리를 인수하게 됩니다. 그러나 경매 물건에 설정된 권리가 매수인이 인수하지 않는 권리인 경우, 권리변동 여부를 확인하지 않아도 됩니다.

권리분석 시에는 다음과 같은 사항을 유의해야 합니다.

1) 권리분석의 개별성

권리분석은 경매 물건별로 특성이 다르기 때문에 개별적으로 진행해야 합니다. 경매 물건에 설정된 권리는 경매 물건마다 다르며, 권리변동도 발생할 수 있기 때문입니다.

예를 들어, 경매 물건에 저당권이 설정되어 있는 경우 저당권의 채권액은 경매 물건마다 다릅니다. 또한, 경매 물건에 전세권이 설정되어 있는 경우 전세권자의 보증금액은 경매 물건마다 다릅니다. 따라서 권리분석은 경매 물건별로 개별적으로 진행하여야 합니다.

2) 전문가의 도움

권리분석은 법률과 부동산에 대한 전문지식이 필요하기 때문에 전문가의 도움을 받아 진행하는 것이 좋습니다. 전문가는 경매 물건에 설정된 권리를 정확하게 파악하고, 권리변동 여부를 확인하는 데 도움을 줄 수 있습니다.

3) 권리변동의 확인

권리분석을 통해 파악된 권리는 추후 변경될 수 있으므로, 매수자는 권리변동 여부를 지속적으로 확인해야 합니다. 이러한 권리변동은 등기부등본을 통해 확인할 수 있습니다.

권리분석은 경매 물건에 대한 이해도를 높이고, 낙찰 후 발생할 수 있는 위험을 예방하는 데 도움이 됩니다. 권리분석을 통해 경매 물건의 소유권을 취득할 수 있는지, 임차권이나 저당권과 같은 다른 권리가 설정되어 있는지, 낙찰 후 발생할 수 있는 위험을 파악할 수 있습니다. 따라서, 권리분석은 매수인이 경매 물건을 구매하기 전에 중요한 정보를 파악하는 데 도움을 주며, 올바른 결정을 내릴 수 있도록 돕는 역할을 합니다.

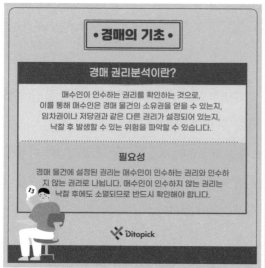

경매의 기초

경매 권리분석이란?

매수인이 인수하는 권리를 확인하는 것으로,
이를 통해 매수인은 경매 물건의 소유권을 얻을 수 있는지,
임차권이나 저당권과 같은 다른 권리가 설정되어 있는지,
낙찰 후 발생할 수 있는 위험을 파악할 수 있습니다.

필요성

경매 물건에 설정된 권리는 매수인이 인수하는 권리와 인수하지 않는 권리로 나뉩니다. 매수인이 인수하지 않는 권리는 낙찰 후에도 소멸되므로 반드시 확인해야 합니다.

Ditopick

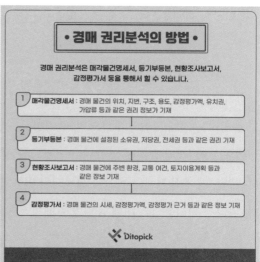

경매 권리분석의 방법

경매 권리분석은 매각물건명세서, 등기부등본, 현황조사보고서,
감정평가서 등을 통해서 할 수 있습니다.

1. **매각물건명세서** : 경매 물건의 위치, 지번, 구조, 용도, 감정평가액, 유치권, 가압류 등과 같은 권리 정보가 기재

2. **등기부등본** : 경매 물건에 설정된 소유권, 저당권, 전세권 등과 같은 권리 기재

3. **현황조사보고서** : 경매 물건에 주변 환경, 교통 여건, 토지이용계획 등과 같은 정보 기재

4. **감정평가서** : 경매 물건의 시세, 감정평가액, 감정평가 근거 등과 같은 정보 기재

Ditopick

Ditopick

경매 권리의 종류

소유권
부동산의 가장 기본적인 권리로 소유권자는 부동산에 대한 완전한 권리를 가짐

전세권
임차인이 임대인에게 지급한 보증금을 담보하기 위해 설정하는 권리

지역권
건물 소유자가 타인에게 건물을 사용할 수 있도록 허락하는 권리

저당권
채권자가 채무자의 채무를 담보하기 위해 설정하는 권리

지상권
토지 소유자가 타인에게 토지를 사용할 수 있도록 허락하는 권리

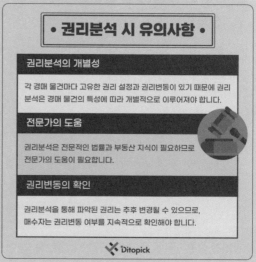

권리분석 시 유의사항

권리분석의 개별성

각 경매 물건마다 고유한 권리 설정과 권리변동이 있기 때문에 권리분석은 경매 물건의 특성에 따라 개별적으로 이루어져야 합니다.

전문가의 도움

권리분석은 전문적인 법률과 부동산 지식이 필요하므로 전문가의 도움이 필요합니다.

권리변동의 확인

권리분석을 통해 파악된 권리는 추후 변경될 수 있으므로,
매수자는 권리변동 여부를 지속적으로 확인해야 합니다.

Ditopick

토지로 승부하라: MZ세대의 땅 재테크 비결

경매 입찰 전략과 방법 : 성공적인 경매 입찰을 위한 전략 및 방법론

권리분석은 경매 낙찰을 준비하는 데 필수적입니다.

권리분석은 경매 물건에 대한 이해도를 높이고, 낙찰 후 발생할 수 있는 위험을 예방하는 데 도움이 됩니다. 이를 통해 경매 물건의 소유권을 취득할 수 있는지, 임차권이나 저당권과 같은 다른 권리가 설정되어 있는지, 권리변동 여부, 낙찰 이후 발생할 수 있는 위험을 파악하고 예방함으로써 성공적인 경매 낙찰을 이룰 수 있습니다.

다음은 토지 경매의 성공 사례와 실패 사례입니다.

성공 사례 :

- 물건 : 경기도 광주시에 위치한 약 80평 대지
- 최저 매각가 : 시가의 64%인 102,400,000원
- 낙찰가 : 72,000,000원
- 이익 : 30,400,000원

이 사례는 토지 경매에서 성공하기 위해서는 현장조사를 철저히 해야 한다는 것을 보여 줍니다. 경매 대상인 토지는 가운데 폭이 3~4m, 넓은 쪽이 5~6m의 세장형 모양이었습니다. 우측으로는 하천이, 좌측으로는 꾸불꾸불한 도로와 인접하여 언뜻 보기에 건축행위가 불가능하고 농사나 지을 수밖에 없는 아주 못생긴 땅이었습니다.

그러나 투자자는 현장조사를 통해 이 땅이 개발 가능성이 높다는 것을 알게 되었습니다. 하천은 복개될 가능성이 있었으며 도로도 확장될 수 있는 가능성이 있었습니다. 투자자는 이 땅을 낙찰받아 건물을 건설하였고, 이 건물은 높은 수익을 창출하게 되었습니다.

실패 사례 :

- 물건 : 경기도 성남시에 위치한 약 100평 대지
- 최저 매각가 : 시가의 60%인 120,000,000원
- 낙찰가 : 110,000,000원
- 손실 : 10,000,000원

이 사례는 토지 경매에서 성공하기 위해서는 입찰가 산정을 신중하게 해야 한다는 것을 보여 줍니다. 투자자는 물건의 개발 가능성을 고려하여 낙찰가를 시가의 60%로 책정했으나, 개발이 지연되면서 땅을 팔지 못하고 임대료도 받지 못하게 되었습니다. 결국 투자자는 땅을 시가의 50%에 매각하여 10,000,000원의 손실을 입게 되었습니다.

이 두 사례는 토지 경매에서 성공하기 위해서는 철저한 현장조사와 신중한 입찰가 산정이 필요

토지로 승부하라: MZ세대의 땅 재테크 비결

하다는 것을 보여 줍니다. 더불어 투자자는 항상 최악의 상황을 대비해 준비해야 합니다.

토지 경매는 채권자가 채무자의 부동산을 압류한 다음 매각하여 그 매각대금으로 채권자의 금전 채권을 상환하는 절차입니다. 토지 경매는 법원 경매와 공매의 두 가지 방법으로 진행되며, 아래는 토지 경매 입찰 시 필요한 서류, 작성 가이드라인 및 주의사항 등입니다.

입찰 시 준비서류

토지 경매에 입찰하려면 다음 서류를 준비해야 합니다.

- 입찰보증금(감정가10% / 재매각 물건 20%)
- 인감도장(법인서류 별도)
- 주민등록증 또는 운전면허증 사본(법인서류 별도)
- 입찰서(보증금 봉투, 대봉투, 입찰용지)

입찰표 기재 요령

입찰표에는 다음 사항을 기재해야 합니다.

- 입찰자 성명, 주소, 주민등록번호
- 입찰물건명
- 입찰금액
- 입찰보증금 납부방법
- 연락처

입찰표 작성 시 유의사항

입찰표를 작성할 때는 다음 사항을 유의해야 합니다.

- 입찰금액은 입찰 마감 전까지 입찰보증금을 납부해야 합니다.
- 입찰금액은 매각기일 기준 현재 감정가 이상이어야 합니다.

- 입찰표는 한 장만 제출해야 합니다.
- 보증금 금액과 입찰금액을 정확하게 작성하셔야 합니다. (반대로 쓰는 경우가 많습니다.)
- 입찰표는 깨끗하고 정확하게 작성해야 합니다.

보증금 봉투

보증금 봉투에는 다음 사항을 기재해야 합니다.

- 입찰자 성명, 주소, 주민등록번호
- 입찰물건명(물건번호 정확히 기재)
- 입찰금액
- 입찰보증금
- 입찰보증금 납부일자

입찰 봉투의 작성 및 투입요령

입찰 봉투는 다음과 같이 작성해야 합니다.

- 입찰 봉투는 봉투 겉면에 입찰물건명과 입찰자의 인감도장을 찍어야 합니다.
- 입찰 봉투는 봉투 안쪽에 입찰금액과 입찰보증금 영수증을 넣어야 합니다.
- 입찰 봉투는 입찰마감 전까지 법원에 투입해야 합니다.

최고가 매수신고인의 결정과 차순위 매수신고

최고가 매수신고인은 매각기일에 입찰한 입찰자 중에서 가장 높은 금액을 입찰한 사람입니다. 최고가 매수신고인이 매각대금을 납부하지 않으면 차순위 매수신고인에게 매각이 허가됩니다.

법원 정보경매 사이트는 법원 경매에 대한 정보를 제공하는 사이트입니다. 법원 정보경매 사이트에서는 경매 물건, 입찰일, 입찰금액 등과 같은 정보를 확인할 수 있습니다.

다음은 각 사이트의 장단점을 자세히 설명한 것입니다.

지지옥션	가장 많은 정보, 다양한 기능, 실시간 경매 진행 상황 확인	가장 비싸다.	1,147,000원 / 년
굿옥션	많은 정보, 깔끔한 인터페이스	비싸다.	926,000원 / 년
탱크옥션	가장 저렴한 가격, 깔끔한 인터페이스	정보가 적다. 스마트폰 앱이 없다.	500,000원 / 년
대법원 경매 사이트	무료	정보가 적다.	0원 / 년

- 지지옥션 : 가장 많은 정보를 제공하는 사이트로, 경매 물건, 입찰일, 입찰금액 등과 같은 다양한 정보를 제공합니다. 또한 실시간으로 경매 진행 상황을 확인할 수 있지만, 경매 사이트 중 가장 비싼 사이트입니다.
- 굿옥션 : 많은 정보를 제공하며, 경매 물건, 입찰일, 입찰금액 등과 같은 다양한 정보를 제공합니다. 또한 깔끔한 인터페이스를 제공하지만, 비용이 상대적으로 높습니다.
- 탱크옥션 : 가장 저렴한 가격에 경매 정보를 제공하는 사이트로, 경매 물건, 입찰일, 입찰금액 등과 같은 기본적인 정보와 깔끔한 인터페이스를 제공합니다. 하지만 정보가 상대적으로 제한적입니다.

부동산 경매는 큰 수익을 올릴 수 있는 기회이지만, 반대로 큰 손실을 볼 수도 있는 위험한 투자입니다. 따라서 경매에 참여하기 전에 반드시 물건에 대한 철저한 조사를 하고, 전문가의 조언을 구하는 것이 중요합니다.

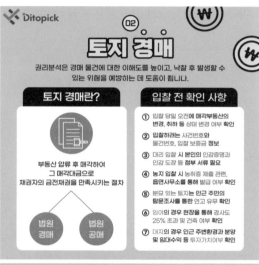

토지로 승부하라: MZ세대의 땅 재테크 비결

토지 경·공매의 가치 평가 필수
: 경매 공매 투자의 유의점과 가치 분석 방법

과거 당시 부동산 시장은 호황이었고, 아파트와 상가에 대한 투자 열기가 뜨거웠습니다. 그러나 필자는 아파트와 상가에 투자하는 대신 땅에 투자하기로 했습니다. 아파트와 상가는 경기에 민감한 투자 상품이지만 땅은 경기에 비교적 덜 민감한 투자 상품으로 판단되었습니다.

저는 경기도 평택시 안중읍 송담리에 있는 밭을 경매로 낙찰받았습니다. 당시 해당 땅의 감정가는 평당 100만 원이었지만, 저는 평당 30만 원에 낙찰했습니다. 많은 사람들은 토지의 환금성 부족과 큰 목돈이 들어간다는 이유로 투자를 망설이고, 특히 주변 환경이 숲으로 둘러싸여 있고 매력이 없는 토지라면 누구도 투자하고 싶지 않을 것입니다. 하지만 저는 땅이 꺼져 있고 오랫동안 휴경지였던 해당 대상지의 가치를 이미 알고 있었습니다. 해당 땅은 서해선 복선전철 안중역에서 800m 떨어져 있었는데, 서해선 복선전철이 개통되면 해당 땅의 가치가 상승할 것으로 판단하고 투자를 결정했습니다. 그리고 제 판단은 적중했습니다. 서해선 복선전철이 착공된 후 해당 땅의 가치는 크게 상승했습니다. 저는 2021년 해당 땅을 평당 250만 원에 매각하여 8배의 수익을 올릴 수 있었습니다.

여기서 중요한 점은 모든 투자의 핵심은 정보와 시기입니다. 적합한 정보를 알아보고 그 정보에 맞는 시기에 투자와 매도 시점을 결정하는 계획이 중요합니다. 이 투자 성공을 통해 경매로 땅을 사더라도 반드시 가치를 판단하고 투자해야 한다는 것을 독자분들에게 전하고 싶습니다. 여기서 더 중요한 건 내재 가치가 풍부한 대상지의 땅은 경매나 공매로 나오지 않는다는 것입니다.

주변에 아무리 저렴한 땅이라도 그 땅의 가치가 상승할 가능성이 없다면 투자할 가치가 없습니다. 반대로, 비싼 땅이라도 그 땅의 가치가 상승할 가능성이 있다면 투자할 가치가 있습니다. 따라서 경매로 땅을 사려는 투자자라면 해당 땅의 위치, 주변 환경, 개발 가능성 등을 꼼꼼히 따져 봐야 합니다. 그래야만 성공적인 투자를 할 수 있습니다.

저는 이 투자 성공을 통해 큰 수익을 올릴 수 있었지만, 그 과정에서 많은 시행착오를 겪었습니다. 토지 경매는 일반 투자자들이 접근하기 어려운 분야이기 때문에, 경매에 입찰하기 전에 충분한 공부가 필요하며, 변동성이 큰 투자이기 때문에, 투자에 대한 철저한 준비가 필요합니다. 토지 경매는 성공적인 투자의 기회가 될 수 있는 분야라고 생각하지만, 일반 투자자들이 토지 경매보다 접근하기 쉬운 토지투자 방법은 이 책을 다 읽고 난 후 알게 되실 겁니다.

토지투자의 첫 단추는 토지이용규제정보시스템 이음과 친해지기

토지이용은 개발 및 보전 측면에서 두 가지 범주로 분류됩니다. 전국을 용도지역으로 나눈다면 도시지역은 16%, 관리지역은 23%, 농림지역은 44%, 자연환경보존지역은 11%의 수치치로 정리됩니다.

도시화 영역은 주거지역, 상업지역, 공업지역을 개발하며 용도지역 체계에 따라 해당 입지의 건폐율과 용적률이 결정되고, 도시 내 지구 단위를 통해 도시지역의 인구, 교통 환경 등 각종 도시규제를 통해 도시화가 진행된 지역입니다.

토지투자에 있어 개발과 보전 축에서 개발 가능성 있는 예상 용도지역을 예측한다면, 유보용도 중 자연녹지지역, 계획관리지역, 생산녹지지역, 생산관리지역 등이 포함됩니다. 해당 용도지역들은 상대적으로 도시의 인구 증가 및 확장 추세에 맞춰 미래의 발전 가능성을 가지고 있는 지역입니다. 해당 대상지가 향후 도시지역으로 편입되어 개발이 이뤄지면 유보용도지역 중에서 땅값 상승률이 가장 높을 것으로 보입니다.

토지의 보전용도지역은 보전녹지지역, 보전관리지역, 농림지역, 자연환경보전지역 등으로 지정되어 있습니다. 해당 용도지역은 보전 목적으로 다른 용도지역에 비해 토지의 개발행위가 엄격하게 제한되어 개발이 어려운 경우가 많지만, 국토 계획의 방향성에 따라 보전지역에 투자하면 개발 가능성뿐만 아니라 큰 수익성으로 연결 될 수 있는 이점도 있습니다.

예를 들어, 초보 토지투자자에게는 유보용지인 자연녹지와 계획관리지역이 가장 유리합니다. 생산녹지와 생산관리지역도 개발 계획에 따라 향후 도시지역 편입 및 개발 가능성이 보전용도지역에 비해 높습니다. 반면, 보전용도지역에 속하는 보전녹지, 보전관리지역, 농림지역 자연환경보전지역 등은 개발행위 및 도시지역으로 편입은 쉽지 않습니다. 다만, 개발 가능성이 있는 지역에서 해당 지자체의 개발 계획과 맞물려 지구단위계획을 수립하여 지역이 설정되는 경우에는 보전녹지, 자연환경보전지역과 같은 토지는 도시지역으로 해당 용도지역의 종상향으로 큰 수익을 창출할 수 있습니다.

토지에 투자할 때는 개발 가능성과 지정된 용도지역을 신중하게 고려하는 것이 필수적입니다. 수익성은 투자에 중요하지만 안정성이나 환금성을 잊으시면 안 됩니다. 개발 가능성이 보여지는 지자체의 보전용도지역이 도시지역으로 편입 및 발전 가능성을 가지고 있을 수 있지만, 그러한 지역을 예측하는 것은 쉽지 않고 위험이 따르기 때문에 신중한 투자가 이루어져야 합니다.

생애 첫 토지투자자분들은 해당 투자지역의 부동산 중개인, 또는 도시건설과 관련된 공무원에게 지역의 개발 계획 및 구역 규정에 대한 정보를 얻을 수 있지만 독자가 토지를 통한 재산 증식의 목적성을 보인다면 토지의 가치와 가능성에 대해서는 함구할 가능성도 있습니다. 또한, 위 내용 중 전문가의 위험성도 존재합니다. 정보를 받아들이고 입문하는 투자자들은 중개사 공무원에게 지나치게 의존하며 투자를 포기하는 '시어서커 환상'(전문가를 맹신하는 경향)에 빠지는 경우도 있습니다. 분명 미래적 가치가 있고 저평가된 입지 대상지가 분명한데 중개사들은 본인이 중개하는 물건으로 거래를 유도하기 위해 해당 대상 투자에 대한 부정적인 정보나 주관적인 생각을 제공하여 첫 입문자의 투자의 기회를 뺏는 경우가 종종 있습니다. 또한, 공무원들은 해당 대상자가 개발 계획이 있어도, 진행 상황에 공무원적인 답변으로 인해 개발 계획이 무산될 가능성이 있어서 입문자들은 토지투자를 포기하는 경우가 많이 있습니다.

토지투자에서 시장 동향 분석은 중요합니다. 지역 부동산 시장을 주시하여 개발 동향과 패턴을 파악하여 해당 지역의 공급 및 수요 역할을 이해하고, 이를 통해 더 나은 투자 결정을 내릴 수 있습니다.

주변 인프라 계획 및 교통망, 학교, 병원 등 기타 공공 시설과 같은 기반시설의 계획은 토지의 가격과 거래량에 상당한 영향을 미칠 수 있습니다. 해당 지역의 인프라의 상태를 평가하고 토지의 가치를 향상시킬 수 있는 계획된 개선 사항을 고려합니다.

토지투자에서는 매매 투자 시점을 다각화해야 합니다. 경매, 공매, 급매물, LH공사 및 수자원공사, 각 지자체 도시공사를 통해 토지 청약이나 다양한 매매 방법을 통해 시세가 아닌 감정가에 매매할 수 있습니다. 토지투자 시 매매 비용을 최소화하려면 여러 유형의 부동산 매매 방식과 공공기관 정보를 활용해야 합니다. 이를 통해 투자 리스크를 피하고 수익률을 높일 수 있습니다.

첫 토지투자 시 분산 투자로 안전하게 포트폴리오를 구성해 보십시오. '계란을 한 바구니에 담지 말라'는 말처럼 토지투자도 분산이 중요합니다. 분산 투자의 예시로, A군이 1억이라는 자산을 활용하여 토지투자를 고려할 때, 한 필지에 투자하는 대신 공동 투자자들과 여러 지역의 공유지분 형태로 소유하는 방식은 투자 리스크를 감소시키는 방법 중 하나입니다.

토지투자는 Set A Side 투자입니다.

원형지투자를 고려할 때는 인내심이 필요합니다. 땅의 가치가 상승하는 데 시간이 걸릴 수 있기 때문입니다. 단기 적으로 매도할 기회가 있을 때 기회를 잡을 준비를 하고, 장기 투자가 필요하다면 투자를 장기적으로 유지할 계획을 준비해야 합니다.

토지투자를 고려하는 입문자분들은 해당 용도지역과 향후 개발 가능성에 대한 법률적 이해와 정보는 필수적입니다. 철저한 조사를 실시하고, 토지 전문가와 상담을 통해 시장 동향을 면밀히 모니터링함으로써 정보에 입각한 결정을 한다면 농지 투자에 실패할 확률을 줄일 수 있습니다.

개발 잠재력이 불확실하거나 보전지역에 있는 농지에 투자할 때는 신중한 결정이 필요합니다.

잘못된 원형지투자로 원금 손실은 물론이고 거래 자체가 힘들 수도 있습니다.

토지투자의 첫 입문자들의 수도권 지역에서 도로에 인접한 자연녹지지역을 선호합니다. 물론 도시지역으로 편입이 가능한 유보용지 중 자연녹지가 무조건 개발될 가능성이 있는 것은 아닙니다. 자연녹지는 도시가 확장되고 기반시설이 설치됨에 따라 단계적으로 용도지역이 종상향될 수 있는 성격을 가질 수 있지만, 도시 내 녹지 공간을 보전할 필요성 때문에 실제 개발 가능성은 제한적일 수 있습니다. 예를 들어, 산림이 우수하거나 임목이 촘촘하거나 경사가 가파른 자연녹지는 개발 잠재력이 희박할 수 있습니다. 자연녹지에 투자할 때는 지역의 지형, 도시기본계획, 관리계획, 각 지자체의 개발 방향과 조례 등을 검토하는 것이 중요합니다.

자연녹지에 투자하는 것은 미래 개발 가능성을 보고 중장기 투자 계획이 될 수 있기 때문에 신중하게 고려하는 게 중요합니다. 도시지역 내 대부분의 자연녹지지역의 땅값은 이미 주변 시세로 형성되어 가격이 비싸게 거래되고 있습니다. 저평가된 지역을 찾는 것이 중요하지만, 무조건 도시지역 내 자연녹지지역만 고수하는 것이 아니라 용도지역을 떠나 향후 땅의 미래 가치를 읽고 도시지역으로 편입이 가능한 토지라면 보전지역이더라도 맹지거나 땅의 모양이 불규칙한 지형의 지역에 투자하는 것도 성공적인 투자가 될 수 있습니다.

예를 들면, 계획관리지역은 향후 도시지역으로 편입될 가능성이 높아서 개발행위가 다른 비도시지역의 용도지역 중 상대적으로 허가받기가 쉬워 투자 가치가 가장 높은 지역입니다. 투자한 계획관리지역이 초기에는 값어치가 없어 보이거나 맹지로 여겨질 수 있는 농지가, 지자체 개발 계획에 포함되어 개발되는 경우가 많은데, 이런 경우 지자체의 사업 방식에 따라 투자의 수익성이 결정이 됩니다. 농지의 개발을 민간 사업자 또는 한국토지주택공사(LH공사)와 같은 공공기관 중 어느 쪽이 개발을 진행하느냐에 따라 현금 보상이나 채권 또는 땅을 받을 수 있는 권리 방식이 각 상황에 따라 달라질 수 있습니다. 만약 해당 농지가 도시개발을 민간에서 진행하는 경우, 대부분 도시개발 방식 중 혼용 방식 또는 환지 방식으로 진행하게 됩니다. 이 경우, 해당 계획관리지역을 종전 감정평가 금액과 종후 감정평가 금액을 산정하여 원지주나 투자자에게 해당 지역의 용도지역이 변경된 택지를 배정 받을 수 있고, 또는 공공개발인 토지수용개발 방식을 통해 사업 속도를 빠르게 진행할 수 있지만, 과거 토지 보상이 지주가 원하는 가격으로 보상되지 않아 수익성이 떨어지는 경우도 있었습니다. 도시지역인 자연녹지지역은 초보 투자자에게는 매력적으로 느껴질 수 있지만, 비도시

지역인 계획관리지역 또한 개발지역으로 지정되면 땅값은 자연스럽게 상승할 수 있습니다. 게다가, 개발지역이 아니더라도 계획관리지역의 건폐율과 용적률을 활용하여 개발행위를 통해 지목변경을 통한 환금성 및 수익성을 창출할 수 있습니다.

부동산에 투자할 때는 토지의 가치와 개발 가능성에 영향을 미칠 수 있는 다양한 요소들을 고려하는 것이 필수적입니다. 고려해야 할 요소로는 용도지역의 용도구역, 용도지구의 변경 가능성과 지자체 사이트를 통한 도시기본계획의 고시정보 습득이 포함됩니다. 또한, 투자지역에 대한 지자체 정보뿐만 아니라 투자지역의 SOC 사업 또는 공공 R&D 시설과 같은 기반시설 프로젝트의 정보를 지자체의 고시공고나 관보를 통해 개발 정보를 조사합니다. 이러한 개발은 토지의 가치와 성장 잠재력에 영향을 미칠 수 있습니다.

어떤 지역이든 내가 투자하려는 지역의 부동산 시장을 분석하여 수요와 공급, 부동산 정책 관계를 파악하는 것도 중요합니다. 이를 위해 인구 증가 추세, 일자리 증가 및 전반적인 경제 전망을 조사합니다.

자연녹지와 계획관리지역은 초보 투자자에게는 안전하고 향후 개발 잠재력이 있지만, 반드시 개발이 된다는 보장은 없습니다. 도시지역으로의 편입이 쉽고 개발행위가 용이한 용도지역에 대한 투자와 관련된 대상지의 위험을 신중하게 평가하고, 지목과 해당 용도지역이 아닌 미래 가치를 예측할 수 있는 투자 포트폴리오를 고려하여 다양화해야 합니다.

숲을 바라보는 안목도 중요하지만 사실 내 자산이 증식되는 건 열매가 달릴 수 있는 나무입니다.

토지를 투자할 때는 거시적 관점과 미시적 관점 양쪽 관점에서 토지의 개발 가능성을 이해하는 것이 필수적입니다. 개발 계획과 관련된 개발 가능성은 거시적이고 장기적인 반면, 개발 목적과 관련된 개발 가능성은 미시적이고 단기적입니다. 두 가지를 조화시키고 부동산에 투자하는 것이 필수적입니다. 토지의 지목과 용도지역은 투자에 영향을 미치기 때문에 어떤 용도로 토지를 사용할 수 있는지 고려하는 것이 중요합니다. 또한, 토지의 개발 활용도가 다양할수록 토지 가치는 더 높아질 것입니다.

예를 들어, 새롭게 개설되는 도로에 접해 있는 농지나 임야를 고려하고 있을 때, 해당 농지의 용도지역을 확인하고, 용도지역상 개발행위 시 전기차 충전소를 계획하는 것과 같은 토지의 활용도에 대해 생각해 볼 수 있습니다. 해당 농지의 용도지역이 보전녹지역이라서 전기차 충전소 및 주유소와 같은 개발행위가 이뤄지지 않을 수 있습니다. 그러나 일부 다른 지자체에서는 해당 용도지역에 전기차 충전소 및 주유소를 설치할 수 있습니다. 따라서 토지이용을 극대화하기 위해서는 사전에 개발행위의 목적을 확인하여 해당 용도지역에 어떤 건축물을 지을 수 있는지를 판단할 필요가 있습니다.

매입할 농지 및 임야의 건축 및 개발행위를 확인하려면 토지이용규제정보서비스를 이용하면 됩니다. 토지이음 사이트를 통해 해당 용도지역의 관련법, 개발행위, 지자체 조례 및 용도지구 구역 등을 한곳에서 확인할 수 있습니다. 구체적으로 어떤 개발행위가 가능한지 판단하고, 해당 지역 건설 및 개발행위 관련 지형도면 정보를 열람하며 개발 절차 등을 파악하는 데 유용한 자료를 얻을 수 있습니다.

토지이음 서비스를 활용하면 해당 지역에서 건축 불가능한 토지는 물론 시, 군의 해당 토지의 건폐율 및 용적률 등을 확인할 수 있습니다. 해당 지번을 입력하면 해당 토지이용의 각종 법규 및 지자체 개발 고시정보까지 확인할 수 있습니다.

다만, 토지이용규제정보를 통해 전기차 충전소 설치 등 특정 개발행위허가 여부를 판단하는 데 필요한 모든 정보를 제공하지 않을 수 있다는 점에 유의해야 합니다. 이런 경우 지자체 건설과 또는 관련 부서와 협의하여 지정된 지역의 구체적인 토지이용규제 및 개발행위를 확인하는 것이 필수적입니다. 이러한 이음 사이트를 통한 개발행위의 여부를 확인하는 것은 토지투자 시 기초적인 분석 방법이며, 토지의 형질변경 및 개발행위를 통한 건설 등 해당 담당 공무원 및 주변 토목 회사 건축사무소의 상담을 통해 개발행위 여부에 대해 꼭 확인을 하고 토지를 매입해야 합니다.

주변 인프라와 지역 공공시설, 그리고 토지의 잠재적인 미래 성장 가능성을 평가하는 것도 중요합니다. 이러한 투자 요인들은 환금성과 수익률 달성에 상당한 영향을 미칠 수 있습니다.

특히 접근 가능성이 좋은 교통편의시설과 토지의 도로 존재는 부동산 가치에 상당한 영향을 미칠 수 있습니다. 교통 허브 중심 또는 주요 고속도로 IC 근처에 위치한 부동산은 접근이 용이하기 때문에 향후 산업단지 및 물류단지로 인한 지가상승이 동반될 것입니다.

학교, 병원, 쇼핑 센터 및 복합 문화 시설과 같은 편의시설은 부동산과 주변 지역의 지가를 향상시킬 수 있습니다. 이러한 공공 편의시설이 주변에 계획이 되고 건설된다면 토지에 대한 수요와 공공편의시설의 건설에 따른 토지의 가치가 증가할 수 있습니다.

토지에 투자할 때 비도시지역은 도시지역의 토지에 비해 가격이 저렴하고 향후 개발이나 전용 가능성에 따라 상당한 시세차익을 얻을 수 있는 가능성이 있어 지목 중 대지나 잡종지가 아닌 농지나 임야인 경우가 많습니다. 하지만 가치 있는 농지나 임야를 매매할 때는 해당 대상지는 이미 토지거래허가구역이나 개발행위제한지역으로 매입 및 행위 규제로 인해 투자가 어려울 수 있습니다.

토지로 승부하라: MZ세대의 땅 재테크 비결

토지 취득과 지목변경을
통한 개발행위
: 성공적인 부동산 개발을
위한 전략과 노후 보장

토지 취득 방법 : 농림지역에서의 토지 취득 신청과 세제 혜택 활용

농지를 매입하고 싶은데 농업인이어야만 가능합니까?

농지취득자격증을 취득하면 농지를 살 수 있지만, 이후에도 계속 농사를 지어야 농민으로 인정받고 농지 소유권을 유지할 수 있습니다. 주말 체험 영농으로 농지를 취득 이후 농사를 짓지 않고 휴경지로 방치하면 농지처분명령을 받을 수 있습니다.

또 비사업용 토지를 보유한 경우 향후 양도차익에 대해 10%의 중과세를 적용받을 수도 있습니다.

도시지역인 용도지역 중 300평 이상인 농지를 경작하기 힘든 경우에는 농지은행 위탁 임대로 맡기 것이 좋습니다. 도시인이 자경으로 농사를 할 수 없는 경우, 해당 농지를 농어촌공사를 통해 농지은행에 맡기는 것이 바람직합니다. 개인이 소유한 농지를 양도하면 양도세율은 6~45% 사이가 될 수 있으나, 해당 대상지가 비사업용 토지라면 중과세율 10%를 적용받아 55% 양도세를 납부해야 됩니다. 농지를 취득하고 관리하여 수익 창출 후 세제 혜택까지 앞으로 농지의 세금을 절약할 수 있는 방안을 알아보고자 합니다.

농지란? 일반적으로 경작지인, 논, 밭, 과수원을 말합니다. 그러나 농지법은 '농지'를 법적 지정이 아닌 '실용 여부'에 기반하여 규정하고 있어 농작물 재배나 다년생 재배용 농경지로 간주하고 있습니다. 고정온실 버섯재배, 비닐하우스, 축산농가, 양식장, 농지개량시설 등도 이에 해당합니다.

임야를 농지로 사용하는 경우에는 해당 토지가 농지인지 산지인지 판단하기 모호할 수 있습니다. 이러한 토지를 매입할 때에는 사전에 관할 시·군청에 해당 주민센터 농정과에 문의해 보는 것이 좋습니다. 지목은 임야이지만 실사용 지목은 논이나 밭이라면 농취증이 필요한 대상지가 간혹 있을 수 있기 때문입니다.

농지를 소유한 경우, 농지를 양도할 때의 받을 수 있는 세제 혜택에 대해 기본적으로 많이 알고 있는 사항은 자경하는 자가 장기간 농사를 짓고 해당 지역에서 농업인으로 인정받은 경우, 경작지 토지를 매도할 때 8년 이상 자경 및 장기보유 특별공제 등을 통해 양도세 감면 대상이 될 수 있습니다. 다만 여기서 현황상 임야를 농지로 사용하고 양도세 혜택을 농지로 보느냐 임야로 보느냐에 따라 세제 혜택이 다르게 결정됩니다.

농지법은 "농지는 자신의 농업경영을 위해 사용되거나 농업에 사용되지 않는 한 소유할 수 없다"고 명시하고 있습니다. 따라서 1996. 1. 1. 농지법이 제정된 후 취득한 농지는 농지를 직접 경작하는 농업인 또는 농업법인만이 소유할 수 있습니다. 이 원칙은 농지가 부유한 도시민과 산업자본가에게 이전되어 난개발과 농지보전 및 농업인의 재산 피해를 방지하기 위해 마련된 것입니다.

농지와 임야투자를 둘러싼 복잡한 규제를 헤쳐 나가기 위해서는 법적인 틀과 투자 시 고려해야 할 사항이 필요합니다. 이에는 농지·임야의 향후 세금 영향, 토지 분류 기준, 농지 소유 및 농지 사용제한에 대한 법적 규제 포함됩니다.

임야 소유권 및 용도 규정

농지와 마찬가지로, 임야투자도 각종 규제를 확인하고 투자해야 합니다.

임야에 투자할 때는 토지이용의 제약과 함께 투자 목적과 전용을 통한 개발행위의 가능성을 확인하는 것이 중요합니다. 임야는 주로 천연자원의 보전을 목적으로 하며, 임야를 전용하는 행위에 대한 각종 법률에 제한받을 수 있습니다.

임야투자를 고려할 때, 토지 지목과 용도에 사용 목적에 따라 지자체 공원녹지과 및 건설 관련 기관과 협의하는 것이 필수적입니다. 또한 각종 개발행위 법률을 확인하고 토지 전문가의 자문을 받아 임야의 전용 목적의 관련 법규 준수 여부를 확인하는 것도 좋은 방법입니다.

부동산에 투자할 때는 단기 투자 전략과 장기 투자 전략을 계획하고 두 전략 사이에서 균형을 맞추는 것이 중요합니다. 토지투자에 있어 단기 전략은 전용을 통한 토지의 지목을 변경하여 건설 및 행위를 통해 환금성을 높이는 즉각적인 잠재력에 초점을 맞출 수 있고, 토지의 장기 전략은 그 지역의 미래 가치의 개발 동향과 도시편입으로 인한 수익 실현을 고려할 수 있습니다.

예를 들어, 토지의 단기 전략에는 계획된 도로 및 임야를 대지로 전용해 주택지로 건설된 토지를 수분양자에게 빠르게 매도할 수 있는 장점이 있습니다. 반면에, 장기적인 전략은 더 큰 개발 잠재력을 갖고 있으며 경제 및 인구 증가 전망치와 도시지역으로 편입이 진행되는 토지에 투자하는 것을 포함할 수 있습니다.

어느 상황이든 철저한 조사를 통해 부동산 시장의 해당 지자체의 부동산 동향과 산업경기를 파악하는 것은 정보에 입각한 의사 결정을 내리고 잠재적인 투자 수익률을 극대화하는 데 중요합니다.

성공적인 부동산투자의 또 다른 필수적인 측면은 포트폴리오를 다양화하는 것입니다.

농지나 임야와 같은 원형지투자는 도시민이 쉽게 투자하기는 두려운 상품입니다.

직접 농사를 지을 수 없는 도시민은 원칙적으로 농지를 소유할 수 없지만, 농촌에서는 도시민들이 농업경영체 등록 및 농지대장을 통해 몇 필지씩 농림지역의 경지 정리된 논을 소유하면서 임차하는 사례가 많습니다. 앞으로 주말 체험 영농으로 농지를 매입하려는 도시민들은 이전에는 1000㎡(303평) 이상 농지에 대해서만 작성 대상이었지만, 현재는 지자체에서 면적 1000㎡ 미만 소규모 농지나 주말·체험용 농지 등 면적에 관계없이 모든 농지에 대해 농지원부를 작성·관리해야 합니다. 도시민이 농지의 부재지주로 있는 경우, 유휴농지를 경작하지 않는다면 농지법상 농지처분명령이나 이행강제금 등으로 어려움을 겪을 수 있습니다.

농지를 소유할 수 있는 도시민이 농촌에서 주말 체험 영농이나 농업인으로 인정받기 위한 요건을 충족하는 것이 중요합니다. 현실적으로 농사를 짓는 게 쉽지 않다면, 도시민들은 주말에 농사를 짓거나 한계농지인 토지를 취득을 하거나, 또는 비도시지역의 용도지역에 해당하는 경작지를 농지은행에 위탁하여 법적으로 농지를 소유할 수 있습니다. 다음은 도시민들이 농지를 합법적으로 소유할 수 있는 방법에 대한 추가 설명입니다.

2021년 3월, 한국토지주택공사(LH) 직원들이 광명·시흥 신도시 예정지 인근 농지를 투기했다는 의혹이 불거졌습니다. LH 직원들은 농지법을 위반하여 농지를 취득하고, 농사를 짓지 않고 시세차익을 얻으려고 했습니다. 이 사건은 국민들의 공분을 일으켰고, 정부는 농지법 개정안을 마련했습니다. 농지법 개정안은 크게 세 가지로 구성되어 있습니다.

첫째, 농지취득자격 심사를 강화합니다.
둘째, 농업진흥구역 내 주말·체험 영농 목적의 농지취득을 제한합니다.
셋째, 투기 목적으로 농지를 취득한 경우 즉시 처분을 명령하고, 이행강제금을 상향합니다.

농지법 개정안은 2021년 7월 23일 국회 본회의를 통과하여 시행되었습니다.

개정된 농지법은 LH 농지 투기 사건과 같은 농지 투기를 근절하고, 농지를 실제 농업 생산에 활용하기 위해 마련되었습니다. 농지법 개정안은 농지 투기를 근절하는 데 어느 정도 효과를 거두고 있습니다.

농지 소유권은 농민이 스스로 농사를 짓도록 하는데, 이를 위한 자경의 기준은 다음과 같습니다. 농업인은 해당 농지에 농작물을 재배하거나 다년생 식물을 재배를 하거나 농업 업무의 365일 중 절반 이상을 농업 노동력으로 경작 또는 재배되는 농민을 말합니다. 전업농에게는 문제가 없지만, 두 사업을 모두 운영하는 농민과 도시민에게는 문제가 될 수 있습니다. 다만, 그 지역에 거주하지 않는 도시민의 경우 자경을 했다고 주장하더라도 관할 지자체는 농지심의위원회를 개최해서 심의를 하게 되어 있습니다. 즉 이제는 농지 소유자는 주말이나 체험 영농이든 아니든 농사를 지으라는 것입니다.

도시민의 영농 조건 중 소유 농지의 경작은 작업의 절반 이상이 실제로 자신의 노동력에 의해 경작된다는 것을 증명해야 합니다. 이를 위해 1년에 90일 이상 농업에 종사하는 것을 비료 구매 내역이나 농사를 지었다는 이장님의 확인서 등 농사를 자경으로 지었다는 걸 증거자료로 준비해 둬야 합니다. 사실 농사일의 절반 이상이 자기 노동력에 의해 경작된 것인지 아니면 타인의 노동력에 의해 경작된 것인지를 판단하는 것은 매우 중요합니다. 소유 농지의 거리는 자경 여부를 판단하는 데는 무관하지만, 너무 먼 거리는 자경 주장에 불리하게 적용되어 가급적 농지가 거주지로부터 30㎞ 이내에 있는 것이 바람직합니다. 농업인이 아니거나 도시민일 경우, 비료나 농약 구입 자료, 영농 현장 사진 등 정기적으로 마을 이장으로부터 영농 사실을 확인받는 것이 향후 농지심의위원회의 심의 또는 농지처분명령이 떨어졌을 때 자료로 활용됩니다.

또한, 농사를 지을 작물을 선택할 때는 많은 노력이 필요하지 않은 작물을 선택하는 것이 현명합니다. 참고로 농지이용 실태조사는 통상 매년 9월부터 11월까지 3개월간 실시된다는 점도 눈여겨볼 대목입니다.

농지를 취득하려면 농지취득자격증을 취득해야 합니다. 이 증명서는 농업계획을 증명하는 문서로, 농지취득자격증을 취득하고자 하는 자는 누구나 농업경영계획서를 작성하여 시군수·면장을 통해 신청하면 됩니다. 2021년 LH 투기 사건 이후 농지법이 개정되어 농지심의위원회가 도시민의 농지 소유에 대해 조건이 충족되지 않을 시 농업소유권을 거부할 수 있게 되었으며, 농지취득자격증명원 발급 기간도 2주로 늘었습니다.

농지취득자격증명서를 발급받지 못하면 농지를 사더라도 소유권이전등기를 할 수 없습니다. 경매로 농지 낙찰을 받은 경우, 토지가 토지거래허가구역인 경우에는 지방자치단체장으로부터 토지거래허가를 받지 않아도 되지만, 농지취득자격증은 취득해야 합니다. 하지만 해당 지자체에서 농취증 발급이 거절되어 경매 보증금을 날릴 수도 있습니다.

그렇다면 2023년 지금 농지취득자격증을 취득하는 과정은 어떨까요?

LH 투기 사건 이전에 농지취득증명서를 발급받는 과정은 생각보다 훨씬 간단했으나, 지금은 더까다로워졌습니다. 과거에는 헌법과 법률이 농지의 소유를 엄격히 제한하고 있었지만, 실제로는 누구든지 농지를 취득하기 위한 농지취득자격증의 요건을 갖추면 발급받을 수 있습니다. 농업경영계획서와 그에 따른 농지취득자격증은 한때 형식적인 행위에 불과했으나, 현재는 사실에 입각하여 농지의 관리계획서를 작성하고 있으며, 농지취득자격증 자체는 직업이나 거주지(토지거래허가 등 제외)에 관계없이 누구나 발급받을 수 있습니다. 다만, 농지의 위치와 거주지가 너무 멀리 떨어져 있는 경우에는 읍·면장이 증명서의 발급을 거부할 수 있으므로, 농취증 발급이 가능한지 사전에 확인이 필요합니다.

농지취득증명서를 발급받기 위해서는 다음과 같은 몇 가지 요건을 충족해야 합니다.

신규 농지를 취득하여 농업경영을 하려는 경우, 일반농지, 고정온실, 버섯재배지 등의 최소 면적 기준이 1,000㎡입니다. 비닐하우스 등 농업시설의 경우 최소 330㎡ 이상의 면적이 요구됩니다.

농업경영을 하려는 자는 소정의 양식에 따라 농업경영계획서를 제출하면, 2022년 이후부터 2주 이내에 농취증 심의를 통해 발급됩니다. 이미 농지대장을 보유한 농업인에게는 면적 제한이 없습니다.

반면에 비농업인이 주말 체험 영농 목적으로 농지를 취득하는 경우에는 농지면적 합계가 1,000㎡(전체 가구원 소유 면적 포함) 미만이어야 합니다. 이 경우에도 2주 이내에 농취증이 발급되며, 이미 1,000㎡ 이상의 농지를 소유하고 있는 사람은 농지대장을 발급받아 1,000㎡ 이상의 농지를 추가로 취득할 수 있습니다.

농지가 방치되어 산림이 된 경우에는 그 토지를 취득하기 위해서는 원상복구 후 농지취득증명서가 필요합니다. 다만, 농지 원상복구 포함된 농업경영계획서가 제출되면 시·군·읍·면장이 상황을 판단하여 농지취득자격증명서를 발급할 수 있습니다.

농지의 지목을 변경 또는 농가 주택 등으로 전용을 목적으로 취득할 때는 매도인 지주로부터 농지 전용허가를 받고 진행하셔야 합니다. 현 농지 소유자로부터 개발행위허가를 받아 매수인 명의로 농지전용허가를 신청하면, 농지를 전용하여 지목을 변경 및 소유하는 데 도움이 될 수 있습니다.

해당 농지의 용도지역이 도시지역 내(주거지역, 상업지역, 공업지역)의 용도지역에 위치하고 있다면, 농지취득증명서가 필요하지 않습니다. 다만, 자연녹지지역의 농지로서 도시계획시설 사업에 필요하지 않은 농지에 대해서는 농지취득증명서를 발급받아야 합니다.

농지를 매입하기 위해서는 농지취득증명서를 발급받아야 합니다. 그러나 농사에 어려움을 겪는 도시민들도 농지취득증명서를 쉽게 발급받을 수 있다는 것이 사회적으로 문제가 됐습니다. 일단 농지를 매입하면 농민으로서 직접 농사를 지을 의무가 있고, 이를 어길 경우 강력한 제재를 받을 수도 있습니다. 따라서 사후 관리에 주의를 기울이고 규칙 및 규정 준수를 보장하는 것이 중요합니다.

농지를 구입하는 데 관심이 있는 개인은 농지를 소유하고 관리하는 데 따른 다양한 책임과 잠재적 결과를 이해하는 것이 중요합니다. 여기에는 토지 유지, 적절한 농업 관행 보장, 관련 법률 및 규정의 최근 시행된 농지법을 이해할 필요가 있습니다.

귀농 정책 청년 농업을 고려할 때 향후 농지취득 시 다음 사항도 염두에 두어야 합니다.

첫째, 지자체 농협(축협, 수협) 등 협동조합에 가입합니다.

농업인, 농업 단체 및 협동조합 서비스에 대해 정보를 제공받고, 세금 혜택 및 국가지원에 대해 해당 지역에 가장 적합한 농업 방법, 작물 선택 및 농업 정보를 제공을 받을 수 있습니다.

둘째, 농지의 토양을 확인합니다.

농지를 구입하기 전에 토양의 품질, 물의 가용성 및 해충이나 질병과 같은 잠재적인 문제가 있는지 평가합니다. 농지에 가장 적합한 작물과 농업 관행을 결정하는 데 도움이 될 수 있습니다.

셋째, 필요한 인프라를 고려합니다.

농지의 용도에 따라 관개 시스템, 농장 건물 또는 울타리와 같은 다양한 인프라 요소가 필요할 수 있습니다. 이러한 인프라 개선에 투자하거나 이미 필요한 인프라를 갖춘 농지를 찾을 준비를 하는 것도 중요합니다.

넷째, 종합적인 농장관리계획을 수립합니다.

모든 농업 노력의 성공을 위해 잘 고안된 농장관리계획은 필수적입니다. 이 계획은 의도된 농작물, 농업 관행, 마케팅 전략 및 재정 예측을 개략적으로 설명해야 합니다.

다섯째, 법률 및 규정 요구사항을 이해합니다.

농지를 구매하고자 하는 농지를 경작하기 위해 구역 제한, 환경 규정 또는 기타 법적 등 경작 능력에 영향을 미칠 수 있는 사항을 숙지합니다.

신규 또는 초보 농업인들이 농지를 구입하거나 지속 가능한 농업 관행을 시행하는 것을 돕기 위해 종종 활용할 수 있는 농업인 보조금, 농업 대출 또는 기타 재정 지원 프로그램이 있습니다. 이러한 프로그램은 해당 지역에서 협동조합을 통한 농업 관련 프로그램을 활용합니다. 청년 농업인에게 지원 가능한 재정에 대해 알아보겠습니다.

- 농업창업자금 융자 : 농업에 진출하는 청년 농업인들에게 저금리로 자금을 융자해 주는 사업입니다.
- 농림축산식품부(https ://www.mafra.go.kr/young/1384/subview.do) : 청년 농업인을 지원하는 정부의 다양한 혜택을 확인할 수 있습니다.
- 농업기계 임대료 지원 : 농업기계를 구입할 여력이 없는 청년 농업인들에게 저렴한 가격으로 농업기계를 임대해 주는 사업입니다.
- 농업 교육 및 훈련 : 청년 농업인들에게 농업 기술과 경영 노하우를 교육하고 훈련하는 사업입니다.
- 농산물 판매 지원 : 청년 농업인들이 생산한 농산물을 유통업체나 소비자에게 저렴하게 판매할 수 있도록 지원하는 사업입니다.
- 농업인 복지 지원 : 청년 농업인들이 질병이나 사고로 어려움을 겪을 때 경제적 지원을 제공하는 사업입니다.

농지를 매입하고 싶은데 농업인만 가능 한가요?

농지취득자격증명 취득한 후에도 계속 농사를 지어야
농민으로 인정받고 농지 소유권을 유지할 수 있습니다.
아래 사유에 해당시 예외적으로 소유가 가능합니다.

상속·이농에 의해
농지를 소유하는 경우

주말체험영농 목적으로
농업진흥지역 외 농지
를 소유하는 경우

농지전용허가 또는 신
고를 한 자가 그 농지를
소유하는 경우

영농어걸불리농지를 소
유하는 경우

2021년 3월, 한국토지주택공사(LH) 직원들이 광명·시흥 신
도시 예정지 인근 농지를 투기하여 시세 차익을 얻으려고
했다는 의혹이 제기되었습니다.
이 사건은 국민들의 분노를 일으키고, 정부는 이를 반영하여
농지법 개정안을 마련하였습니다.

① 농지 취득자격 심사 강화
② 농업진흥구역 내 주말·체험 영농 목적의 농지 취득 제한
③ 투기 목적으로 농지를 취득한 경우 즉시 처분을 명령하고,
　이행강제금 상향

농지취득증명서 발급 요건

면적

① 일반농지, 고정온실, 버섯재배지 등의 경우
　최소면적 기준 1,000㎡

② 비닐하우스 등 농업시설의 경우
　최소면적 요건 330㎡ 이상

③ 비농업인이 주말체험영농을 목적으로
　농지를 취득할 경우, 농지면적 합계
　1,000㎡ 미만 (전체 가구원 소유 면적 포함)

④ 1,000㎡ 이상의 농지를 소유하고 있는 사람
　은 농지원부를 발급받아 1,000㎡ 이상의 농
　지 추가 취득 가능

⑤ 농지의 지목을 변경하거나 농가 주택 등으로
　전용 목적으로 취득하려면 매도인 지주로부
　터 농지전용 허가 필요

임야 투자

① 산림지와 농지는 특정 규칙과 규정을 따르고 있습니다.

② 임야는 주로 천연 자원 보전을 목적으로 사용됩니다.

③ 임야 투자 시 토지 이용에 제한이 있으며, 개발 및 전용
　가능성을 고려해야 합니다.

④ 토지의 분류와 용도에 대한 제한을 결정하기 위해 지방
　당국과 협의하는 것이 필수적입니다.

⑤ 법률 및 부동산 전문가의 조언을 받아 법규 준수 여부를
　확인하고 단기 및 장기 투자 전략의 균형을 유지해야 합
　니다.

귀농 정책 청년 농업

지자체 농협(축협,수협)등 협동조합의 가입하기
: 농업 관련 정보와 지원을 통해 해당 지역에서 가장 적합한
농업 방법, 작물 선택 및 농업 정보를 제공받을 수 있습니다.

농지 토양을 확인하기
: 농지 구입 전 토양 품질, 물 가용성, 해충/질병 등 잠재적 문
제 평가는 작물 선택 및 농업 관행 결정에 도움이 됩니다.

필요한 인프라 고려
: 농지 용도에 따라 인프라 요소(관개 시스템, 농장 건물, 울타
리 등)가 필요하며, 이를 개선하기 위해 투자하거나 이미 필요
한 인프라가 갖춰진 농지를 찾아야 합니다.

종합적인 농장관리계획 수립
: 성공적인 농업을 위해 잘 고안된 농장 관리 계획은 의도된
농작물, 농업 관행, 마케팅 전략, 재정 예측을 개략적으로 설
명해야 합니다.

법률 및 규정 요구사항 이해
: 토지 구매 시 구역 제한, 환경 규정, 법적 요구 사항 등을 숙
지하여 경작 능력에 영향을 미칠 수 있는 사항을 고려합니다.

사용 가능한 재정 지원에 대해 알아보기
: 신규 또는 초보 농부들은 농지 구입과 지속 가능한 농업 관
행을 위해 보조금, 대출, 재정 지원 프로그램 등을 활용할 수
있습니다.

농림축산식품부

청년 농업인을 지원하는
정부의 혜택 확인 가능

농업기계 임대료 지원

청년 농업인들을 위한
저렴한 농업기계 임대 사업

농업 교육 및 훈련

청년 농업인들을 위한
농업 기술과 경영 노하우
교육 및 훈련 사업

농산물 판매 지원

청년 농업인의
농산물 유통 지원 사업

농업인 복지 지원

청년 농업인의 경제적
어려움을 지원하는 사업

농지대장은 농업인이라는 것을 증명하기 위해 신분증과 유사한 증명서로, 단순히 소유관계뿐만 아니라 실제 경작 현황을 기반으로 농지원부를 작성해야 합니다. 그렇기 때문에 농지를 소유한다고 해서 반드시 농지대장에 등록할 수 있는 것은 아니며, 농지를 소유하든 임대하든 실제 농사를 짓는 사람만이 농지대장에 등록할 수 있습니다.

농지 소유현황을 파악하고 이를 효율적으로 이용·관리하기 위하여 농지대장을 작성하고 유지합니다. 또한, 농지대장이 있으면 농업인으로 인정받고 다양한 혜택을 받을 수 있습니다.

예를 들어, 과거 직불제 위기가 발생했을 때, 쌀 소득보전 직불제 대상 농가의 선정은 농지대장을 기준으로 했습니다. 정확히 말하면 농지대장을 가지고 있다는 것은 농업인이라는 것을 보여 주는 것일 수 있지만, 그렇다고 해서 반드시 농민으로 인정받는 것은 아닙니다. 농업인으로 간주되는 기준은 소유자가 실제로 그 땅을 경작하는지 여부입니다.

농지대장은 소유자가 해당 경작지에서 농업인으로써 농업을 통한 경제 활동을 한다면 농지대장 및 농지대장은 쉽게 얻을 수 있는 것입니다. 농지취득자격증은 농지를 취득할 때 향후 농사를 지을 계획이 있는 사람이라면 누구나 받을 수 있지만, 농업경영체 등록 이후 농지대장은 농지가 실제로 농사를 짓고 있다는 사실이 확인된 경우에만 받을 수 있습니다. 즉, 농지를 소유하거나 임대하는 경우와 관계없이 농사를 짓는 것으로 확인된 농업인이라면 누구나 농지대장을 작성할 수 있습니다.

농지대장에 등재되기 위해서는 1,000㎡ 이상의 농지에 농작물이나 다년생 식물을 재배하거나, 농지에 330㎡ 이상의 고정 온실 등의 농업시설을 설치하여 농작물이나 다년생 식물을 재배하거나, 재배하는 농업인 이어야 합니다. 농지대장은 농지를 취득하거나 임대한 직후에 작성하는 것이 아니라 취득하거나 임대한 토지에 농지를 실제로 경작하는 것이 확인된 시점에 작성됩니다.

그리고 주말 체험 영농 목적으로는 농지대장에 등록할 수 없습니다. 주말 체험 영농은 농업으로 간주되지 않기 때문입니다. 농지대장 등재 신청을 하려면 거주 소재지나 토지 소재지 주민센터에서 신청하면 되며, 세대별 농지대장은 주민센터에서 재배상황을 확인한 시점부터 작성·발급이 가능합니다.

지목이 산지인 땅에 수년 전부터 과수나무인 배나무를 재배해 왔다면 과수원으로써 3년 이상 경작한 것이 확인되면 농지대장을 만들 수 있습니다. 농지를 소유하지 않고 임대하여 농사를 지어도 농지대장을 발급받을 수 있습니다. 그러나 농촌지역의 경우 농지법이 시행된 1996년 1월 1일 이후 취득한 농지는 법적인 이유를 제외하고는 농지의 임대를 금지하고 있어 농지대장을 발급받기가 쉽지 않습니다.

농지대장을 유지하기 위해서는 수시로 비료와 농약 구입 여부를 확인하고, 영농 현장 사진(사진에 날짜가 명시된 상태)을 찍어 농사를 짓고 있다는 사실을 마을 이장과 마을 주민들에게 전달하는 것이 필수적입니다. 그렇게 함으로써 직접 농사를 짓지 않는다는 이유로 농지처분명령을 받는 것을 피할 수 있습니다.

농지가 잘 유지되고 농민으로서의 지위를 인정받기 위해서는 현시점의 농업 관행과 규정에 대한 정보를 지속적으로 얻는 것이 필수적입니다. 지역 협동 단체에 가입하고 워크샵에 참석하며 농업인들과 연락을 유지하는 것은 정보를 공유와 농업인으로서 기술을 습득하고 농지 기술에 개발하는 데 도움이 될 수 있습니다.

농지나 농업인 신분과 관련해 어려움이나 분쟁이 발생할 경우, 해당 지자체 농정과나 농어촌공사 담당 공무원과 상담을 통해 도움을 줄 수 있는 전문가와 상담하는 것이 좋습니다.

농업인은 농업경영과 관리를 위해 재배 일정, 수확 데이터, 그리고 그 과정에서 발생한 비용 등 농업 활동의 기록을 유지하는 것이 중요합니다. 정확한 기록을 유지하는 것은 진행 상황을 추적하고 정보에 입각한 결정을 내리는 데 도움이 될 뿐만 아니라, 만약 농업인로서의 증명이 필요한 경우에도 농업 활동에 대한 증거가 될 것입니다.

또한, 지속 가능한 농업 관행을 수용하는 것은 책임감 있는 농업인로서의 농지의 장기적인 활용 방안에 기여할 수 있습니다. 이것은 작물의 토양 보전, 물 관리, 그리고 친환경적인 해충 방제 방법을 사용하는 것과 같은 조치들을 시행하는 것을 포함합니다.

또, 해당 지역 농업 종사자들과 좋은 관계를 유지함으로써 농지처분명령과 같은 불이익을 피할 수 있습니다.

농지대장을 소유하면 다양한 혜택을 받을 수 있습니다. 이러한 이점 중 일부는 다음과 같습니다.

- 농지의 취득 : 농지대장이 있는 농가는 1,000㎡ 이하의 소규모 농지를 제한 없이 매입할 수 있습니다.
- 토지 매입에 대한 제한 완화 : 토지거래허가구역 내 농업인은 20㎢ 이내의 농지를 제한 없이

매입할 수 있고, 주택가 농지도 취득할 수 있습니다.

- 세금 혜택 : 농지를 신규 취득 시 농지대장에 등록한 후 2년이 경과하면 취득세와 등록세가 50% 감면됩니다.
- 농지보전 부담금 면제 : 농지를 농가나 농업인 시설로 전용하면 농지보전 부담금이 전액 면제됩니다.
- 양도소득세 감면 : 농지대장이 있고 해당 농지를 8년 이상 자경한 경우 농지 양도 시 양도소득세가 감면됩니다. 양도세는 1년간 1억 원 2년간 2억 원 공제 혜택도 누릴 수 있습니다. 공제 금액 이상의 양도차익 금액은 양도소득세 6~45%의 일반 세율이 적용됩니다.
- 보험료 인하 및 재정 지원 : 농지대장이 있는 사람은 국민건강보험료 50% 감면, 국민연금 지원금, 고등학생 면제, 대학생 대출, 보육료 지원, 세금 감면 혜택 등을 받을 수 있습니다.
- 저금리 대출 이용 : 농협중앙회 회원으로 가입해 저금리 농업자금 대출을 받을 수 있습니다.

이러한 혜택들은 도시 거주자들이 농지대장을 유지하는 것이 중장기적인 개발 가치뿐만 아니라 농가 소득을 높이고 건강과 복지를 증진하는 데에도 가치가 있습니다.

토지거래허가구역 내의 농지나 임야를 매입하려면 농지소재지 20㎞ 이내 거주지에서 6개월 이상 거주하는 등 일정 기준을 충족해야 합니다. 농민들은 2년 동안 토지를 보유하고 의도한 대로 경작해야 하는 등 토지이용 의무를 이행하는 것도 필요합니다. 반면 임업 종사자들은 임산물이 있으면 3년, 없으면 5년간 토지를 유지해야 합니다.

토지거래허가구역 내에서 농지나 임야를 매입하는 것은 쉽지 않지만, 허가구역이 해제되면 높은 시세차익이 발생할 가능성이 있어 요건을 충족할 의사가 있는 일부 사람들에게는 매력적인 투자가 되고 있습니다.

토지거래허가구역에 대해 좀 더 설명하면, 비도시지역(관리지역, 농림지역, 자연환경보전지역)의 농지나 임야가 허가면적(농지 500㎡ 미만, 임야 1,000㎡ 미만)보다 작으면 토지거래허가를 받지 않아도 누구나 토지를 살 수 있습니다.

다만 여기 농지대장 등록 및 농지대장을 목적으로 취득 시에는 농지취득은 1,000㎡ 이상이어야 가능하기 때문에 거주지 이전이 필요합니다.

농지대장이 있는 경우에도 토지거래허가구역 내 농지를 매입할 때는 농지취득자격증명서를 발급받아야 합니다. 다만, 허가면적 이하의 농지를 취득하는 경우에는 토지거래허가를 받을 필요가 없습니다. 토지거래허가구역 내에서 주말 체험농지는 농업의 운영을 위한 토지이용 목적에 적합하지 않다고 보아 토지거래계약허가를 받을 수 없습니다. 수도권 토지거래허가구역 내 농지를 취득할 수 있는 방법은 농지대장을 갖고 주소지에서 반경 20㎢ 이내의 농지를 경작할 목적으로 토지거래계약허가를 받는 것뿐입니다. 또는 비도시지역의 용도지역을 허가 없이 500㎡ 이내의 면적이 작은 농지를 취득할 수 있습니다.

농지 소유자가 정당한 사유 없이 농지를 농업경영이나 주말 체험 영농에 사용하지 않으면 1년 이내에 농지를 처분하라는 통보를 받게 됩니다. 허가를 받아 농지를 취득한 자가 취득한 날로부터 2년 이내에 사업을 개시하지 아니한 때에는 그 농지도 1년 이내에 처분하여야 합니다.

처분통지서를 받은 날로부터 1년 이내에 농지를 처분하지 아니한 때에는 지방자치단체가 6개월 이내에 농지 소유자에게 처분을 명할 수 있습니다. 농지처분명령을 이행하지 않을 경우 매년 농지 가액(공시지가 기준)의 20%에 해당하는 이행강제금의 부과될 수 있습니다.

농지처분명령을 받지 않기 위해서는 한국농어촌공사에 농지매입을 요청할 수 있지만, 이는 공시지가를 기준으로 매각하기 때문에 실효성이 크지 않습니다. 농지처분의무통지 시점에 적정한 영농이 이뤄지면 농지처분명령을 1년간 유예할 수 있습니다. 향후 1년간 농지이용조사에서 적정 경작이 인정되면 농지처분명령을 부과하지 않을 수 있습니다.

요약하자면, 농지에 대한 투자를 고려할 때, 토지거래허가구역과 관련된 다양한 규제와 농지취득 및 이용에 관련된 의무를 인식하는 것이 중요합니다.

농지 투자의 잠재력을 극대화하기 위해서는 토지거래허가구역, 토지거래허가구역의 제한사항, 농지나 임야의 매입요건 등을 파악하는 것이 필수적입니다. 이러한 허가구역에서 토지를 취득하는 것은 어려울 수 있지만, 허가구역의 해제 시 농지의 잠재력은 미래 가치가 있는 투자로 만들 수 있습니다.

농사일에 익숙하지 않은 분들은 지역 전문가의 지도를 받거나 농협에 가입하거나 연수 프로그램에 참여하여 필요한 지식과 기술을 습득하는 것이 좋습니다. 또한, 경험이 풍부한 농업인들과 협력하고 지역 농장 관리자와 좋은 관계를 유지하는 것도 농지 투자의 성공적인 관리를 보장하는 데 도움이 될 수 있습니다.

농지에 투자하는 것은 규제와 의무를 신중히 고려하며 올바른 농업 관행을 유지하고, 농민들이 얻을 수 있는 다양한 혜택을 활용한다면 보람 있는 소유 및 자산 증식을 이룰 수 있습니다. 적절한 계획과 실사를 통해 농지 투자의 복잡성을 파악하고, 농지 소유 및 관리와 관련된 자본 이익 및 기타 혜택을 성공적으로 누릴 수 있습니다.

농지 소유 경작 관리 및 소유권 문제 고민 해결

농지를 직접 경작해야 한다는 것과 토지거래허가구역 소유권 이전에 대한 어려움 때문에 많은 사람들이 농지 투자에 어려움을 겪는 것이 사실입니다. 그러나 앞서 설명한 대로, 본인의 상황에 맞는 방법을 선택함으로써 합법적으로 농지에 투자할 수 있는 방법은 여러 가지가 있습니다.

농지에 대한 투자는 법과 시스템에 대한 이해가 부족하거나 변화에 대한 농지법 개정 정보를 얻지 못하면 개인이 토지투자에 대한 편리한 해결책을 모색하게 될 수 있습니다. 농지 투자에 사용할 수 있는 다양한 옵션에 대해 스스로 교육하여 투자 결정에 영향을 미칠 수 있는 규정이나 시스템의 변경 사항에 대해 지속적으로 파악해야 합니다. 또한, 토지거래허가구역 내 토지 취득은 농업경영인, 즉 농지대장이 없고 주소지에서 20㎞ 이내 거리가 아니더라도 경매나 공매로 통해서 취득한다면 토지거래허가를 받지않고 소유권을 이전시킬 수 있습니다.

농지를 본인이 자경하기가 어려운 경우, 농지은행에 위탁하면 직접 경작할 수 없는 도시민들의 농지를 농어촌공사에서 해당 지역의 청년 농업인이나 임대농에게 농지를 임대할 수 있도록 허용합니다. 이 제도는 도시 주민들이 직접 농사를 지을 필요 없이 농지에 투자할 수 있는 기회를 제공함으로써 소유자와 임차농 모두에게 이익이 될 수 있습니다.

다만, 농지은행을 통한 농지 임대에는 일정한 제한과 요건이 있다는 점에 유의해야 합니다. 예를 들어, 농지처분 의무 대상으로 결정된 토지는 제외되며, 도시지역 내 주거지역이나 상업지역, 1,000㎡ 미만 소규모 농지, 주말 체험농지 등 특정 유형의 토지는 농지은행을 통해 임대할 수 없습니다.

농지은행을 통해 농지를 임대할 때는 토지 소유자와 한국농어촌공사가 계약을 체결합니다. 토지 소유자는 연간 농지은행에서 산정한 수수료를 지급받고, 임대기간은 최소 2년 이상이어야 합니다. 같은 임차인과 재계약 시에는 영농제한이 없어 토지 소유자가 직접 농사를 짓지 않고도 농지를 계속 소유할 수 있습니다.

농지은행 제도를 효과적으로 활용하면 부재지주도 직접 농사를 짓지 않아도 농지를 소유할 수 있습니다. 또한, 농지은행을 통해 농지를 3년 이상 임대하면 해당 토지가 비사업용 토지로 간주되지 않게 되어 양도 시 양도소득세율이 낮아질 수 있습니다.

영농조건분리농지를 공략하면 농취증 없이 소유 및 관리를 쉽게 할 수 있습니다. 영농조건 상황에 가장 적합한 방법을 선택하는 개인들에게 농지 소유 및 관리에 가장 적합한 선택이 될 수 있습니다. 개인은 합법적으로 농지에 투자할 수 있으며, 잠재적으로 자본 이득 및 세금 할인의 혜택을 얻을 수 있습니다.

농지에 투자하는 것은 또한 농업 생산을 지원하고 농촌 개발을 촉진하며, 지속 가능한 토지사용 관행을 촉진함으로써 지역 사회와 국가 경제에 기여할 수 있습니다. 투자자로서, 토지와 주변 농지 생태계의 장기적인 농업 발전과 지역 성장을 위해 유기 농업, 재생 농업 또는 농림과 같은 환경 친화적인 농업 방법을 채택하는 것을 고려할 수 있습니다.

게다가, 농지 투자는 도시 주민들이 자연과 다시 연결되며, 청년들이 농업에 대해 배우고, 농업인들의 노고와 헌신에 대한 감사를 발전시킬 수 있는 기회를 제공할 수 있습니다. 경우에 따라 농지 투자는 농업 관광, 교육 프로그램 또는 지역 사회 지원 농업 장소로 사용될 수 있으며, 지역 경제를 더욱 지원하고 도시와 농촌지역 사회 간의 더 깊은 연결을 촉진할 수 있습니다.

농지 투자에 대해 부정적인 입장을 취하는 이유는 무엇일까요?

농지는 국민의 생명과 안전에 필수적인 식량을 생산하는 토지입니다. 하지만 농지 투자는 농지 가격 상승을 유발하여 농민의 소득을 감소시키고 식량안보를 위협할 수 있습니다.

또한, 농지 투자는 농지를 다른 목적으로 전용시키는 원인이 될 수 있으며, 물론 헌법은 개인의 사유권을 보장하지만, 농지는 국민의 생명과 안전에 필수적인 토지이기 때문에, 개인의 사유권을 제한할 수 있습니다. 헌법 제124조는 "국가는 농업을 보호하고 육성하여 국민의 먹을 거리를 안정적으로 공급할 책임을 진다."고 규정하고 있습니다.

농지를 통해 재산증식을 할 수 있지만, 이는 농지 투자의 위험성을 수반합니다. 농업은 자연재해에 취약하며 농산물 가격은 변동성이 큽니다. 또한, 농지 투자는 투기 목적으로 이루어지는 경우가 많아 부동산 시장의 불안정성을 초래할 수 있어 일반적으로 농지 투자에 부정적인 인식을 가지고 있습니다.

농지 투자의 긍정적인 입장!!

농지 투자는 농민들에게 재산 증식과 노후 준비의 기회를 제공합니다. 농지 가격은 일반적으로 물가보다 빠르게 상승하기 때문에, 농지를 장기적으로 보유하면 높은 수익을 얻을 수 있습니다.

농지 투자는 지자체와 국가에도 도움이 됩니다. 지자체는 거래세와 지방세수를 징수할 수 있고, 국가는 양도소득세를 징수할 수 있습니다. 이러한 세수는 국가의 기반시설이나 보건복지에 재투자될 수 있습니다. 실제로 미국에서는 농지 투자가 활성화되어 있습니다. 미국 농무부 조사에 따르면, 미국의 농지 보유자 중 70% 이상이 농업인이 아닙니다. 이러한 비농업인 농지 보유자들은 농지를 임대하여 임대료를 받거나, 농지를 개발하여 다른 용도로 사용하고 있습니다.

한국에서도 농지 투자가 활성화되어야 된다고 생각됩니다. 대한민국의 농지 가격은 최근 몇 년 동안 빠르게 상승하고 있으며, 농지 투자에 대한 관심이 높아지고 있습니다. 정부는 농지 투자를 활성화하기 위해 농지법 개정과 거래세를 인하하고 농지 임대차 제도를 개선하는 등의 정책을 추진해야 한다고 생각합니다. 농지 투자는 농민들에게 재산 증식과 노후 준비의 기회를 제공하며, 농지 투자에 대한 관심이 높아지고 추세입니다. 따라서 농지 투자를 활성화하기 위한 정책을 적극적으로 추진해야 할 것입니다.

개인이 농지에 성공적으로 투자하기 위해서는 농지매입 보유, 양도, 경작·관리, 세금 처리, 다양한 시사점 요소를 고려해야 합니다.

비사업용 토지란, 농사에 사용되지 않거나 개발되지 않은 채로 남아 있거나 사업용 용도에 사용되지 않는 토지를 말합니다. 비사업용 토지에 대한 10% 중과세는 사업용 토지가 아닌 토지를 양도했을 때 중과 대상이라는 의미를 이해하는 것의 중요합니다.

앞으로 농지를 투자할 경우, 300평 이상(1,000㎡, 5억 원 상당)의 농지를 취득할 경우 자금조달계획서를 제출하고 부동산 실거래가 및 소유권 이전 시 관할 등기소에 사용 목적에 대해 작성해 등기소에 제출해야 합니다. 이는 등기필증 발급을 위한 절차입니다.

농지와 다른 유형의 토지에 투자하려면 끊임없이 변화하는 법적, 규제적 지형에 대한 철저한 이해가 필요합니다. 잠재적인 농지 투자자는 이러한 변화에 대해 지속적으로 정보를 수집하고, 투자 결정을 내릴 때 그 변화의 영향을 적극적으로 고려해야 합니다. 그렇게 함으로써 토지 시장의 복잡성을 탐색하고 토지투자에 대한 정보에 입각한 선택을 할 수 있으며, 궁극적으로 전략적 계획과 법적 준수로부터 농지 투자의 이익을 얻을 수 있습니다.

토지의 부가가치를 높이기 위해 많은 투자자들이 지목변경이나 개발행위를 통해 농지나 임야를 사업용 토지로 전용하고 있습니다. 토지 형질을 변경하는 과정은 복잡하고 구체적인 상황에 따라 달라질 수 있습니다.

예를 들면, 서울 동대문구 용두동에 사는 김 모 씨는 아파트 구매 대신 수도권 인근 지역의 땅에 투자하기로 했습니다. 이번 결정은 강남 재건축 아파트를 중심으로 가격 오름세가 지속되었지만, 김 모 씨는 1억이라는 돈으로는 재건축 아파트 지분을 구입하기 어려워서 새로운 투자처를 모색하게 되었습니다. 그 결과, 적은 금액으로 투자는 쉽지 않았고 김 모 씨는 토지 시장에 대한 관심이 높아지면서 수도권 인근의 토지 매입이 이뤄졌습니다. 2019년 김 모 씨는 1억 원 안팎의 자금으로 장기 투자를 고려하여 수도권 인근 토지를 매입하고, 3년에서 5년의 투자 기간을 결정했습니다. 컨설팅 업체의 조언을 받아 개발 가능성이 높은 대상지로 그린벨트 지역의 농지를 매입하게 되었습니다.

이후 2023년 1월, 국토교통부는 수도권 지자체의 그린벨트 해제 권한을 확대한 규제 완화 정책을 발표했습니다. 이 정책에는 지역균형발전과 지역 개발을 통한 인프라 시설 투자를 촉진하기 위해 수도권 지자체의 그린벨트 해제 권한을 확대하는 규제 완화 방침을 내놓았습니다. 난개발 방지를 위해 30만㎡로 제한되어 있던 지자체 권한을 100만㎡까지 확대한 후, 중앙 정부 허가 없이 지자체가 자체적으로 여의도 3배 면적에 달하는 그린벨트 지역을 해제할 수 있게 되었습니다. 또한, 반도체 및 원전 사업 등과 같은 국가전략사업을 목적으로 할 경우에는 해제 총량에서 제외하기로 했습니다.

이에 따라 김 모 씨는 1억을 투자하여 농지를 국가전략 산업단지로 개발하였고, 2023년 반도체 사업부지로 지정되면서 해당 농지는 수용재결을 통한 양도세 감면 혜택과 7억의 보상금을 받아 일부 현금, 일부 채권 보상으로 큰 수익을 창출했습니다.

토지투자를 성공적이고 법적으로 준수하기 위해서는 다음 사항을 고려해야 합니다.

- 정보 조사 및 수집 : 토지투자에 영향을 미치는 개정 법률, 규정 및 시장 동향의 정보를 취합하며, 여기에는 지자체 조례 및 세제개편에 대한 법적 요건과 이해가 포함됩니다.
- 전문가와 상담 : 토지투자 시 부동산 전문가, 변호사 또는 토지 전문 세무사에게 조언을 구하

십시오. 이러한 전문가들은 귀중한 지침을 제공하고, 복잡한 토지 소유 및 자산 증식 바탕에 도움을 줄 수 있습니다.

- 투자 목표 평가 : 예상 수익률, 잠재적 위험, 원하는 토지 소유 기간을 포함한 단기 및 장기 투자 목표를 결정합니다.
- 적합한 토지 식별 : 투자 목표를 기반으로 목표 및 위험 허용 범위에 맞는 토지를 식별합니다. 여기에는 사용자의 선호도와 전문성에 따라 농지, 임야 또는 미개발 토지가 포함될 수 있습니다.
- 토지의 잠재력 평가 : 토지의 감상, 개발 또는 농업 용도에 대한 잠재력을 조사합니다. 여기에는 위치, 지역 기반시설 및 토지의 다양한 용도에 대한 적합성과 같은 요소를 평가하는 것이 포함될 수 있습니다.
- 현장조사 실시 : 토지 매입을 완료하기 전에 부동산에 법적 또는 재정적 부담이 없는지 철저히 조사해야 합니다. 여기에는 부동산 공적 장부 및 현장구역 규정 평가, 토지 소유권 확인 등이 포함될 수 있습니다.
- 장기 관리계획 : 소유 기간 동안 농경지 경작 또는 개발 활동을 포함하여 토지를 관리하기 위한 계획을 수립합니다. 소유 농지 경작 관리 및 유지 등 법적 요건을 준수하는 것은 강제 처분을 피하기 위해 매우 중요합니다.
- 투자 모니터링 : 항상 말씀드리지만, 특히 개발 호재와 개발 압력이 있는 지역을 중심으로 미래 가치가 높은 토지를 집중적으로 매입하는 것이 중요합니다. 농지나 임야를 사업용 토지로 지목변경하여 비사업용 토지를 사업용 토지로 전용하면, 관련된 복잡한 세금 문제를 피할 수 있습니다. 실제로 많은 전문 투자자가 실행 가능한 방법입니다.

농지대장의 다양한 혜택

혜택 01
농지 취득
농지대장을 가진 농가는 제한 없이 1,000㎡ 이하의 소규모 농지를 매입 가능

혜택 02
토지 매입 제한 완화
토지거래허가구역 내 농업인은 20㎢ 이내 농지 제한 없이 매입 가능, 주택가 농지도 취득 가능.

혜택 03
세금 혜택
농지 신규 취득 후 농지대장 등록 2년 경과 시 취득세 및 등록세 50% 감면

혜택 04
농지보전부담금 면제
농지를 농가나 농업인 시설로 전용 시 농지보전부담금 전액 면제

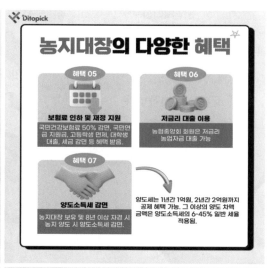

농지대장의 다양한 혜택

혜택 05
보험료 인하 및 재정 지원
국민건강보험료 50% 감면, 국민연금 지원금, 고등학생 면제, 대학생 대출, 세금 감면 등 혜택 받음.

혜택 06
저금리 대출 이용
농협중앙회 회원은 저금리 농업자금 대출 가능

혜택 07
양도소득세 감면
농지대장 보유 및 8년 이상 자경 시 농지 양도 시 양도소득세 감면.

양도세는 1년간 1억원, 2년간 2억원까지 공제 혜택 가능. 그 이상의 양도 차액 금액은 양도소득세의 6-45% 일반 세율 적용됨.

농지투자의 부정적/긍정적 시선

부정적 입장

농지는 국민 식량 생산에 필수적인 토지이지만, 농지투자는 농민 소득과 식량안보에 위협이 될 수 있습니다. **농지 용도 변경과 부동산시장의 불안정성은 우려되며**, 농업의 자연재해와 가격 변동성은 위험 요소입니다. 농지투자에는 헌법적 제한과 주의가 필요합니다.

긍정적 입장

농지투자는 재산증식과 국가 세입에 기여**할 수 있습니다.** 농지가격 상승과 임대 수익으로 이익을 얻을 수 있으며, 정부는 농지투자 활성화를 위해 정책을 추진합니다. 농지투자는 법적, 규제적 변화에 대한 이해와 전략적 계획이 필요합니다.

성공적인 토지 토자를 위한 고려사항(1/2)

① 정보 조사 및 수집
: 토지 투자에 영향을 미치는 법률, 규정 및 시장 동향 정보를 수집하며, 지자체 조례 및 세제개편 요건과 이해 고려

② 전문가와 상담
: 전문가의 조언을 듣고 부동산 전문가, 변호사, 토지 전문 세무사의 지침과 도움 활용

③ 토지 목표 평가
: 예상 수익률, 잠재적 위험, 원하는 토지 소유 기간을 포함한 단기 및 장기 투자 목표 결정

④ 적합한 토지 식별
: 목표와 위험 범위에 맞는 토지 선정, 사용자 선호 및 전문성 고려 (농지, 임야 또는 미개발 토지 등)

성공적인 토지 토자를 위한 고려사항(2/2)

⑤ 토지의 잠재력 평가
: 토지의 감상, 개발 또는 농업 용도에 대한 잠재력 조사 및 위치, 지역 기반 시설 및 적합성 등 평가

⑥ 현실 실사 실시
: 토지 매입 전 법적 및 재정적 부담 조사 필요 (공적 장부, 구역 규정, 소유권 확인)

⑦ 장기 관리 계획
: 소유 기간 동안 농경지 경작 및 관리 계획 수립, 법적 요건 준수로 강제 처분 회피

⑧ 투자 모니터링
: 정기적으로 토지 투자의 성과 평가 및 관리계획에 필요한 절차 수행

비사업용에서 사업용까지 : 농지와 임야의 유연한 투자 전략

주말 체험 농지 투자도 농지에 투자를 원하는 사람들에게 좋은 선택지가 될 수 있습니다.

2003년 1월 1일부터 비농업인이 주말 체험 농지 목적으로 농지를 제한 없이 소유할 수 있도록 허용되었습니다. 주말 농장은 자연을 취미나 여가활동으로 즐길 수 있는 기회를 제공하는 동시에 체험형 영농 체험도 가능해, 향후 농지 투자에 가치가 있을 수 있습니다.

주말 체험 목적의 농지를 취득할 수 있는 면적에 제한이 있습니다. 모든 세대원이 보유한 총면적은 1,000㎡ 미만이어야 주말 체험 영농으로 취득을 할 수 있습니다. 주말 체험 영농으로 토지를 소유하는 매수자들은 5도 2촌(5일은 도시, 주말 2일은 시골) 생활의 도시민의 농촌 시장에 진출하여 토지 관리와 경작에 대한 실질적인 경험을 얻을 수 있는 기회를 제공하게 되었습니다.

농지 투자에 대한 관심이 지속적으로 증가함에 따라 투자자들은 최신 시장 동향과 잠재적 기회에 대한 최신 정보를 지속적으로 파악하는 것이 중요합니다. 앞서 언급했듯이 개발 잠재력이 높고 호재가 있는 지역에 집중하는 것이 성공적인 토지투자의 핵심입니다. 주말 체험 영농의 농지 투자 또한 인프라와의 접근성, 지역 경제의 성장 가능성과 같은 요소들도 고려해야 합니다.

농지나 임야를 형질변경을 통한 지목변경은 투자자들의 수익률을 최적화할 수 있는 다양한 투자 전략입니다. 대부분 비사업용 토지뿐만 아니라 산지전용허가를 받아 태양광 또는 풍력 발전소와 같은 재생에너지 프로젝트에 적합한 토지도 사업용 토지로 변경되어 개발행위와 투자가 이뤄지고 있습니다.

토지에 투자할 때 고려해야 할 또 다른 측면은 현장답사의 중요성입니다. 투자 결정을 내리기 전에 구체적인 위치, 구역 및 토지 가치에 영향을 미칠 수 있는 잠재적인 주변 현장 문제를 조사하는 것이 중요합니다. 또한 해당 지역의 잠재적인 법적 문제를 방지하기 위해서는 계획 및 개발 답사 현장을 통해 확인하는 것이 중요합니다.

농지나 임야투자 시 국책사업이나 인프라사업의 정보는 정부 공공기관의 세미나 및 공청회를 통해 미리 정보를 습득할 수 있으며, 이를 통해 투자자들은 지역 개발 계획에 대한 통찰력과 토지의 가치를 높일 수 있습니다. 또한, 토지투자의 장기적인 잠재력을 고려해야 합니다. 단기적인 환금성과 수익성은 매력적일 수 있지만, 토지의 장기적인 가치 상승에 초점을 맞추는 것은 더 큰 수익을 낼 수 있습니다.

주말 체험 영농으로 소유하고 있는 농지를 대지로 지목을 변경하려면?

주말 체험 농지가 농업진흥구역 밖의 읍·면에 있어야 하고, 농가 주택으로 사용할 계획이라면 전용할 수 있습니다. 이 경우 주말 체험 영농 농지를 전용해 농가 주택용으로 활용하려면 남은 소유 면적이 150㎡ 이상이어야 합니다. 만약 건축 면적 35㎡ 이하의 농지를 농가 주택으로 전용할 경우, 농지보전 부담금이 50% 감면됩니다.

주말 체험 영농 농지와 관련해 해당 토지를 자경한다면 사업용 토지로 인정받아 중과세 10%에 대해 신경 쓸 필요가 없습니다.

'5도 2촌'이란, 5일은 도시에서, 주말 2일은 시골에서 산다는 의미로, 농지를 농가 주택으로 전용하는 것은 시골에 작은 집을 짓고 주말에 가족과 함께 방문해 스트레스를 풀고 시간을 보내는 좋은 방법이 될 수 있습니다. 요즘은 농가 주택 대신 6m*3m 이내의 모듈형 창고를 농막으로 이용하는 것이 아니라 전원 주택용으로 하는 경향이 있었습니다. 이에 국회에서 농막 관련 시설에 대해 규제를 검토하다가 주말 농업인들과 농민들의 반발로 잠정 보류로 결정되었습니다.

농지 중 숨은 보석, 한계농지란?

'한계농지'는 농경지의 열악한 영농 여건으로 인해 생산성이 떨어지는 경우가 많아 소유권 이전 및 관리가 쉽고, 전용허가의 요건만 맞는다면 전용으로 활용하는 것이 비교적 용이합니다.

한계농지는 농업진흥구역 밖의 농지 중 위에서 아래로 평균 경사율이 15% 이상이거나 집단농지가 2만㎡ 미만인 농지나 토양오염으로 광업권 채굴이 종료되거나 취소된 인근 지역의 농지를 말하며, 시장과 군수가 농업 여건이 좋지 않고 생산성이 낮다고 인정하는 농지입니다.

한계농지에 대한 관심이 높아진 이유는 도시민들이 땅을 쉽게 소유할 수 있기 때문입니다. 농지의 전용 목적을 위한 개발을 허용하고, 경치가 아름다운 지역이나 투자 가치가 높은 땅이 지목상 논이나 밭이더라도 토지이용계획원에 한계농지로 되어 있다면 농지전용이 조금 더 수월하고 토지의 활용 방안이 다양해질 수 있습니다.

현재 전국에 약 15만ha(1,500㎢) 정도의 농경지가 있는 것으로 추정됩니다. 특히 수도권 지역의 경우 2009년 말 경기도가 발표한 내용에 이르면 분당 신도시의 3.4배에 달하는 6,000㎡의 영농 여건의 불리농지 규제가 완화되었습니다. 이로 인해 향후 한계농지는 다양한 사업성을 확보해 펜션사업, 휴양단지, 관광농장, 연수원, 미니골프장, 체육시설, 실버타운, 요양병원 등 다양한 사업에 가치가 있을 것으로 기대됩니다.

한계농지에 전용 목적으로 투자할 때에는 진입로 확보가 중요합니다. 한계농지는 대부분 토지의 모양이 부정형이거나 맹지 또는 땅이 꺼지는 형상으로 저평가되어 보이는 특성이 있지만, 향후 토목공사 및 조경공사 기반시설 통한 해당 토지 특성을 바꿔 토지 가치를 향상시킨다면 분양 및 수익성을 창출할 수 있습니다.

현재 한계농지로 지정된 지역을 확인하려면 농촌정비법 제93조를 참고하면 됩니다. 시장, 군수, 구청장이 농촌지역의 한정된 농지를 조사하여 공표함으로써 일반인이 접근할 수 있도록 합니다. 한계농지를 보여 주는 지형도는 각 시·군, 한국농어촌공사, 농촌진흥청 등에서 확인할 수 있습니다. 또한 한계농지 정비사업이 시행되고 있는 지역을 확인할 수 있어 향후 한계농지로 지정될 가능성이 있는 지역을 파악하는 데 도움이 될 수 있습니다.

한계농지를 매입하려는 투자자로서 투자를 최대한 활용할 수 있는 몇 가지 요소를 고려하는 것이 중요합니다.

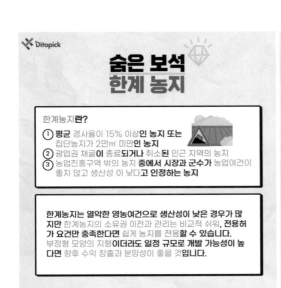

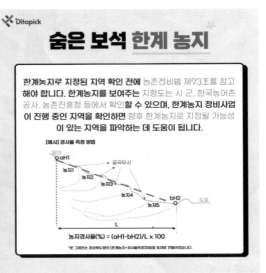

쌀 재배지 김제 평야? 농업진흥구역과 농업보호구역

농촌에서는 바둑판 무늬처럼 잘 정돈된 농경지를 만날 수 있습니다. 이는 농지조성사업이나 농업 생산 기반 정비사업을 통해 조성되어 기계화농업이 가능한 양질의 농지로 조성된 농경지입니다. 이러한 지역은 일차적으로 순수 농업 목적으로 지정되며 농업진흥지역의 일부입니다. 농지법상 농업진흥구역은 도시녹지지역(서울 제외), 관리지역, 농림지역, 자연환경보전지역으로 구분됩니다. 그러나 대부분의 농업진흥구역은 농림지역으로 분류되며, 일부는 관리지역으로 지정되어 있습니다.

농업진흥구역 밖의 농지는 일반적으로 관리지역에 위치하고 있으며, 농지법이나 농업진흥구역 외의 규정에 의한 각종 제약을 받지 않아 개발이 비교적 용이한 지역입니다. 이에 따라 농업진흥구역 밖의 농지는 입지 여건에 따라 농업진흥구역 내의 농지보다 제한을 덜 받게 됩니다.

그러나 모든 농업진흥구역이 양질의 농지로 구성된 것은 아닙니다.

농업진흥지역은 농업진흥구역과 농업보호구역으로 분류되며, 기계화로 경지 정리가 잘된 농지가 대부분 농업진흥구역으로 지정되어 있습니다. 농업진흥구역은 주로 농업에 이용되는 토지가 집단적으로 정비된 지역이지만 이들 지역 내 모든 농지가 잘 정비된 것은 아닙니다.

반면 농업보호구역은 농업용수원 확보와 수자원 보전 등 농업환경 보호를 위해 필요한 지역으로 지정됩니다. 이 지역은 농지 주변에 전형적으로 저수지, 강, 또는 개울 근처에 위치하여 뛰어난 물가 경관과 좋은 경치를 제공하며 상대적으로 적은 자금으로 땅에 투자하려는 사람들에게 인기가 있습니다.

저수지를 따라 경관이 우수한 입지에 위치한 농업보호구역에서는 전용허가 조건만 맞는다면 그림 같은 전원주택을 지을 수 있지만 숙박시설과 식당은 허용되지 않습니다.

농업진흥구역과 농업보호지역은 토지이용의 활용 차이가 큽니다. 농업진흥구역에서는 농업 생산이나 농지개량과 직접 관련이 없는 활동은 농업인의 공동생활에 필요한 편의시설을 설치하는 것을 제외하고는 거의 허용되지 않습니다.

호남 평야지대에 듬성듬성 지어져 있는 1층 단독주택을 보신 적은 있으실 겁니다. 농림지역에서 경지 정리가 잘된 예전 절대농지에서 건물을 못 짓는 건 아닙니다. 농업진흥구역에 농가 주택을 짓기 위해서는 일정한 요건이 충족되어야 합니다. 가구는 농업, 임업 또는 가축에 종사해야 하며, 농업 활동으로 인한 가구 연간 소득이 2400만 원을 초과해야 합니다. 또한 농가 주택용지의 총 면적은 가구당 660㎡(200평) 미만이어야 하며, 임업 또는 축산업의 경영의 기초가 되는 농지나 산림농원이 있는 시, 군, 면 또는 인접 도시에만 건설할 수 있습니다.

다만, 농가 주택의 형태로 농업보호구역 또는 농업진흥구역 밖에 단독주택을 짓는 것은 가능합니다. 참고로 농업진흥구역 밖에 무주택 세대주가 최초로 지은 농가 주택은 농지에 대해서만 신고가 가능하지만 농업진흥구역 내에서는 농지전용허가가 필요합니다. 농가 주택 건설을 위한 농지전용허가의 경우 농지전용보전 부담금이 전액 감면됩니다. 다만, 농가 주택으로 사용한 지 5년 이내에 비농업인에게 매각하려면 농지의 용도변경 승인과 초기 농지보전 부담금을 모두 상환해야 합니다.

일반적으로, "농촌 주택"이라는 용어는 시골의 집을 묘사할 때 종종 사용되는 반면, "농가 주택"은 농업인이 소유한 집을 말합니다. 이 두 용어는 별개의 개념입니다. 농지 자원의 가용성으로, 이제 농지를 구입하고 농가 주택을 짓는 것이 비교적 쉬워졌습니다. 농촌이나 농민의 집을 저렴하게 지을 수 있는 방법을 찾고 있다면 한국농어촌공사 귀농귀촌 종합센터에서 제공하는 표준설계를 활용하는 것을 고려해 보십시오.

이러한 표준설계는 비용의 효율성뿐만 아니라 주변 환경과 잘 조화된 모델을 제공합니다. 이러한 설계를 활용하면 시골이나 농가 주택을 지을 계획을 세울 때 매우 도움이 될 수 있습니다.

농업진흥구역보다 농업보호구역에서 개발행위가 더 수월합니다. 농업보호구역의 토지이용행위에 관하여는 농업진흥구역보다 농업인이 주택, 공동생활, 농업 관련 시설 등에 더 많은 토지를 사용할 수 있도록 하고 있습니다. 농업진흥구역에서 허용되는 활동 외에 농업보호구역에서는 다음 각 호의 개발행위가 가능합니다.

- 부지면적 20,000㎡ 미만의 관광 농원사업과 부지면적 3,000㎡ 미만의 주말농원사업
- 부지면적 1,000㎡ 미만 단독주택
- 부지면적 1,000㎡ 미만의 슈퍼마켓, 소매점, 클리닉, 탁구장, 스포츠우표 등 제1종 근린생활시설
- 부지면적 1,000㎡ 미만의 서점, 테니스장, 극장, 부동산 중개업소, 사무실, PC방, 사진관, 학원, 독서실, 동물병원 등 제2종 근린생활시설

「국토의 계획 및 이용에 관한 법률」 제76조의 '용도지역 및 용도지구에서의 건축물의 건축제한 등에 관한 규정' 제5항에 의하면 농림지 중 농업진흥구역, 보전산지 또는 초지인 경우에는 「농지법」, 「산지관리법」 또는 「초지법」의 규정에 따르게 됩니다.

따라서 「국토의 계획 및 이용에 관한 법률」상 용도지역에서 허용하는 건축행위와 농업보호구역에서 허용하는 건축행위가 충돌할 경우, 당연히 농지법과 농업보호구역의 건축제한 규정이 우선적으로 적용됩니다.

농업보호구역 내에서는 음식점과 카페가 허용되지 않지만, 일부는 이미 농업보호구역으로 지정되기 전에 허가를 받아 영업을 하고 있을 수 있습니다. 국토의 계획 및 이용에 관한 법률에 따르면, 허가된 건축행위와 농업보호구역에서 허가된 건축행위 간에 상충되는 경우에는 농지법, 산지관리법 또는 초지법 등이 우선적으로 적용됩니다.

과거 보전가치가 낮은 지역에 대해서는 농업보호구역이 해제된 바 있습니다. 농지법 제31조 제1항에 따르면 시·도는 대통령령으로 정하는 사유가 있는 경우 농업진흥구역이나 용도지역을 변경하거나 취소할 수 있습니다. 이에 따라 농지법 시행령 제28조 제1항은 농업진흥구역 또는 용도지역을 변경하거나 취소하는 사유를 구체적으로 규정하고 있고 농업보호구역 중 해제된 지역은 농업진흥구역과 연결된 미경지 정리된 농지와 저수지에서 500m 이상 떨어진 지역 등을 포함합니다. 농업보호구역은 꾸준히 해제되어 왔으며, 농업 생산과 관련이 적은 보호구역은 앞으로도 계속해서

해제될 가능성이 높습니다. 따라서 위에서 언급한 해제 기준을 참고하면, 농업보호구역의 토지를 매입하는 것이 유리할 수도 있습니다. 물론 농업진흥구역에서 택지개발, 도로개설, 하천부지 편입 등으로 농지가 단절되면, 농지로 활용하는 가치가 떨어지며 농업진흥구역의 해제 가능성은 더욱 높아집니다. 주변 도시의 개발 압력으로 농지가 꾸준히 해제될 것으로 예상되기 때문에 수도권 농지에 대한 신중한 선정과 투자는 상당한 수익을 낼 수 있습니다.

토지투자의 핵심은 개발 가능성과 미래 가치입니다. 토지에 대한 많은 공법 규정이 있기 때문에 정확한 법 해석은 필수적입니다. 궁극적으로, 토지투자는 토지의 개발 가능성과 토지이용 규제를 분석하는 방법에 달려 있습니다.

농지에 투자할 때는 투자 목적을 명확히 하는 것이 중요합니다. 농지 투자가 시세차익에 초점이 맞춰진다면, 개발예정지역의 농지가 우선순위가 될 것입니다. 최선의 투자는 도로가 개통되고 개발이 예정된 지역, 즉 개발 축을 따라 농지를 구입하는 것입니다. 올바르게 수행될 경우, 상당한 자본 이득을 얻을 수 있습니다.

실제로 대규모 아파트 단지가 들어서고 있는 도로에 붙어 있는 농지를 매입하고, 이 농지의 일부를 대지로 전용하여 1종근생 지역으로 개발해 상당한 수익을 올리는 사례가 많습니다. 더욱이 농지전용 후 지목이 변경되면, 주변 시세뿐만 아니라 토지의 개발 이익도 기존 원형지에 비해 몇 배의 가치는 올라 있을 것입니다.

다만 농지를 투자할 때, 주변의 개발예정지역 계획이 확정되면 토지거래허가구역이나 개발행위제한지역으로 묶일 가능성이 높아 조기에 투자하지 않으면 매수가 어려울 수도 있습니다.

앞으로 개발에 대해 좀 더 자세히 논의하고 용도지역과 농업진흥구역에 대한 토지투자를 분석할 예정입니다. 위 농지에 대해서 설명 중 농림지역, 농업진흥구역, 보호구역과 같은 용어들이 생소할 수 있으므로 다시 정리를 해 보겠습니다.

우선 지목과 용도에 대해서 구분해야 되는 건 알고 있으시죠? 지목은 28가지로, 용도는 24가지로 나눠지며, 토지의 가치를 결정하는 건 적절한 용도를 잘 선택해야 한다고 앞서 말씀드렸습니다.

또한, 농지를 취득하는 과정에서는 농지의 지목은 논, 답, 과수원 등이 포함되며, 농지는 현황주의를 채택하고 있다고 설명드렸습니다. 농지의 용도지역은 다양한 분류로 나뉘며, 농림지역, 관리지역, 자연환경보존지역, 도시지역 내 자연녹지지역, 생산녹지지역, 보전녹지지역, 주거지역 등이 해당됩니다. 농지법에 따르면, 경지 정리가 잘되어 있는 농업진흥구역과 저수지나 경치가 훌륭한 농업보호구역으로 나눠지는데 농지 중에서도 도시지역으로 편입 압력이 가장 높은 용도지역이 "계획관리지역"이라고 할 수 있습니다.

농지투자 중 "계획관리지역"이 가장 바람직한 선택지라는 것은 누구나 알고 있을 것입니다. 입지나 도로여건 등을 고려하여 계획관리지역 내에서 개발 잠재력이 높은 농지를 매입하는 것은 가장 일반적인 농지 투자 원칙 중 하나입니다. 계획관리지역의 장점은 향후 도시지역으로 편입될 수 있는 가능성과 용도지역상 건폐율과 용적률의 이점을 가지고 있습니다. 그러나 도로에 붙어 있는 농지의 땅값은 이미 높기 때문에 투자금액이 상대적으로 클 수 있는 단점이 있을 수 있습니다.

따라서 첫 농지투자라면 당연히 계획관리지역의 농지를 선택해 매입하는 것이 바람직하지만, 계획관리지역의 농지만이 좋은 투자가 되는 것보다 그 지역이 발전 가능성이 있는지에 더 초점을 맞추는 것이 중요합니다.

농림지역이나 자연환경보전지역이라도 해당 대상지가 국가에서 지정한 개발 잠재력이 있는 지역이라면 계획관리지역의 농지보다 훨씬 나을 수 있습니다. 따라서 도로나 철도의 개통이 예정된 농지라면 가치가 높아지며, 또한 지방이더라도 개발 계획이 예정된 지역의 농지는 가치가 높을 수밖에 없습니다. 농지를 매입할 때에는 가급적 입지 여건과 개발 가능성 등을 고려하여, 농업진흥구역이라도 해당 지방의 개발 가능성이 있는 농지를 매입하는 것이 바람직합니다.

예를 들어, 수도권과 가까운 지역에 농지 투자에 관심이 있다고 가정해 보겠습니다.

이 경우, 농지 투자를 위한 두 가지 옵션이 있습니다.

1) 개발 가능성이 없지만 경관이 우수하고 큰 도로에 인접하며 반듯한 모양의 계획관리지역 내 농지
2) 농업진흥구역 내에 위치한 도로가 없는 맹지인 농지, 하지만 향후 KTX 사업과 인접해 개발 가능성이 높은 농지

계획관리지역의 1번 농지는 언뜻 보기에는 더 나은 투자로 보일 수 있지만, 2번 농지가 농업진흥구역에 KTX가 근접해 있어 개발 잠재력이 더 큽니다. 이로써 새로운 기반시설은 앞으로 더 많은 사업, 주택, 그리고 다른 개발을 유치하여 땅의 가치를 크게 높일 것으로 기대됩니다.

2번 농지를 선택하면 해당 지역이 개발되고 토지에 대한 수요가 증가함에 따라 잠재적으로 더 높은 투자 수익률을 볼 수 있습니다. 이는 토지의 가치를 높게 평가되어 궁극적인 투자자로서 더 높은 자본 이득을 가져올 수 있습니다.

반대로 1번 농지에 투자할 경우 농지가 계획관리지역 내에 위치하고 있음에도 불구하고, 개발 가능성이 제한되어 농지의 가치가 크게 상승하지 않을 수 있습니다. 이로 인해 투자자인 귀하의 자본 이득이 감소할 수 있습니다.

이 사례는 농지에 투자할 때 토지가 계획관리지역 내에 있는지 농업진흥구역 내에 있는지 여부에만 초점을 맞추기보다는 개발 잠재력, 토지이용규제, 입지 여건 등의 요소를 고려하는 것이 중요하다는 예시였습니다.

필자는 일반적으로 농업진흥구역의 농지를 투자용으로 구입하는 것을 권장하지 않습니다. 다만 해당 지역에 국가산업단지 및 신도시가 인접해 장기적인 투자 가치가 있는 농지가 있을 수 있습니다. 이러한 농지에 소액을 투자하는 것은 장기적인 투자에 대비를 위한 것으로, 토지 활용 계획과 향후 개발 가능성을 면밀히 검토했다면 가치가 있을 수 있습니다.

일반적으로 대규모 개발사업은 보상 가격을 고려하여 농업진흥구역에 대규모 신도시 및 산업단지 지정으로 농지를 포함하는 경우가 많습니다. 이 경우, 1,000㎡ 이상의 농지를 소유하게 되면, 금전적 보상 대신 개발지역의 토지 보상으로 택지(협의양도 택지)를 일부 공급받거나 향후 개발 이익을 누릴 수 있습니다.

다만 도시개발지역이 아닌 저렴한 가격으로 농업진흥구역에서 농지를 매입할 때, 장기 투자 목적으로만 매입할 경우에는 후회할 수도 있습니다. 이러한 토지를 대상으로 하는 기획부동산 업체를 주의하고, 개발예정지역 인근의 농업진흥구역을 향후 개발예정지로 사탕 발린 설명에 현혹되어 개발지가 아닌 주변 토지를 비싼 가격에 투자한 경우 막대한 손해를 볼 수도 있습니다.

결론적으로 농지 투자를 고려할 때 개발지가 아닌 농업진흥구역에 농지는 향후 청년 농업인이나 농업경영 목적으로 사업을 한다는 가정이 아니라면 매입할 필요가 없습니다. 농업보호구역이나 보호구역은 나름대로 투자 가치가 있을 수 있지만, 매입하기 전에 농지 사용의 목적 그리고 해당 대상의 입지, 개발 가능성, 주변 환경 등의 요소를 철저히 평가하는 것이 필수적입니다.

단독주택을 건축하려면 반드시 건축허가를 받아야 합니다. 인허가 절차는 먼저 해당 지역의 용도지역과 건축법을 충분히 연구해야 시작됩니다. 일반적으로 이에 앞서 사전 협의, 계획 검토, 기초 설계, 그리고 실시설계 등 여러 단계를 거칩니다.

개발행위허가는 토지이용의 성격이 변경되거나 큰 규모의 건설 작업을 할 때 필요한 허가입니다. 예를 들어, 2018년에 경기도의 한 농지 소유주가 자신의 농지를 단독주택으로 변경하고자 계획을 세웠습니다. 이를 위해 먼저, 해당 농지가 속한 지역의 용도지역을 파악하기 위해 용도지역과 접도된 도로를 확인하고 농지전용허가 및 개발행위 대한 내용을 사전에 검토합니다. 승인을 받기 위해 필요한 서류와 조건을 충족시킨 후 해당 지자체 건설과에 민원을 제출하고, 신청서가 승인된 이후에는 토지의 형질변경을 위한 개발행위허가를 받기 위한 절차를 완료하게 되며, 이때, 개발행위허가서, 설계도면 등 다양한 서류를 준비하고 심사를 거쳐 지목 및 건축인허가를 받습니다.

　성공적으로 개발행위허가를 받은 후, 건축허가를 신청하기 위해 필요한 서류와 조건을 다시 한 번 준비했습니다. 건축허가가 나면, 본격적으로 단독주택의 건설이 시작되고, 농지는 단독주택으로 탈바꿈을 거뒀습니다.

　이렇게 농지를 단독주택으로 변경하는 과정은 다소 복잡하고 시간이 걸릴 수 있지만, 법률과 절차를 철저히 준수하면 원하는 목적에 맞게 토지를 활용할 수 있습니다. 이 과정에서는 세부적인 법률과 조건, 그리고 필요한 서류 등을 정확히 알고 준비해야 하며, 이를 위해 전문가의 도움을 받는 것이 좋습니다.

　다음은 단독주택 인허가 사례입니다.
　(* 카드뉴스는 토지이음의 자료를 기반으로 제작되었습니다.)

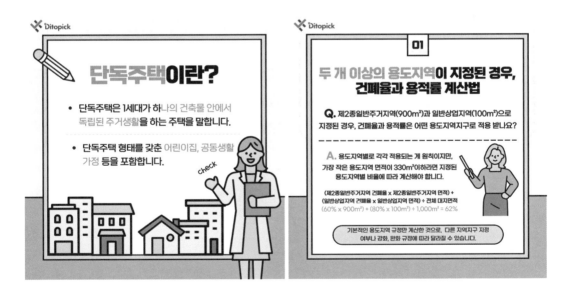

02

표준설계도서

Q. 전원주택을 지으려는데 설계비용도 많이 들고 절차도 복잡해요. 비용을 최소화해서 지을 수 있는 방법이 있을까요?

A. 건축허가관청에서 무료로 제공하고 있는 표준설계도서를 활용하면 건축설계비용을 아낄 수 있습니다. 뿐만 아니라 설계기간도 단축되고, 건축허가도 건축신고로 완화 됩니다.

지자체의 건축 조례에 따라 건축신고로 완화되는 범위가 다를 수 있으니 미리 확인해주세요.

03

펜션·민박

Q. 단독주택으로 지어 펜션(민박)으로 제공해도 되나요?

A. 펜션의 법령상 정확한 명칭은 농어촌민박사업용시설로, 해당 사업을 하려면 (준)농어촌지역의 주민이어야 하고, 농어촌민박건물이 있는 지역에 6개월 이상 거주하고 있어야 합니다. 농어촌민박사업은 본인 소유 건물일 경우 신고자가 직접 거주하고 있는 단독주택 중 단독주택과 다가구주택만 가능하고, 주택의 연면적은 230m² 미만으로 제한되는 등 관련 규정도 있어 잘 알아봐야 합니다.

230m²

04

농지보전부담금

Q. 우리 농지에 집을 지으려고 하는데 부담금을 내야하나요?

A. 농지를 다른 용도로 쓰면 국토의 농지비율이 줄어드니까 이를 보전하고 관리하기 위해 부과하는 것으로 생각하면 되는데요. [전용면적(m²) x 개별공시지가의 30%]으로 계산합니다. 농업인주택처럼 감면대상에 해당되면 전액이나 일부가 감면 될 수 있으니 잘 알아보고 결정해야합니다.

ex) 땅의 전용면적은 500m², 개별공시지가가 20만 원일 때, 60,000(20만 원의 30%) x 500(m²) = 3천만 원? ✗

농지보전부담금은 m²당 최대 5만원으로 제한되어 있습니다.

50,000 x 500(m²) = 2천 5백만 원

05

임야 개발시 경사도

Q. 임야를 구매해 단독주택을 지으려고 할 때 주의사항이 있나요?

산지 개발시 경사도가 심한 땅은 개발이 되는지 잘 알아봐야 합니다. 지역마다 경사도 제한이 다르니 지역 도시계획조례를 잘 살펴보세요.

ex) 00시의 개발행위가기준이 경사도 18도 미만인 토지 일 경우 아래 임야는 30도로 개발행위허가를 받을 수 없음

00시 도시계획조례
<개발행위허가기준>
: 경사도 18도 미만인 토지

✗

30°

대한민국은 사실 농지가 아닌 산림으로 국토를 차지하고 있다

우리나라의 산림 면적은 국토의 63.2%를 차지하고 있으며, 2020년 기준으로 임목축적은 9억 2481만㎥입니다. 산림을 보호하고 가꾸기 위한 정부의 정책을 통해 우리나라는 산림비율이 OECD 국가 중 핀란드, 일본, 스웨덴에 이어 4위를 기록하고 있습니다. 2021년 말 기준, 한국의 전체 인구는 5,164만 명입니다. 이 중 약 37%인 1,851만 명이 토지를 소유하고 있습니다. 토지 소유자 중 57.7%는 임야를 소유하고 있으며, 나머지 34.6%는 농경지를 소유하고 있습니다. 토지 소유 형태로 보면 법인은 7,087㎢의 토지를 소유하고 있으며, 개인은 46,445㎢의 토지를 소유하고 있습니다. 법인은 주로 농림지역과 관리지역의 토지를 소유하고 있으며, 개인은 주로 임야와 농경지역의 토지를 소유하고 있습니다.

정부에서 발표에 따르면, 토지 소유 면적은 개인의 토지 소유 면적이 약 0.1% 증가한 반면, 법인의 토지 소유 면적은 약 1.7% 증가한 것으로 나타났습니다. 인구 증가와 경제 성장으로 인해 토지

수요가 늘어나고, 이에 따라 토지 가격도 상승할 것으로 예상됩니다.

농지 투자보다 산림투자가 많은 이유는 초보 투자자들도 쉽게 취득할 수 있는 장점이 있기 때문입니다. 임야투자의 목적이 대부분 전용허가를 통해 공장 부지, 창고 부지 또는 시골 주택단지로 개발되는 사례를 많이 접하셨을 겁니다. 개발과 관련된 수익은 저평가된 임야로 수익은 높을 수 있지만, 임야에 투자하는 것은 정보에 입각한 결정을 내리기 위해서는 현장 분석 및 다양한 개발행위 경험이 필요합니다.

산림은 산지관리법에 따라 보전산지와 준보산지로 구분됩니다. 보전산지는 보전가치가 높고 산림자원의 조성 및 산림경영기반 구축 등 산림 생산 기능을 증진하는 데 중요한 역할을 하고 있습니다. 이에 따라 보전산지는 개발이 엄격하게 제한됩니다. 반면 준보전산지는 상대적으로 규제가 덜하며 개발 가능성이 더 높습니다.

토지이용규제정보서비스(www.eum.go.kr) 토지이음을 이용하면 토지이용계획을 확인하고 특정 임야가 어떤 범주에 속하는지 알 수 있습니다.

보전산지는 공익용 산지와 임업용 산지로 나뉩니다. 공공서비스 지역은 주로 공공용으로 지정되어 있고 사적인 용도로 전용하는 것이 거의 불가능하기 때문에 초보 투자자에겐 투자를 권장하지 않습니다.

일반적으로 경사도가 가파르고 울창한 숲이 많은 지역은 보전지역이 될 가능성이 높은 반면, 경사가 완만한 지역은 준보전지역이 될 가능성이 높습니다. 그러나 정확한 구분을 위해서는 필지의 토지이용계획을 확인하는 것이 중요합니다.

서울특별시와 경기도 도시의 확충을 막기 위한 초록색 띠를 그린벨트라 부르고, 개발제한구역의 임야는 공익을 위해 보호구역으로 지정되어 있습니다. 이로 인해, 이 지역 내의 산악 지역의 사용은 매우 제한적이며, 지역 주민들은 이 지역의 임야에 투자하는 것이 어려울 수 있습니다.

준보전산지 내의 임업 생산지역은 그 범위가 넓고, 산지자원의 창출과 임업 생산 기능의 증진에 필요하기 때문에 사업 목적상 더욱 유리할 수 있습니다. 그러나 이러한 지역에 투자할 때는 토지이용 규제를 고려하는 것이 필수적입니다. 예를 들어, 계획관리지역 내 산림지역은 건폐율 40%, 용적률 100%, 생산관리지역은 건폐율 20%, 용적률 80%가 적용됩니다. 이러한 규제 차이는 개발 및 투자 잠재력에 상당한 영향을 미칠 수 있습니다.

보전산지 내에서도 임업용 산지는 공익용 산지보다 상대적으로 개발이 용이하며 범위가 넓어 보다 다양한 공익적인 목적으로 전용이 가능합니다.

다음은 보전산지에서 임업용 산지에 대한 개발행위 목적으로 몇 가지 확인해야 할 측면입니다.

첫째, 농림어업인은 자기 소유의 산지에서 직접 농림어업을 경영하면서 거주 목적으로 부지면적 660㎡ 미만의 주택을 신축할 수 있고, 공익용 산지에서는 증축 및 개축만이 가능합니다.

둘째, 부지면적 1만㎡ 미만의 산촌휴양시설로서 임업체험시설이나 산림 문화회관 등을 설치할 수 있습니다.

셋째, 수목원, 자연휴양림, 수목장림, 산림욕장, 자연관찰원, 산림전시관, 목공예실, 숲속교실, 숲속수련장, 산림박물관, 산림교육자료관 등과 목조건축물 등 목재 이용의 홍보·전시 및 체험, 교육시설 등을 설치할 수 있으며, 공익용 산지에서도 역시 가능합니다.

넷째, 농림어업인 등의 경우 부지면적 3만㎡ 미만의 축산시설, 부지면적 1만㎡ 미만의 야생조수 인공사육시설이나 양어장·양식장·낚시터 등의 운영이 가능하며, 기타 농축산물 관련 재배나 제조시설 등도 가능합니다.

다섯째, 3만㎡ 미만의 농어촌 관광 휴양단지 및 관광 농원을 설치할 수 있습니다.

여섯째, 묘지 화장장·납골시설의 설치가 가능합니다.

일곱째, 부지면적 1만 5천㎡ 미만의 사찰·교회·성당 등 종교시설을 설치할 수 있습니다.

여덟째, 종합병원은 물론 일반병원, 치과병원, 한방병원, 요양병원 등을 설치할 수 있습니다.

아홉째, 사회복지시설, 청소년수련시설, 근로자기숙사, 직장보육시설, 근로자주택 등의 건축이 가능합니다. 또한 농림어업인이 3만㎡ 미만의 산지에서 임산물 재배를 하거나, 가축방목, 관상수 재배 등이 가능합니다.

그러나 투자를 함에 있어서는 때로는 역발상도 필요합니다. 공익용 산지나 임업용 산지의 땅값은 매우 싸다 보니 덩어리가 커도 같은 규모의 준보전산지에 비하면 투자금액이 훨씬 적다고 볼 수 있습니다.

보전산지 중 임업용 산지라 하더라도 위에 열거한 사업 목적성으로 개발을 할 수 있다면 가치가 있을 수 있습니다. 투자 대상 임야를 선정할 때는 진입로, 경사면, 수목 상태, 토양, 위치 등의 요인을 고려해야 합니다.

개발이 용이한 준보전산지?

위 내용의 보전산지는 임업, 산림녹화, 공익용 산림 등 산림자원의 보전을 위하여 지정된 산지를 의미하고, 준보전산지는 보전산지에 해당하지 않는 산지를 말합니다. 준보전산지는 보전산지에 비해 개발행위가 허용되는 범위가 넓어 주택, 공장, 도로, 철도 등 다양한 용도로 개발될 수 있습니다. 또한, 산지전용허가를 받을 때에도 보전산지에 비해 상대적으로 간소한 절차를 거치면 됩니다. 따라서 준보전산지는 개발사업을 추진하는 경우 보전산지보다 유리한 조건을 갖추고 있습니다.

그러나, 준보전산지도 개발행위 및 산지전용허가 시 몇 가지 제한사항이 있습니다.

예를 들어, 준보전산지에서 개발행위를 하기 위해서는 산지관리법에서 정한 개발행위의 기준을 충족해야 합니다. 또한, 산지전용허가를 받기 위해서는 산림청의 심사를 거쳐야 합니다. 따라서, 준보전산지를 개발하기 전에 반드시 산지관리법 및 관련 규정을 확인하는 것이 중요합니다.

다음은 준보전산지에 대한 투자를 이해를 돕기 위한 예시입니다.

개발 중인 평택 화양지구 주변의 계획관리지역인 준보전산지를 확인했다고 가정했을 때, 이 지역은 상대적으로 규제에서 자유로워 매력적인 투자 기회가 있는 상황입니다.

먼저, 그 땅이 실제로 준보전산지의 일부인지 확인하기 위해 토지이용계획확인원을 분석해야 합니다. 이를 위해 토지이용계획서를 참고하고 정부24를 통해 토지대장 및 산지대장 정보를 확인할 수 있습니다.

다음으로, 토지 용도를 고려해야 합니다. 계획관리지역이기 때문에 향후 지목변경이 가능하며, 관광체험시설, 휴양단지, 농·축 관련 재배시설 1종 근린생활 등 다양한 시설을 개발할 수 있는 기회가 있을 수 있습니다. 어떤 잠재적 건축행위가 투자 목표와 해당 지역의 개발 전망에 부합하는지 평가해야 합니다.

또한, 투자 효과를 극대화하려면 다음과 같은 요소를 고려해야 합니다.

• 토지에 건설 및 향후 사용을 위한 적절한 접근 도로가 있는지 확인합니다.

- 경사가 완만하여 개발이 용이한 토지를 선택합니다.
- 토지의 기존 나무의 임목을 확인하여 식재 가능 여부를 결정합니다.
- 토양 상태를 조사하여 토양이 의도한 용도에 적합한지 확인합니다.
- 개발 축을 따라 위치한 토지를 선택하면 향후 평가 가능성이 높아집니다.
- 산지에 투자할 때는 단기적인 이익보다는 장기적인 이익에 초점을 맞춰야 합니다.

이러한 요소들을 고려한 후에, 계획에 따라 토지를 매입하고 개발함으로써 투자를 진행할 수 있습니다.

형질변경을 통한 토지의 가치 증대

토지이용의 형질변경은 토지의 본래 지목을 다른 지목으로 변경하는 것을 포함합니다. 전용 절차를 통해 토지를 전용함으로써 토지의 형질이 변화하고, 이로 인해 토지의 가치가 증가할 수 있습니다.

토지 지목은 28가지가 있지만, 그중 가장 흔한 형질변경은 농지, 과수원 또는 임야를 대지 또는 잡종지로 전용하는 것입니다. 예를 들어, 주택이나 근린시설, 공장, 창고를 건설하거나 모텔, 장례식장, 주유소 또는 전기 자동차 충전소 등 다양한 종류의 건축물을 건설할 수 있습니다. 특히 임야를 매입하면 용도에 따라 토지 형질을 변경할 수 있는 유형이 훨씬 더 많습니다. 그러나 토지이용을 변경하기 전에 토지가 위치한 지역에 어떤 유형의 건축물을 지을 수 있는지를 확인하는 것이 중요합니다.

형질변경 절차는 먼저 필요한 권한으로 토지 지목을 변경하기 위해서는 먼저 농지나 임야를 대지 또는 잡종지 토지로 변경하는 데 필요한 허가를 받아야 합니다. 이 과정에는 국토의 계획 및 이용에 관한 법률, 농지법 또는 산지관리법에 의한 허가를 확보하는 것을 포함합니다.

필요한 허가를 받은 후 전용된 토지에 건축물을 건설할 수 있습니다. 준공과 동시에 측량, 수로조사, 지적에 관한 법률에 따라 토지이용의 형질변경을 신청을 진행합니다.

토지 형질변경 절차는 복잡하기 때문에 해당 토지를 관할하는 시·군청 인근의 토목설계사무소나 건축설계사무소와 협의하는 것이 좋습니다. 이들은 전용허가와 건축허가를 얻는 과정을 도와줄 수 있습니다. 특히 원형지투자가 아닌 임야나 농지의 지목변경을 통한 투자 유형에서 가장 중요한 측면은 독점적인 허가를 받은 후 원하는 목적에 맞는 어떤 토지를 선택하고 개발할 수 있는지를 결정하는 것입니다. 따라서 토지 지목을 변경하기 전에 허가 기준, 지목변경 후 지을 수 있는 시설, 미래 가치와 수익성 등을 꼼꼼히 따져 봐야 합니다.

개발 잠재력에 따라 매입한 토지의 수익을 보려면 몇 년이 걸릴 수 있지만, 토지 형질을 변경하고 전용 이후 더 짧은 기간 내에 수익을 창출할 수 있습니다. 토지를 원하는 지목으로 변경함으로써 그 가치가 높아져 임대나 빠른 분양으로 안정성 수익성과 환금성까지 투자의 원하는 결과를 얻을 수 있습니다. 다만 한번 토지 지목이 변경되면 원형지로 되돌리기 어려울 수 있으므로, 변경 전에 토지의 개발 가능성과 미래 가치, 수익성 등을 철저히 고려해야 한다는 점을 명심해야 합니다.

예를 들어, 화성과 같이 성장하는 도시지역 근처에 위치한 농지를 구입한다고 가정합니다. 이 땅의 원래 목적은 농사를 짓는 것이었지만, 도시가 확장됨에 따라 투자자들은 화성시의 기업의 간접 투자 및 인프라투자로 이 농지가 향후 도시용지로 변화될 수 있는 기회가 있다고 판단하여 투자자는 설계사무소와의 협의를 거쳐 농지 지목을 대지로 바꾸기로 결정합니다. 농지의 용도지역은 도시지역 내 자연녹지지역으로 분류되어 있으며, 1종 근생 용도에 건축물을 지을 수 있는 가능성이 설계사무소에서 확인되었습니다. 이에 따라 지목을 변경하고 은행에 재감정을 받아서 추가 대출을 통해 2층 상가 건물을 지어 1층은 편의점, 2층은 사무실로 임차인을 받아 대출 이자를 상환하고 투자금을 회수했습니다. 더불어, 향후 확장하는 도시에 편입이 된다면 건물 보상이나 토지 보상을 통해 더 큰 수익을 창출할 수도 있습니다.

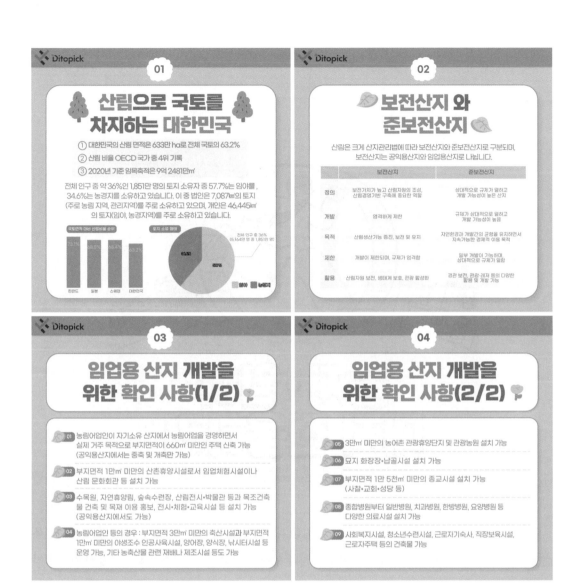

출처 : 산림청

대한민국 정부는 농지나 임야를 토지의 형질을 대지로 변경할 때 산지전용 비용이나 농지전용 비용을 납부하도록 하고 있습니다. 이것은 농지와 임야를 보호하고, 토지이용의 효율성을 높이기 위한 것으로, 이러한 부담금은 농지와 임야의 보전과 개발에 중요한 역할을 하고 있습니다.

농지전용 부담금은 「농지법」에 따라 부과되는 세금으로, 농지를 다른 목적으로 사용하는 경우 납부해야 합니다. 농지전용 부담금의 산정기준은 농지의 공시지가, 전용면적, 전용 목적에 따라 다릅니다. 농지전용 부담금은 농지보전기금으로 조성되며, 이 기금은 농지의 보전, 개발, 개량 등에 사용됩니다.

산지전용 부담금은 「산지관리법」에 따라 부과되는 세금으로, 산지를 다른 목적으로 사용하는 경우 납부해야 합니다. 산지전용 부담금의 산정기준은 산지의 공시지가, 전용면적, 전용 목적에 따라 다릅니다. 산지전용 부담금은 산지보전기금으로 조성되며, 이 기금은 산지의 보전, 복구, 개발 등에 사용됩니다.

농지전용은 개발 이용의 대지변경 및 향후 환금성까지 이어지는 핵심적인 개발 방식입니다. 농지의 형질을 변경하기 위해서는 다음 각 호의 일정한 절차 및 조건에 따라야 합니다.

- 필요한 권한 획득 : 농지를 전용하고 토지의 면적이나 경계 등 중요한 부분을 변경하려면 농림축산식품부장관 또는 위임받은 시·도지사 및 시장·군수·구청장(구청장)의 허가를 받아야 합니다.
- 농업진흥구역의 농지전용 : 전용은 해당 용도지역의 행위제한을 위반하여서는 아니 되며, 농업진흥구역의 보전 또는 농지의 보전을 해칠 우려가 있는 시설에 사용하여서는 아니 됩니다.
- 농지 사용 및 기타 조건의 적절성 : 전용할 농지의 면적은 건축법의 규정, 건축물의 기능, 사용목적, 배치계획 등을 고려하여 사업에 적합한 면적이어야 합니다. 또한 기존 농업에 지장이 없는 범위 내에서 도로와 상하수도 처리가 확보되어야 합니다.

농지전용은 인근 농지의 농업경영이나 농촌의 생활환경 정비에 피해를 주어서는 안 되며, 손상이 예상되는 경우에는 손상 방지 계획을 적절하게 수립해야 합니다. 또한, 전용 목적사업의 실현을 위하여 적절한 사업 및 자금조달계획을 수립하여야 합니다.

농지전용 신청을 검토할 때 관할청은 사업이 농지전용허가 기준에 미달할 경우 허가를 하지 않습니다. 도시지역, 계획관리지역, 개발진흥지역 이외의 지역에서는 농지전용 형질변경을 일부 제한하고, 도시지역의 농지, 계획관리지역, 개발진흥구역 등은 행위제한을 받지 않습니다.

시골에 농지를 소유하고 있고 해당 농지를 작은 생태 관광 휴양지 또는 캠핑장으로 바꾸고 싶다고 상상해 보겠습니다. 이를 위해 농지전용을 수행하려면 다음의 예시를 참고하시면 됩니다.

우선 해당 지자체 조례를 확인하세요. 농지의 지목을 변경하기 전에 해당 지역 농지전용 및 개발행위 요구 사항을 조사하여 농지가 있는 지역에서 제안된 건축물의 용도가 있는지 확인합니다.

농지를 휴양지로 전용하기 위하여 관련 기관(농림축산식품부장관 또는 위임받은 시·도지사 및 구청장 등)에 관련 부서에 농지전용을 신청하고 부담금을 납부합니다. 또한 개발행위허가신청 및 건물 설계 및 생태 관광 프로젝트에 대한 설명을 포함한 세부 계획을 제출하는 것이 포함될 수 있습니다.

신청 절차의 일부로, 지자체에 제안한 생태 관광 농원이 농지나 농촌 환경에 부정적인 영향을 미치지 않는다는 것을 입증해야 할 수도 있습니다. 여기에는 환경 영향 평가를 수행하고 잠재적 피해를 최소화하기 위한 손상 방지 계획을 수립하는 것이 포함될 수 있습니다. 해당 농지는 도로, 수도, 하수 처리와 같은 필수 인프라의 시설 설치에 대한 계획과 관련 부서와의 협의 지원 방안 등을 개인이 하기에는 어려움이 있기에 토목 회사나 건축사를 통해 의뢰하는 것이 가장 안전하고 빠르게 지목을 변경할 수 있습니다. 농지전용 및 생태 관광 농원 프로젝트의 비용, 예상 수익 및 일정을 개략적으로 설명하는 세부 비즈니스 계획을 수립합니다. 이 계획은 규제 기관과 잠재적 투자자 모두에게 프로젝트의 실행 가능성을 입증하는 데 도움이 될 것입니다.

농지전용허가를 받은 후에는 생태 관광 리조트 건설을 위한 추가 허가를 신청하고 필요한 모든 허가증을 확보한 뒤, 승인된 계획에 따라 생태 관광 리조트 건설을 시작할 수 있습니다. 허가서에 명시된 모든 규정 또는 요구사항을 엄격히 준수해야 합니다.

공사가 완료되면, 생태 관광 농원을 열고 사업을 시작할 수 있습니다. 이러한 단계를 따르고 관계 관청과 긴밀히 협력함으로써 주변 환경과 농촌지역에 미치는 부정적인 영향을 최소화하면서 농지를 생태 관광 휴양지로 성공적으로 전용할 수 있습니다.

농지를 건축 가능한 토지로 전용하려는 소유자는 위 내용에서도 언급 했듯이 농지의 보전, 관리 및 조성을 위해 농지보전 부담금을 납부해야 합니다. 농지보전 부담금은 농지 관리기금을 운용·관리하는 한국농어촌공사에 수납해야 하며, 한국농어촌공사의 납입통지서 발행일부터 30일 이내에 납부되어야 합니다. 그러나 납입의무자가 부득이한 사유로 그 기간의 연장을 신청한 경우 1회에 한하여 최대 60일까지 납기를 연장할 수 있습니다. 관할청은 농지보전 부담금의 납입을 확인한 후 농지전용허가증을 발급합니다.

전용면적	공시지가	농지보전 부담금
1000평	4만 원	1200만 원
100평	25만 원	750만 원

농지보전 부담금은 농지를 건축 가능한 대지로 변경할 때 발생하는 손실에 대한 부담금을 청구하는 것으로, 지목을 변경하게 되면 식량주권 보전인 농지를 개발하게 될 때 농산물 생산 감소가 발생하게 되고 그만큼 다른 토지를 개간해 농작물을 재배해야 하기 때문에 이런 손실에 대한 비용을 청구하는 것입니다.

농지보전 부담금은 해당 농지의 개별 공시지가의 30%와 ㎡당 5만 원의 상한금액 중 적은 금액을 적용합니다. 예를 들어, 1000평 면적에 ㎡당 개별 공시지가가 4만 원인 경우, 농지보전 부담금은 1200만 원이 됩니다. 만약 개별 공시지가가 25만 원인 경우, 25만 원의 30%인 6만 원과 한도 5만 원 중 낮은 금액인 5만 원으로 750만 원이 부과됩니다.

농지전용 부담금은 다음과 같은 경우에 감면이 적용됩니다. 국가나 지방자치단체 및 정부투자기관이 공단을 조성하는 경우 또는 농지나 산지를 전용하는 경우에는 70% 감면되고, 민간인의 경우에는 50% 감면됩니다. 또한, 도로, 철도, 농어업용 시설을 설치하는 경우에도 감면이 적용되는데, 농업인의 경우 33㎡ 이하면 50% 감면 혜택이 있습니다. 또한 농산물 가공시설, 유통시설, 마을회관, 양식장 등 농업인의 공동편의시설도 해당합니다. 그리고 농업인 주택과 「농어촌정비법」에 의해 고시된 한계농지는 농지보전 부담금이 100% 감면됩니다.

농지보전 부담금은 주로 농지조성사업, 경영회생지원사업, 농지연금, 영농규모화사업, 농지매입비축사업, 해외농업개발사업 등 농어촌 지원 사업에 사용됩니다. 농지전용이나 산지전용 시 지목변경이 수반되므로 땅값이 상승합니다.

01 대지 전용 비용

토지 이용 효율성을 높이기 위해 농지와 임야를 대지로 변경시 대지 전용 비용을 부담하도록 규정함

구분	농지전용 부담금	산지전용 부담금
부과 근거	「농지법」에 따라 부과	「산지관리법」에 따라 부과
부과 대상	농지를 다른 목적으로 사용하는 경우	산지를 다른 목적으로 사용하는 경우
산정 기준	농지의 공시지가, 전용면적, 전용목적에 따라 다름	산지의 공시지가, 전용면적, 전용목적에 따라 다름
기금 운용	농지의 보전, 개발, 개량 등에 사용	산지의 보전, 복구, 개발 등에 사용

Ditopick

02 농지전용 절차

Ditopick

필요한 권한 획득
- 농림축산식품부장관 또는 시·도지사 및 시장·군수·구청장의 승인 필요
- 농지를 전용하고 면적이나 경계 등을 변경하려면 허가가 필요

농업진흥구역의 농지전용
- 전용은 해당 용도지역의 행위제한 위반 불가
- 농업진흥구역 또는 농지의 보전을 해칠 우려가 있는 시설에 사용 불가

농지 사용 및 기타 조건의 적절성
- 전용할 농지의 면적은 건축법 규정, 기능, 목적, 배치계획 등을 고려하여 적합한 면적
- 기존 농업에 지장이 없는 범위 내에서 도로와 상하수도 처리가 확보 필요

03 농지전용시 유의사항

Ditopick

① 농지전용은 인근 농지나 농촌의 생활환경 정비에 피해를 주어서는 안 됨

② 손상이 예상되는 경우에는 손상 방지 계획을 적절하게 수립해야 함

농지보전금
- **납입처**
  : 한국농어촌공사(농지관리기금 운용·관리)
- **납입기간**
  : 납입통지서 발행일로부터 30일
  (부득이한 사유로 인해 납기를 연장하려면 1회에 한하여 최대 60일까지 가능)
- **농지전용허가증**
  : 관할청에서 농지보전부담금의 납입 확인 후 발급
- **계산 방식**
  : 해당 농지의 개별공시지가의 30%와 ㎡당 5만 원의 상한금액 중 적은 금액

예시 면적 1000평 일 때, ㎡당 개별공시지가
① 4만 원 : 농지보전부담금 1200만 원
② 25만 원 : 농지보전부담금 750만 원 (30%인 6만 원과 5만 원 중 낮은 금액)

04 농지보전부담금 감면 혜택

Ditopick

- ✅ 국가나 지방자치단체 및 정부투자기관이 공단을 조성하거나 농지나 산지를 전용하는 경우, 70% 감면 (민간인의 경우 50%)
- ✅ 도로, 철도, 농어업용 시설을 설치하는 경우에도 감면 적용 농업인의 경우, 33㎡ 이하시 50% 감면
- ✅ 농업물 가공시설, 유통시설, 마을회관, 양식장 등 농업인의 공동 편의 시설도 해당
- ✅ 농업인 주택과 「농어촌정비법」에 의해 고시된 한계농지는 100% 감면

농지전용 산지전용도 복잡하고 까다로운 과정입니다

산지전용허가를 받으려면 산지관리법에서 정한 허가 기준을 충족해야 합니다. 허가 기준은 산지의 위치, 지형, 경사도, 토양, 수림, 개발 목적 등 다양한 요소를 고려하여 설정됩니다.

산지전용허가 기준은 산지의 보전과 이용을 균형 있게 조정하기 위해 마련되었습니다. 산지전용허가 기준을 엄격하게 적용함으로써 산지의 자연환경을 보전하고, 산지에 대한 과도한 개발을 방지하고자 하는 것입니다.

산지전용허가 기준은 산지관리법 시행령 별표 4에 규정되어 있습니다. 산지전용허가 기준은 다음과 같이 요약할 수 있습니다.

허가 기준	평가 항목
위치	보전산지 / 개발산지
지형	경사도, 표고, 지형지물

경사도	산지관리법 시행령 별표
토양	토양의 종류, 토양의 영양분, 토양의 보수력
수림	수림의 종류, 수림의 밀도, 수림의 연령
개발 목적	산지관리법 시행령 별표

- 산지의 위치 : 산지전용은 산지관리법에서 정한 보전산지와 준보전산지로 구분하여 허가합니다. 보전산지는 개발이 제한되고, 준보전산지는 일부 개발이 허용됩니다.
- 지형 : 산지의 지형은 경사도, 표고, 지형지물 등을 고려하여 평가합니다. 산지의 경사도가 너무 가파르거나, 산지가 도로나 철도와 같은 중요한 시설물과 인접한 경우에는 산지전용이 허가되지 않을 수 있습니다.
- 경사도 : 산지의 경사도는 산지관리법 시행령 별표 4에서 정한 기준에 따라 평가하며, 산지의 경사도가 기준을 초과하는 경우에는 산지전용이 허가되지 않을 수 있습니다.
- 토양 : 산지의 토양은 토양의 종류, 토양의 영양분, 토양의 보수력 등을 고려하여 평가합니다. 산지의 토양이 건조하거나, 산양의 토양이 좋지 않은 경우에는 산지전용이 허가되지 않을 수 있습니다.
- 수림 : 산지의 수림은 수림의 종류, 수림의 밀도, 수림의 연령 등을 고려하여 평가하며, 산지의 수림이 너무 많거나, 산지의 수림이 가치가 없는 경우에는 산지전용이 허가되지 않을 수 있습니다.
- 개발 목적 : 산지전용의 개발 목적은 산지관리법 시행령 별표 4에서 정한 목적으로 제한됩니다. 산지전용의 개발 목적이 허가 목적에 해당하지 않는 경우에는 산지전용이 허가되지 않을 수 있습니다.

산지전용허가 기준은 매우 복잡하고 까다롭습니다. 산지전용허가를 고려하고 있다면 전문가와 상담하여 허가 기준을 충족하는지 확인하는 것이 중요합니다.

다음 표는 산지복구비에 대한 내용입니다.

토지로 승부하라: MZ세대의 땅 재테크 비결

산지복구비	보전산지	준보전산지	산지전용일시 사용제한지역
단위면적당 금액	㎡당 9,430원	㎡당 7,260원	㎡당 14,520원
면적 제한	660㎡ 이상	660㎡ 미만	-
납부 시점	산지전용허가 전	산지전용허가 후	-
환급	건축물 준공검사 완료 시	-	-

예를 들어, 보전산지 1,000㎡를 전용하고자 하는 경우 산지복구비로 943,000을 지불해야 합니다. 면적이 660㎡ 미만인 경우에는 산지복구비는 면제됩니다.

또한, 준보전산지의 면적이 1,000㎡인 경우 산지복구비는 7,260,000원을 지불해야 합니다. 산지복구비는 산지전용허가증을 받기 전에 미리 납부해야 하며, 산지전용 이후 건축물 등의 준공검사가 완료되면 돌려받게 됩니다. 이와 같이 개발행위를 하고자 할 때에는 세금을 포함하여 각종 조세에 해당하는 많은 비용이 소요되므로 이러한 금액들을 고려하여 개발 여부를 결정할 필요가 있습니다.

농지나 임야를 전용하고 할 때 가장 중요한 것은?

　진입로가 없는 토지, 즉 맹지는 토지에 도로가 접해 있지 않은 땅으로, 건축이 불가능합니다. 따라서 농지나 임야를 개발하고자 할 때는 법정도로에 면해 있는지 확인하는 것이 중요합니다.

　법정도로는 관할 지방자치단체에서 지정한 도로로, 건축허가에 필요한 진입로로 인정됩니다. 법정도로에 면해 있지 않은 토지를 개발하려면 진입로를 개설해야 합니다.

　진입로 개설은 관할 지방자치단체에 신청하여 허가를 받아야 합니다. 진입로 개설허가를 받으려면 진입로의 위치, 폭, 길이 등을 구체적으로 제시해야 합니다. 이 작업은 시간과 비용이 많이 듭니다. 따라서 토지를 매수하기 전에 진입로 여부를 확인하고, 진입로 개설에 필요한 비용을 고려하는 것이 중요합니다.

진입로 유형	요건	비용
법정도로	도로변에 있어야 함	없음
개설도로	도로변에 있지 않아야 함	토지 매입비, 공사비, 허가비 등
예외 사항	도로변에 있지 않더라도, 건축조례로 정하는 건축물은 진입로 개설을 완화할 수 있음	

농지나 산림지역에서의 개발에서는 접근로 확보가 무엇보다 중요합니다. 농지나 임야의 전환을 계획할 때, 만약 토지가 합법적인 도로를 따라 있지 않다면, 진입로를 어떻게 확보할 것인지를 결정하는 것이 중요합니다.

임장 때, 농지와 산지에서 많은 사각지대를 발견하는 것은 흔한 일입니다. 사각지대란 어떤 도로와도 인접하지 않아 사실상 공사가 불가능한 땅을 말합니다. 개발을 계획할 때 가장 먼저 고려해야 할 것은 해당 토지가 맹지인지 아닌지입니다. 만약 그렇다면, 주변 지역의 시세보다 땅값이 상당히 저렴할 것입니다. 맹지 문제를 해결한다면 건축허가를 받는 것은 문제가 되지 않습니다. 주요 과제는 진입로를 확보하여 그 땅의 가치를 높이는 것입니다.

건축법상 "법정도로"란, 보행자와 차량을 수용할 수 있는 폭 4㎡ 이상의 도로를 말하며 「국토의 계획 및 이용에 관한 법률」 등 각종 법률에 근거하여 고시하는 도로와 지방자치단체의 장이 지정하여 고시하는 도로를 말합니다. 이 도로들은 지적도에 도로로 표시되어 있습니다.

법정도로의 확보에 있어서는 건축허가권자가 그 위치를 지정하여 도로로 고시할 때에는 관습법상 도로가 이와 같이 인정되며, 토지 소유자 등 이해관계인의 동의가 필요합니다. 최근 개정된 농어촌도로정비법은 농촌지역에서 농지나 산지 개인 소유자들이 민자도로를 쉽게 만들 수 있도록 하고 있습니다. 이를 통해 농촌지역에서 공장이나 주택 건설 등의 사업을 개발할 때 진입로 확보가 간소화되어 이 지역의 개발 활동이 활성화될 것으로 기대됩니다.

건축법상 건축허가를 받기 위해서는 지적도상 폭 4㎡ 이상, 실제로는 2㎡ 이상의 도로와 토지가 맞닿아야 합니다. 이러한 길은 계획과 현실 모두에서 존재해야 합니다.

하지만 예외도 있습니다. 건축물이 도시지역에 소재하여 기준 요건을 충족하지 못하더라도 건축조례로 정하는 특정 건축물에 대하여는 예외를 적용할 수 있습니다. 농촌지역은 대체로 조건이 더 관대하기 때문에 정확한 정보는 지자체에 확인하는 것이 좋습니다.

대형 건물, 공장 또는 막다른 길에 위치한 건물들은 또한 그들이 인접해야 하는 도로의 최소 폭에 대한 구체적인 규칙을 가지고 있습니다.

농지든 임야든 토지가 폭 4㎡ 이상의 도로와 맞닿아 있는 경우에는 원칙적으로 접근 도로 문제로 건축허가를 받는 데 문제가 없어야 합니다. 다만, 접근로의 조건은 위치에 따라 달라질 수 있으므로, 비도시지역의 농지나 임야를 매입하기 전에 인접 도로를 정확하게 파악하는 것이 중요합니다.

농촌에 가면 관습법상 도로가 있지만 토지이용계획에는 맹지로 지정된 경우가 있습니다. 여기서 주목해야 할 중요한 점은 농지든 임야든 해당 입지에 현황 도로가 존재해야 한다는 것입니다. 과거 계획도로였다 하더라도, 1975년 12월 31일 이전에 이미 주민들의 통행로로 사용된 것이 아니라면 건축법상의 법정도로로 볼 수 없을 것이고, 폭이 4㎡ 미만인 도로도 건축법상 도로로 인정되지 않습니다. 또한 폭이 4㎡를 초과하는 도로라도 1975년 12월 31일 이후에 조성된 것도 건축허가권자가 이를 지정하여 고시하지 않는 한 건축법상의 적법한 도로로 인정되지 않습니다. 만약 과거 마을 주민들이 이용한 도로를 사용하여 건축허가를 받은 경우가 있다면 건축허가를 확보할 수 있습니다.

하지만, 관련 법을 이해하지 못한 채 토지거래를 진행하면 위험이 따를 수 있습니다. 번거롭게 느껴지더라도 법규를 확인하는 것은 언제나 좋은 습관입니다.

각 "지방도" 법상의 공적 기록에 지방도로로 등록되어 있으면 문제가 없으나, 개인이 현재 사용하고 있는 도로가 자기 소유로 인식되어 해당 토지를 매수하면 그 토지에 접근할 수 없거나 맹지가 될 위험도 있습니다.

만약 현황 도로가 없는 토지 접근이 완전히 불가능한 상황이라면, 손쉬운 해결책은 인접 토지 소유자로부터 토지사용허가를 받아 도로를 확보한 다음 건축허가를 받는 것입니다. 다만 주변 토지 소유자 입장에서는 도로 부분만큼 토지사용허가서를 작성하면, 앞으로 도로 부분만큼 토지를 분할하게 되면 토지가 줄어들게 되고, 이로 인해 건축 가능한 면적도 줄어들 수 있습니다. 따라서 실제로는 토지사용허가를 받은 후에도 건축허가를 신청하는 것이 쉽지 않습니다. 따라서 땅을 사려면 우선 토지사용허가를 받은 뒤, 땅을 사서 바로 건축허가 절차에 들어가야 합니다.

개발행위허가를 받더라도 건축허가를 받기 전에 토지 소유자가 토지를 팔 경우, 토지사용승낙에 효력이 없어지고 방치될 수 있다는 점도 눈여겨볼 대목입니다. 따라서 개발행위허가를 이용한 진입로 확보는 예상보다 위험할 수 있으며, 도로 부분은 인접 토지의 소유자로부터 구입하는 것이 더 편할 것입니다. 해당 도로 부분을 구매하여 도로개설허가를 받으면 문제가 없을 겁니다. 다만 진입로 문제를 해결함으로써 맹지인 토지 가치를 얼마나 더 높일 수 있는지 판단할 필요가 있습니다.

농촌지역에서는 현재 지도에 표시되지 않더라도 도로에서 농로까지 이어지는 옛집 옆에 꽤 많은 땅이 있습니다. 이 경우 도랑을 덮거나 다리를 놓아 진입로를 확보하는 방법이 있습니다. 이러한 구거는 국가 소유이자 관할 시·군의 허가를 받은 구거이기 때문에 관을 묻거나 다리를 놓아 가려서 진입로를 만들 수 있습니다. 또한, 현황상 도로가 있더라도 이 도로가 지방 시·군 부서에서 공식적으로 공공도로로 인정받을 수 있는지 확인해야 합니다. 지방 시·군 부서에서 인정되면 건축허가를 받을 수 있으며, 만약 도로가 사유지인 경우, 인접 토지의 소유자로부터 토지사용허가를 받아야 합니다. 이렇게 하면 도로를 이용하고 토지에 접근할 수 있지만, 토지 소유자는 이 허가를 부여하면 자기 소유 토지의 총 면적이 줄어들 수 있으므로 이 허가에 상당한 금액을 요구할 수 있음을 유의해야 합니다.

또한, 토지사용허가를 받는 것이 어렵다면, 접근 도로에 해당하는 인접 토지의 일부를 구입하는 것을 고려할 수 있습니다. 이렇게 하면 자산에 영구적으로 액세스할 수 있지만 이는 초기 투자를 크게 증가시킬 수 있습니다.

또한, 구거를 현황 도로로 사용할 수 없는 경우 기존 배수로를 사용하여 접근 도로를 보호할 수도 있습니다.

다음은 맹지에서 진입로를 확보하는 방법을 요약한 것입니다.

	장점	단점
법정도로 이용	가장 간단한 방법	법정도로가 모든 맹지 근처에 있지 않음
개설도로 이용	법정도로 이용보다 복잡한 방법	진입로 개설에 드는 비용 부담
구거 이용	가장 저렴한 방법	구거가 모든 맹지 근처에 있지 않음

예를 들어, 서울특별시 종로구에 있는 맹지에서 건축을 계획하는 경우, 이 맹지는 종로구청에서 지정한 법정도로와 가깝습니다. 따라서 가장 간단한 방법은 법정도로를 이용하여 진입로를 확보하는 것입니다. 이렇게 법정도로를 이용하여 진입로를 확보하는 비용은 많이 들지 않습니다.

그러나 다른 맹지의 경우 법정도로가 멀리 떨어져 있는 경우가 있습니다. 이 경우 개설도로를 이용하여 진입로를 확보해야 합니다. 개설도로를 이용하여 진입로를 확보하려면 관할 지방자치단체에 허가를 받아야 하며, 진입로 개설에 드는 비용은 만만치 않습니다.

또 다른 예로는 구거를 이용하여 진입로를 확보하는 것입니다. 구거를 이용하여 진입로를 확보하는 방법은 가장 저렴한 방법입니다. 그러나 구거가 모든 맹지 근처에 있지 않으며, 구거를 이용하여 진입로를 확보하려면 구거점용료를 내야 합니다. 예를 들면, 구거의 폭이 5m, 구거의 길이가 10m, 진입로의 폭이 3m, 진입로의 길이가 5m인 경우 구거점용료는 약 200만 원입니다. 그러나 구거점용료는 지방자치단체마다 다를 수 있으므로 관할 지방자치단체에 문의하는 것이 좋습니다.

신중한 계획과 전략적 결정으로, 이러한 땅은 가치 있는 자산으로 바뀔 수 있습니다. 다른 필지에 비해 저렴할 수 있지만 접근성과 배수성을 확보할 수 있다면 땅값이 크게 오를 수 있습니다.

맹지 활용 방법

부정형의 못난 땅을 헐값에 살 수만 있으면 사는 것도 나쁘지 않습니다. 다만, 입지 조건을 고려해야 합니다. 만약 내 땅이 부정형인 경우, 이웃 땅도 부정형이라면 어느 쪽에서든 합필하더라도 해야 될 것입니다. 하지만 내 땅은 맹지이고 이웃 땅은 도로에 물린 땅이라면 누가 더 급하겠습니까? 그냥 싼값에 사두고 기다리면 답이 나옵니다.

예를 들어, 과거에는 건설업체의 개발 계획을 미리 알고 단지 가운데 알박기를 하는 수법이 많이 사용되었습니다. 맹지는 다른 땅들의 가운데에 박혀 아무 쓸모도 없는 경우가 많지만 다른 땅들이 개발하고자 할 때에는 가운데 박힌 맹지가 꼭 필요한 경우가 있습니다. 물론 맹지를 포함한 땅 전체의 미래상을 나름대로 그릴 수 있는 안목이 우선되어야 합니다.

개발될 만한 지역의 맹지를 사야 합니다. 예컨대 바다나 강, 호수, 공원, 골프장, 스키장 등을 조망할 수 있는 도로에서 가까운 맹지를 사 놓고 기다리기만 하면 누군가가 반드시 팔라고 나설 것입니다.

전국 도로개설계획을 잘 살펴보면 지금은 맹지지만 향후 도로가 건설되고 나면 도로에 접하게 되는 땅들이 널려 있습니다. 향후 개발이 예상되어 수용될 만한 지역의 맹지를 싼 값에 사들여 과수원이나 조경사업을 하면 수용 시 보상금 외에도 여러 가지 수익을 창출할 수 있습니다.

그 외에도 생각하기 나름에 따라서는 맹지도 활용할 수 있는 방법이 또 있을 수 있습니다. 모름지기 땅을 사고자 할 때에는 그 땅의 미래를 어떻게 그려 나갈 것인지 나름대로 연구하는 자세가 필요합니다.

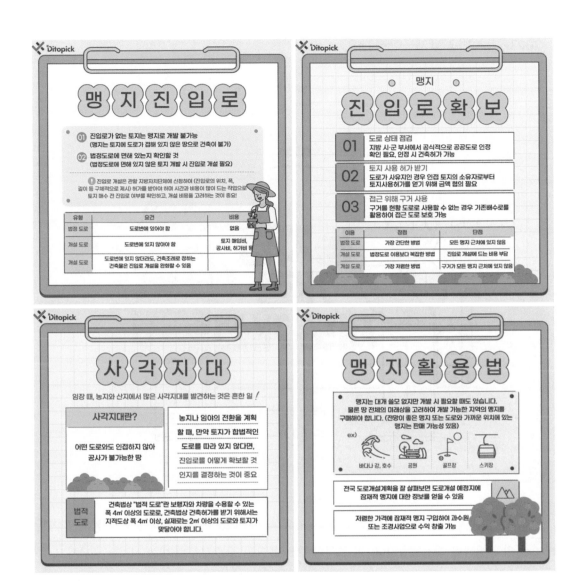

2021년 3월 29일 제7차 공정사회 반부패정책협의회는 대통령 주재로 '부동산 폭리 억제 및 재발 방지를 위한 시책'을 의결했습니다. 이 조치의 주요 목적은 공공 부문에 대한 신뢰를 중단하고, 특히 LH 투기 사건과 같은 공공기관 직원들의 사적 이익 주도 활동으로 인한 부동산 투기를 근절하는 것입니다.

결과적으로 농지취득제도는 대폭적인 개편되었습니다. 당초 농지취득을 엄격히 심사해 비농업인의 농지 소유 사유를 대폭 제한(현행 16세)하고 영농경력, 증빙서류 제출 의무화 등 강제신고를 도입하겠다고 밝혔습니다.

또한, 지방자치단체는 이러한 농지의 이용에 대해 매년 조사를 실시해야 한다고 선언했습니다. 또한 농지 투기 단속의 실효성을 높이기 위해 특별사법경찰 도입이 발표되었습니다.

농지자원체계의 개선방안은 다음과 같습니다.

1) 기존에는 농지대장 관리를 농민(농업인)이 했지만, 이제는 토지(농지) 자체가 관리하여 개별 농지 이력을 관리할 수 있게 되었습니다. 이 대장에는 등록정보(원인, 일자 등), 이용현황, 농지취득증명 이력, 농지전환허가 이력 등 농지 관리와 관련된 행정자료가 포함되어 있습니다.

2) 농지대장은 기존에는 농업인을 기준으로 1,000㎡ 이상 농지에 한해 작성되었으나, 앞으로는 면적에 관계없이 모든 농지에 대해 작성·관리하게 됩니다.

3) 농지등기소를 관할하는 행정기관을 농민의 주소지 관할 행정기관에서 농지 관할 행정기관으로 이관하는 방안이 추진되고 있습니다. 구조조정 후에도 기존 농지대장은 별도로 작성하고, 디지털 사본은 10년간 보관합니다. 농민들이 원하면 이전 농지대장을 발급받을 수 있습니다.

이러한 제도 개선의 주요 목적은 실태조사를 통해 농지와 관련된 기존의 현안을 진정으로 반영하는 것입니다. 따라서 축산농가가 설립되거나 농가가 교체되거나 농지 임대차가 시작되면 모든 변경사항을 신고해야 합니다. 이러한 변경은 2022년 8월 18일을 기준으로 변경일로부터 60일 이내에 농지 담당 행정기관에 신고하여야 합니다. 미신고와 허위신고는 각각 300만 원과 500만 원의 과태료가 부과됩니다.

2022년 5월 18일부터 시행된 「농지법」 및 「농지법 시행령·시행규칙」은 '농지취득 적격성 심사 체계화 및 취득 후 사후관리 강화'를 주요 내용으로 하고 있습니다. 이에 따라 다음과 같은 사항이 변경되었습니다.

1) 농업경영계획 개편 : 지방 정부가 농지를 취득하려는 사람들의 의지와 실행 가능성을 면밀히 검토하기 위해 농업경영계획이 개편되었습니다. 또한, 주말과 체험 농업계획의 형식도 새롭게 수립되었습니다.

2) 계획서 작성 시 의무 사항 추가 : 농업경영계획서를 작성하거나 주말에 체험 농업계획서를 작성 시 직업, 영농경력, 영농거리 등을 의무적으로 기재하도록 변경되었습니다. 또한, 제출에 필요한 서류가 명확하게 정의되어 향후 농지취득자격 신청자는 직업을 증명하는 서류를 제출

해야 합니다. 만약 허위 서류를 제출하면 1차 위반 시 250만 원, 2차 위반 시 350만 원, 3차 이상 시 500만 원의 과태료가 부과됩니다.

3) 공유 구매자 농지취득자격 평가 강화 : 앞으로 농지를 공동으로 취득하기 위해서는 공유지분율과 취득할 농지의 소재지가 반드시 농업경영계획서 또는 주말 및 체험 농업계획서에 상세히 기재되어야 하며, 합의서 및 도면자료를 증빙자료로 제출하여야 합니다.

4) 농지취득자격증 발급 관련 변경 : 농지취득자격증 발급 시 이전에는 세 가지 유형의 문서만 검사되었지만, 이제는 여섯 가지 유형의 문서로 늘어났습니다. 해당 문서들은 지자체 공무원이 행정정보 공동활용을 통해 확인합니다.

5) 민원처리기간 연장 : 기존 처리기간은 농업경영 목적의 경우 4일, 주말 체험 농업 목적의 경우 2일이었던 농지취득자격증 처리기간이 앞으로는 농업경영과 주말 체험 농업 모두 7일로 연장되어 14일 이내에 발급됩니다.

농지를 둘러싼 현 상황은 특정 공기업 직원들이 내부 정보를 이용해 불법 이득을 취하는 것에 대한 규제 조치가 강화되면서 형성되었습니다. 2021년 8월 17일에 시행된 농지법은 2022년 5월 18일과 8월 18일에 시작된 것과 달리 후속 조치와 제도적 보호가 필요한 몇 가지 변화를 도입하였습니다.

농지법의 개정 내용을 해부하면서, 법 위반에 대한 주의사항과 절차, 처벌 등을 정리해 보겠습니다.

먼저, 2021년 8월 17일 시행 이후 농지법의 주요 개정 내용을 살펴보겠습니다. 이 법은 농업진흥지역에서 비농업인들이 취미나 체험적인 이유로 주말 동안 농작물 재배나 다른 농업 작업에 참여하는 것과 같은 주말 체험 농업을 위한 농지취득을 제한하고 있습니다.

이 새로운 규정으로 한 가구가 소유할 수 있는 총 면적은 1,000㎡ 미만으로 제한되었습니다. 이전에는 주말 체험 영농 목적의 농지취득은 제한이 없었으나, 지금은 농업진흥지역의 내 농지를 주말 체험 영농으로 신청하여 소유하는 것이 금지되었습니다. 다만, 주말 체험을 목적으로 농업진흥지역 내에 농지를 이미 소유하고 있는 경우에는 계속 소유할 수 있습니다.

정부는 농지법의 규제를 강화하여, 시장 또는 구청장이 농지를 불법 또는 허위로 취득한 경우 즉

시 처분을 요구할 수 있는 권한을 부여하였습니다.

이번 규정을 이해하기 위해서는 농지법에 위반되는 농지의 처분과정을 이해해야 합니다.

첫째, 처분 예정 농지를 확인합니다. 농지가 훼손되거나 임대되거나 같은 대상지들이 고려됩니다. 9월부터 11월까지 농지실태조사를 통해 각 지자체 시·군구에 농업 활동이 이뤄지지 않은 대상지의 소유자에게 농지처분명령의 결정에 대한 행정 명령을 검토합니다.

둘째, 다른 가족에게 농지를 임대하는 경우에는 처분대상으로 결정됩니다. 농지 임대 등 농지법을 위반한 경우에는 농지은행에 임대할 수 없다는 점을 명심하시기 바랍니다.

셋째, 농지실태조사에서 법령 위반자로 확인되면 농지 소유자에 대한 청문회가 진행됩니다. 소유자는 청문회 과정에 적극적으로 참여하고 철저한 설명을 제공해야 합니다. 청문회는 농지 소유자의 농지처분의무를 결정하며, 이의신청기간 내에 이의신청이 없으면 농지처분의무가 결정됩니다. 농지 소유자가 1년 이내에 농지를 처분하지 않으면 농어촌공사를 통해 강제 매각 처분을 받을 수 있습니다.

마지막으로, 농지법의 개정으로 농지등기부의 각 필지의 작성을 개선하였습니다. 이전에는 농업인, 농업법인 등 농업경영 주체가 모든 농지에 대해 농지대장을 의무적으로 유지해야 했으나, 이제는 농지등기소의 관리 주체가 농업인 또는 농업법인의 주소지에서 농지의 소재지로 변경되었습니다.

자금조달계획이 도입되면서 농지취득 시 농업경영계획과 주말 체험계획서를 등기 시 제출서류로 함께 첨부하여 제출됩니다. 주말 체험계획서에는 농사 시작일과 예정일 등의 항목이 포함되며, 주말이나 농경지 경계에서 농사를 지을 계획이라면, 직업, 농사 경험, 농사 거리 등을 구체적으로 기재하는 것이 의무화됐습니다.

농지를 일괄적으로 취득하고자 하는 경우에는 추가적인 제한이 있습니다.

각 공유자는 취득하고자 하는 농지의 위치와 면적을 명시해야 하며, 공유 소유권이 여러 사람이 관련된 경우에는 별도의 공유자들의 경작 농지에 대한 가분할도를 제출해야 합니다. (단, 이미 공유자들로 구성되어 있는 농지의 지분을 취득하는 경우에는 해당이 없습니다.)

　이번 농지법 개정으로 농지취득증명서를 발급할 때 심사 요건이 강화되었습니다. 허위 또는 부정한 방법으로 농지를 취득한 사실이 드러나거나 농업법인이 부동산 사업을 할 경우, 시장은 6개월 이내에 즉시 처분을 명할 수 있습니다. 또한 농지법 위반에 대한 처벌과 집행 처벌이 강화되었습니다. 불법 임대에 대한 과태료를 1천만 원에서 2천만 원 이하로 올렸습니다.

　농지를 훼손하거나 영농활동을 하지 않은 사람에게는 연간 공시가격의 20%에서 25% 범위에서 이행강제금을 부과할 수 있도록 법이 개정됐습니다. 이때 공시지가와 감정평가액 중 더 높은 가격으로 산정할 수 있습니다.

　농지처분명령을 받은 농지 소유자는 한국농어촌공사에 매수요청을 할 수 있습니다. 매입가는 공시지가에 따라 산정되며, 실거래가가 인근 공시지가보다 낮을 경우 실거래가를 기준으로 산정됩니다. 이것은 당신이 해당 농지를 최저가로 팔아야 한다는 것을 의미합니다.

　결론적으로 농지 소유자, 농지 구매자, 중개인을 포함한 모든 이해관계자가 이러한 개정 사항을 계속 확인하고 농지를 거래할 때 법을 준수하는지 확인하는 것이 중요합니다.

✛ 농지법 개정 ✛

01 개정 검토

📖 개정 동기

공공 부문에 대한 신뢰 중단하고,
특히 LH 투기 사건과 같은 공공 기관 직원들의
사적 이익 주도 활동으로 인한 부동산 투기 근절

↲ 개정 결과

농지취득제도는 대폭적으로 개편 되었습니다.
- 비농업인의 농지소유 사유를 엄격히 제한
- 영농경력, 증빙서류 제출 의무화 등 강제신고 도입
- 지방자치단체는 농지 이용 매년 조사를 권장
- ❓농지투기 단속을 강화하기 위해 특별사법경찰
  도입 발표

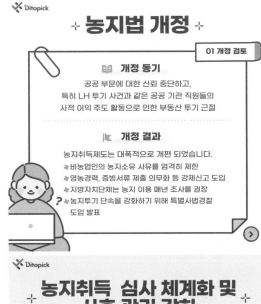

✛ 농지법 개선 ✛

02 개선 방안

농지대장(1, 2번)

01 농업인이 관리 ▷ 농지 자체가 개별 농지 이력을 관리
02 1,000㎡↑ 농지에 한해 작성 ▷ 면적 관계이 모든 농지 작성
03 농지 등기소 관할 행정기관 :
   농민 주소지 관할 행정기관 ▷ 농지 관항 행정기관

구분	내용	관련 법령	시행시기
작성 기준	농업인 → 필지	시행령	'22.04.15
작성 대상	1000㎡이상 → 모든 농지	시행령	
관할 행정청	농업인 주소지 → 농지 소재지	시행규칙	
별지서식 개정	필지별 작성, 농지정보 추가	시행규칙	
공부 명칭	농지원부 → 농지대장	농지법	'22.08.18
관리 방식	직권주의 보완* *임대차 계약, 농막 등 설치 시 신고	농지법	
타기관 DB 연계	부동산등기자료 등 11개 항목 추가	농지법 시행령	'21.10.14

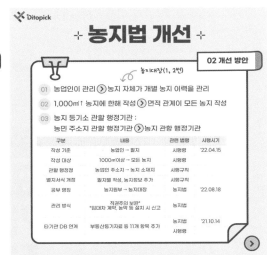

농지취득 심사 체계화 및 사후 관리 강화

2022. 05. 18부터 적용된 '농지법'과 '농지법 시행령·시행규칙'은
'농지 취득 적격성 심사 체계화 및 사후관리 강화'를 주요 내용으로 함

• 농업 경영 계획 개편
농지취득자의 의지와 실행 가능성 검토를 위해 개편되었고,
주말 및 체험 농업 계획도 새로운 형식으로 변경

• 계획서 작성 시 의무 사항 추가
농업경영계획서나 주말 체험농업계획서 작성 시 직업,
영농경력, 영농거리 등을 의무적으로 기재하도록 변경

• 공유구매자 농지취득자격 평가 강화
농업경영계획서나 주말/체험농업계획서에 공유지분율과
취득할 농지의 소재지를 상세하게 기재하고, 합의서와
도면 자료 제출

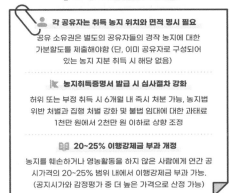

• 농지취득자격증 발급 관련 변경
지자체 공무원이 행정정보 공동활용을 통해 확인할 서류가
세 가지에서 여섯 가지 유형의 문서로 늘어남

• 민원처리기간 연장
기존 처리기간은 농업경영은 4일, 주말/체험농업은 2일
이었던 농지취득자격 처리기간이 둘 다 7일로 연장됨

✛ 주말체험농업 ✛

01

농업진흥지역에서 비
농업인들의 주말 체험농업
을 위한 농지취득 제한

02

한 가구가 소유할 수 있는
총 면적은 1,000㎡ 미만
으로 제한

✛ 추가 제한사항 ✛

👤 각 공유자는 취득 농지 위치와 면적 명시 필요
공유 소유권은 별도의 공유자들의 경작 농지에 대한
가분할도를 제출해야함 (단, 이미 공유자로 구성되어
있는 농지 지분 취득 시 해당 없음)

↲ 농지취득증명서 발급 시 심사절차 강화
허위 또는 부정 취득 시 6개월 내 즉시 처분 가능, 농지법
위반 처벌과 집행 처벌 강화 및 불법 임대에 대한 과태료
1천만 원에서 2천만 원 이하로 상향 조정

📖 20~25% 이행강제금 부과 개정
농지를 훼손하거나 영농활동을 하지 않은 사람에게 연간 공
시가격의 20~25% 범위 내에서 이행강제금 부과 가능.
(공지시가와 감정평가 중 더 높은 가격으로 산정 가능)

출처 : 법제처 농지법 개정

분묘는 분묘기지권이 성립할 경우 임야 개발 시 큰 장애물이 되는 경우가 많습니다. 분묘기지권이 있는 묘지는 이장도 함부로 할 수 없기 때문에 땅의 가치를 크게 떨어뜨리게 됩니다. 따라서 분묘가 산재해 있는 임야의 경우 분묘 문제를 합리적으로 처리하지 못하면 개발이 물 건너갈 우려도 있기 때문에 철저히 알아둘 필요가 있습니다.

분묘기지권의 성립요건에 대해선 알아보겠습니다. 분묘기지권은 타인의 토지에 분묘를 설치한 자가 그 분묘를 소유하기 위하여 분묘의 기지 부분(봉분의 기지 부분)인 토지를 사용할 수 있는 관습법상 인정되는 일종의 지상권과 유사한 물권입니다. 분묘기지권이 성립되게 되면 적어도 그 후손들이 분묘를 관리하는 한 그 분묘에 대해서는 이장을 청구할 수 없게 됩니다. 따라서 분묘기지권이 인정되면 토지 소유자가 토지이용에 막대한 제한을 받을 수밖에 없습니다.

분묘기지권의 성립요건은 세 가지가 있습니다.

1) 타인 소유 토지에 토지 소유자의 승낙을 얻어 분묘를 설치한 경우
2) 타인 소유 토지에 토지 소유자의 승낙 없이 분묘를 설치한 자가 20년간 공연하게 점유하여 시효취득한 경우
3) 자기 소유 토지에 분묘를 설치한 자가 분묘를 이장한다는 별도의 특약 없이 토지만을 타인에게 매도한 경우

분묘기지권은 타인의 토지 위에 분묘를 설치하게 될 때 발생하는 문제로, 분묘기지권이 미치는 범위는 분묘는 분묘의 분봉이 있는 기지 자체뿐만 아니라 그 봉분 주변의 설치목인 분묘의 수호 및 제사에 필요한 범위 내에서 분묘의 기지 주위의 농지를 포함한 지역까지 미친다고 볼 수 있습니다.

토지 소유자의 동의를 얻어 분묘를 설치하고 약정 기간을 정한 경우, 약정 기간 동안 분묘가 존속하지만, 그렇지 않은 경우에는 분묘 권리자가 분묘의 수호와 봉사를 계속하고 그 분묘가 존속하는 한 분묘기지권은 영원히 존속합니다. 대부분의 분묘가 그렇다고 보면 됩니다.

살펴본 바와 같이 임야에 분묘가 있는 경우 분묘기지권이 성립되면 임야의 개발에 큰 장애가 될 수 있습니다. 따라서 임야의 개발을 계획하고 있다면 분묘기지권의 존재 여부와 범위를 미리 확인하여 적절한 조치를 취하는 것이 중요합니다.

분묘기지권의 존재 여부를 확인하는 방법은 다음과 같습니다.

1) 분묘가 있는 토지 소유자에게 분묘기지권의 존재 여부를 문의한다.
2) 관할 시, 군, 구청에 분묘기지권의 존재 여부를 확인한다.

이어서, 분묘기지권의 범위를 확인하는 방법은 다음과 같습니다.

1) 분묘의 형태와 위치를 확인한다.

2) 분묘가 설치된 토지의 지형과 지물을 확인한다.

3) 법무사나 변호사와 상담하여 분묘기지권의 범위를 확인한다.

분묘기지권이 존재하는 경우 임야를 개발하기 위해서는 분묘기지권자의 동의를 받거나 분묘를 이장해야 합니다. 분묘기지권자의 동의를 받지 못하거나 분묘를 이장할 수 없는 경우에는 임야의 개발이 불가능할 수도 있습니다.

무연고 분묘는 분묘기지권이 성립되지 않는 분묘입니다. 무연고 분묘는 관리하는 후손이 없는 분묘로 관리가 되지 않아 봉분이 훼손되거나 잡풀이나 나무가 무성한 경우가 많습니다. 따라서 육안으로 쉽게 확인할 수 있는 경우가 대부분입니다.

다음은 무연고 분묘가 성립되는 요건들입니다.

1) 타인 소유 토지에 타인 소유자의 동의 없이 분묘를 설치한 후 20년이 지나지 않는 분묘의 경우

2) 타인 소유 토지에 타인 소유자의 동의 없이 분묘를 설치한 자가 20년 동안 평온, 공연하게 점유하지 않은 경우

3) 자기 소유 토지에 분묘를 설치한 자가 분묘를 이장한다는 특약을 하고 토지를 타인에게 매도한 경우

「장사 등에 관한 법률」에서는 타인 소유 토지에 타인 소유자의 동의 없이 분묘를 설치한 자가 20년간 평온, 공연하게 점유하여 시효취득한 경우를 사실상 배제하고 있습니다. 2001년 1월 13일 이후에 타인 소유 토지에 타인 소유자의 동의 없이 설치한 분묘는 법에 의하여 시효취득에 의한 분묘기지권을 주장할 수 없고 개장 대상으로 간주됩니다. 무연고 분묘의 처리는 일단 법적으로 문제가 없는 것이기 때문에 법이 정하는 절차에 따라 처리하면 됩니다. 「장사 등에 관한 법률」에 따르면 묘지 설치자 또는 연고자의 동의 없이 해당 묘지에 설치한 분묘에 대하여 그 분묘를 관할하는 시장, 군수, 구청장의 허가를 받아 분묘에 매장된 시체 또는 유골을 개장할 수 있습니다. 또한, 20년이 안된 분묘나 20년이 넘었더라도 그동안 분쟁이 있었던 분묘 역시 같은 방법으로 개장할 수 있습니다.

먼저 전체적인 처리 절차를 보도록 하겠습니다.

1) 무연고 분묘 사진 촬영

2) 3개월 이상 통보 또는 공고

3) 개장허가신청서 접수

4) 담당 공무원의 현장답사

5) 개장허가증 교부

6) 개장

7) 화장 및 봉안당 안치

과거에는 개장허가증을 먼저 교부받고 3개월 이상 2회 공고를 한 후 개장허가신고필증을 교부받았으나 지금은 개장허가신청서 접수 전에 공고를 하며, 또한 인터넷 홈페이지 공고도 가능하기 때문에 절차가 단순화되었다고 할 수 있습니다.

먼저 분묘의 연고자를 알고 있는 경우에는 미리 3개월 이상 기간을 정하여 분묘개장과 관련된 사항을 문서로 표시하여 분묘의 연고자에게 알려야 합니다.

분묘의 연고자를 모르는 경우에는 중앙일간신문을 포함한 둘 이상의 일간신문 또는 관할 시, 도 및 시, 군, 구 인터넷 홈페이지와 하나 이상의 일간신문에 분묘개장과 관련된 사항을 2회 이상 공고하되, 두 번째 공고는 첫 번째 공고일부터 1개월이 지난 후에 다시 해야 합니다.

이때 통지 또는 공고해야 할 분묘개장과 관련한 사항은 다음과 같습니다.

1) 묘지 또는 분묘의 위치 및 장소

2) 개장사유, 개장 후 안치 장소 및 기간

3) 공설묘지 또는 사설묘지 설치자의 성명, 주소 및 연락 방법

4) 그 밖에 개장에 필요한 사항

개장허가신청서를 제출할 때에는 다음과 같은 서류를 첨부하여 관할 시장, 군수, 구청장에게 신청하면 됩니다.

1) 기존 분묘의 사진

2) 분묘의 연고자를 알지 못하는 사유

3) 분묘가 설치된 토지가 개장허가신청

분묘의 유골은 화장하여 봉안당에 안치해야 합니다. 봉안당은 관할 시, 도 및 시, 군, 구에 설치된 봉안당을 이용할 수 있습니다.

무연고 분묘의 처리에 관한 자세한 사항은 관할 시, 도 및 시, 군, 구청에 문의할 수 있습니다.

　지목변경은 지적법에 따라 토지의 형질을 변경하는 것을 말하며, 건축, 개발, 등 다양한 이유로 이루어집니다. 이를 위해서는 토지 소유자가 관할 시, 군, 구청에 지목변경 신청서를 제출해야 합니다. 이 신청서에는 토지 위치, 면적, 지목, 변경하고자 하는 지목 등과 같은 정보가 기재되어야 합니다.

　관할 시, 군, 구청에서는 신청서를 검토한 후 지목변경 여부를 결정하며, 지목변경이 승인되면 토지등기부에 변경된 지목이 등록됩니다.

지목	농지 및 산지전용 비용	건폐율	용적률	지목변경 전 평단가	지목변경 후 평단가	수익률
임야 - 대지	1,000,000원	40%	100%	100만 원	300만 원	300%
전 - 대지	5,000,000원	40%	100%	200만 원	600만 원	300%
답 - 대지	3,000,000원	40%	100%	300만 원	900만 원	300%

과수원 - 대지	2,000,000원	40%	100%	400만 원	1,200만 원	300%
목장 용지 - 대지	1,000,000원	40%	100%	200만 원	500만 원	250%

지목변경에 따른 비용은 변경하는 지목, 토지 위치, 토지 면적, 토지 가치 등에 따라 달라집니다. 지목변경은 복잡한 절차이므로 반드시 건축설계사나 토목설계사에 도움을 받아 진행하는 것이 좋습니다. 지목변경을 위한 구체적인 준비 절차는 다음과 같습니다.

1) 토지의 지목 확인 : 지목변경을 하기 전에 토지이용규제정보시스템을 통해 토지의 현재 지목을 확인해야 합니다.

2) 변경하고자 하는 지목 확인 : 지목변경을 하기 전에 변경하고자 하는 지목이 해당 지역의 용도지역에 적합한지 확인해야 합니다.

3) 지목변경 신청서 작성 : 지목변경 신청서를 작성해야 하며, 신청서에는 토지 위치, 면적, 지목, 변경하고자 하는 지목 등과 같은 정보가 기재되어야 합니다.

4) 필요한 서류 준비 : 지목변경 신청서와 함께 토지등기부등본, 토지이용계획확인서, 건축허가서 등과 같은 필요한 서류를 준비해야 합니다.

5) 지목변경 신청 : 지목변경 신청서와 필요한 서류를 관할 시, 군, 구청에 제출해야 합니다.

6) 지목변경 심의 : 관할 시, 군, 구청에서는 지목변경 신청서를 검토한 후 지목변경 여부를 심의합니다.

7) 지목변경 결정 : 관할 시, 군, 구청은 지목변경 심의 결과에 따라 지목변경 여부를 결정합니다. 지목변경이 승인되면 토지등기부에 변경된 지목이 등록됩니다.

전원주택을 지을 땅을 찾는 것은 큰 도전이 될 수 있습니다. 멋진 풍경, 편리한 접근성, 그리고 합리적인 가격을 모두 갖춘 충족하는 땅을 찾는 것은 거의 불가능합니다. 그러나 인내심과 끈기가 있다면 전원주택을 짓기에 완벽한 땅을 찾을 수 있습니다. 다음은 땅을 찾기 시작하기 전에 고려해야 할 몇 가지 사항들입니다.

첫째, 예산을 정해야 합니다. 전원주택은 도시에서 사는 것보다 훨씬 저렴하지만 여전히 많은 비용이 듭니다. 땅값, 건축비, 유지 관리 비용을 고려해야 합니다.

둘째, 어떤 유형의 땅을 찾고 있는지 결정해야 합니다. 땅은 농지, 임야, 계획관리지역, 녹지지역 등 다양한 용도로 사용될 수 있습니다. 각 용도에는 고유한 규제와 행위제한이 있으므로 땅을 구입하기 전에 조사를 해야 합니다.

셋째, 원하는 지역에 있는 땅을 찾고 있는지 결정해야 합니다. 전원주택은 도시에서 멀리 떨어진 곳에 지을 수도 있고 도시 근처에 지을 수도 있습니다. 어느 쪽을 선택하든지 자신의 라이프스타일과 필요에 맞는 지역에 있는 땅을 찾아야 합니다.

넷째, 원하는 크기의 땅을 찾고 있는지 결정해야 합니다. 전원주택은 대규모로 지을 수도 있고 소규모로 지을 수도 있습니다. 어느 쪽을 선택하든지 자신의 가족의 필요에 맞는 크기의 땅을 찾아야 합니다.

다섯째, 원하는 유형의 땅을 찾고 있는지 결정해야 합니다. 토양 유형은 건축 유형에 영향을 미치며, 일부 토양은 건축에 적합하지 않으므로 땅을 구입하기 전에 토양 유형을 조사해야 합니다. 예를 들어, 임야를 절토 과정 중 암반이나 큰 바위로 인해 사업비용이 증가할 수 있습니다.

마지막으로 원하는 경사면의 땅을 찾고 있는지 결정해야 합니다. 경사면은 건축 유형에 영향을 줄 수 있습니다. 일부 경사면은 건축에 적합하지 않으므로 땅을 구입하기 전에 경사면을 조사해야 합니다.

앞서 말했던 산지전용허가 및 개발행위허가를 받은 지목은 대지의 지목은 형질이 변경되어 전원주택 건설을 위한 기초 작업에 들어가게 될 것입니다.

집을 지을 위치를 선택할 때는 다음 사항들을 고려하는 것도 중요합니다.

- 배수 문제 : 경사면이 있는 땅은 평평한 땅보다 배수가 더 잘되어야 합니다. 집이 침수되지 않도록 적절한 배수 시스템을 설치해야 합니다.
- 향 고려(남향, 동향, 서향, 북향) : 집이 충분한 햇빛을 받도록 하십시오. 집 위치를 정하는 게 중요합니다. 햇빛은 집을 따뜻하게 유지하는 데 도움을 주지만, 집이 과도한 햇빛을 받지 않도록 조절해야 합니다.
- 바람 고려 : 집이 강한 바람에 노출되지 않는 위치여야 합니다. 강한 바람은 집에 피해를 줄 수

있습니다.

- 소음 고려 : 집이 주변 소음원에 너무 가깝지 않도록 집 위치를 선택해야 합니다.
- 프라이버시 고려 : 개인 라이프 스타일을 고려하여 집이 너무 많은 사람들에게 노출되지 않도록 하십시오. 이것은 당신의 프라이버시를 침해할 수 있습니다.

예를 들어 보겠습니다. 충남 당진시 송산면에 있는 500평짜리 계획관리지역에서 임야를 전원주택으로 조성하는 경우 지목변경 비용은 약 5천만 원 정도 예상됩니다.

대지로 지목변경 후 500평의 임야에서 연면적 40평형 전원주택을 조성하는 경우, 지목변경 및 건축에 소요되는 비용은 건축 면적에 따라 약 3억 원~5억 원 사이로 예상됩니다.

항목	금액(40평~80평 기준)
토지 매입비	1억 원
개발행위 비용	3천만 원
토목 비용	5천만 원
건축 비용	1억 5천만 원~2억 8천만 원(모듈러 시공 350만 원)
총 비용	3억 8천만 원~4억 8천
대출	2억 원~3억 5천
자본금	1억 8천만 원
분양가	4억 8천만 원
분양 수익	1억 원
이익	8천만 원(중개수수료 및 공과금)

총 지목변경 및 건축에 소요되는 비용은 약 3억 원~5억 원 사이입니다.

송산면의 500평 임야를 대지로 지목변경한 후, 연면적 80평의 전원주택을 조성하는 경우, 모듈러 주택 가격은 평균 평단가를 350만 원 정도로 책정하고 있습니다. 80평 기준 건축 비용은 2억 8천만 원으로 책정하고, 분양가를 5억 8천에 분양하더라도 토지 매입비, 개발행위 비용, 토목 비용 등을 고려하여 약 1억 정도의 분양 수익이 예상됩니다. 이에 대출 이자 상환 비용 및 부대비용 중개수수료 및 양도세까지 고려한다면 실질 수익은 더 줄게 됩니다.

그러나 이는 단순한 예상치일 뿐이며, 실제 수익은 분양가, 분양률, 건축비, 운영비 등 다양한 요인에 따라 달라질 수 있습니다.

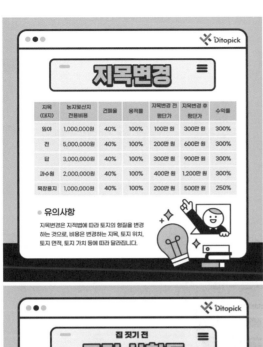

출처 : 토지이음 규제법령집

자금 조달과 부동산 개발
: 은행 자금과 PF프로젝트 파이낸싱을 활용한 부동산 개발 전략

PF 자금은 프로젝트 파이낸싱(Project Financing)의 약자로, 부동산 개발 프로젝트에 필요한 자금을 조달하는 방법입니다. PF 자금은 은행, 보험사, 증권사 등에서 조달할 수 있으며, 일반적으로 프로젝트의 수익을 담보로 대출을 받습니다.

PF 자금의 조건은 프로젝트의 규모, 사업성, 대출 기관의 여건 등 여러 가지 요인에 따라 달라지며, 일반적으로 담보대출은 10년~20년까지의 기간과 연 4~6%의 금리로 이루어집니다. 하지만 PF 금리는 선순위, 중순위, 후순위 그리고 PM 수수료, 금융주관수수료 등 및 각각 어떻게 사업을 진행하느냐에 따라 금리 및 구조화가 달라집니다. 현재 PF 평균 금리는 약 10% 내외입니다.

PF 자금을 조달하기 위해서는 사업계획서, 재무제표, 사업성 분석보고서와 같은 자료를 준비해야 하고 대출 기관의 심사를 통과해야 합니다.

PF 자금은 부동산 개발 프로젝트에 필요한 자금을 조달하는 데 유용한 방법입니다. 그러나 PF 자금은 대출 기간이 짧고 대출 금리가 높다는 단점이 있습니다. 이익은 전원주택의 분양가, 분양률, 지목변경 및 건축에 소요된 비용, PF 자금의 이자비용 등 여러 가지 요인에 따라 달라집니다.

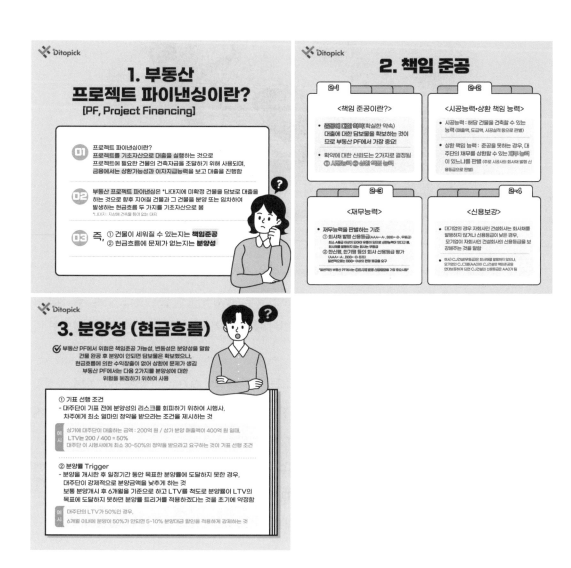

농지나 임야를 주유소나 전기차 충전소로 전용할 경우 지목변경이 필요합니다.

주유소와 전기차 충전소는 도로변에 항상 필요한 시설로, 운전자에게 필수적인 서비스를 제공하고 많은 수익을 창출할 수 있습니다. 주유소나 전기차 충전소 지목을 변경 및 건설하고 싶다면 다음의 절차를 따라야 합니다.

첫째, 토지가 적합한지 확인해야 합니다. 주유소는 부지면적이 660㎡ 이상이어야 하며 일정한 도로 폭을 가진 도로에 접해야 합니다. 전기차 충전소는 부지면적이 100㎡ 이상이어야 하며 일정한 도로 폭을 가진 도로에 접해야 합니다.

둘째, 지목변경을 해야 합니다. 지목변경은 토지의 형질을 변경하는 것으로, 관할 구청에 신청하여 허가를 받아야 합니다. 지목변경을 위해서는 토지이용계획확인서, 토지등기부등본, 토지조사서, 사업계획서 등 구비서류를 제출해야 합니다. 지목변경의 소요기간은 약 2~3개월입니다.

셋째, 허가를 받아야 합니다. 주유소는「석유 및 석유대체연료 사업법」, 「건축법」 등 다양한 법률의 규제를 받고 있으며, 전기차 충전소는「전기 자동차법」, 「건축법」 등 다양한 법률의 규제를 받고 있습니다. 필요한 서류를 제출해야 하며, 허가의 소요기간은 약 2~3개월입니다.

넷째, 개발 비용을 지불해야 합니다. 개발 비용은 토지비, 건축비, 인허가비 등 다양한 요인에 따라 달라집니다. 주유소의 경우 개발 비용은 약 5억 원~10억 원, 전기차 충전소의 경우 약 1억 원~2억 원입니다.

다섯째, 고객 서비스에 유의해야 합니다. 주유소는 전기차 충전소는 고객에게 휘발유를 판매하는 사업이기 때문에 고객 서비스에 유의해야 합니다.

이러한 모든 사항을 염두에 두고 있다면 주유소나 전기차 충전소를 열고 수익성 있는 사업을 시작할 수 있습니다.

항목	주유소	전기 자동차 충전소
지목변경	주유소 용지	주차장 용지
부지면적	660㎡ 이상	100㎡ 이상
부지일면적	20㎡ 이상	20㎡ 이상
도로 폭	일정 도로 폭	일정 도로 폭
출입로	일정 도로 폭	일정 도로 폭
특정 시설과의 이격거리	충족	충족
개발 비용	5억 원~10억 원	1억 원~2억 원
장점	항상 수요가 많음	전기 자동차 보급 증가에 따라 수요가 증가
단점	규제가 많음	초기 투자 비용이 높음

주유소와 충전소
비교

항목	주유소	전기 자동차 충전소
지목 변경	주유소 용지	주차장 용지
부지 면적	660㎡ 이상	100㎡ 이상
부지 일면적	20㎡ 이상	
도로 폭	일정 도로 폭	
출입로	일정 도로 폭	
특정 시설과의 이격 거리	충족	
개발 비용	5억 원~10억 원	1억 원~2억 원
장점	항상 수요가 많음	전기 자동차 보급 증가에 따라 수요 증가
단점	규제가 많음	초기 투자 비용이 높음

*주요소 및 전기차 충전소

지목 변경
및 건설 방법

1. 토지 확인
일정 도로 폭에 접해야 함

[주유소]
부지 면적 660㎡ 이상
[전기차 충전소]
부지 면적 100㎡ 이상

2. 지목 변경
지목변경은 토지 형질 변경으로, 구청 신청 후 허가 필요

토지이용계획확인서, 토지등기부등본, 토지조사서, 사업계획서 등 구비서류 제출

*소요기간 약 2~3개월

3. 허가
법률 규제에 따라 서류 제출 후 허가 필요

[주유소]
「석유 및 석유대체연료 사업법」, 「건축법」 등
[전기차 충전소]
「전기자동차법」, 「건축법」 등

*소요기간 약 2~3개월

*주요소 및 전기차 충전소

지목 변경
및 건설 방법

4. 개발 비용 지불
토지비, 건축비, 인허가비 등 다양한 요인에 따라 달라짐

[주유소]
개발비용 :
약 5억 원~10억 원
[전기차 충전소]
개발비용 :
약 1억 원~2억 원

5. 고객 서비스
휘발유를 판매하는 사업으로 고객 서비스에 유의해야 함

토지로 승부하라: MZ세대의 땅 재테크 비결

노후 보장을 위한 농지연금
: 노후 보장을 위한 농지연금의 중요성과 실행 방법

경공매로 낙찰받은 농지연금

농지연금은 농민들이 소유한 농지를 담보로 매달 연금처럼 생활자금을 받는 상품입니다. 연금을 받으면서 그 땅에서 농사를 지어 별도로 수익을 올릴 수도 있고, 다른 농민에게 임대하여 임대료를 받을 수도 있습니다.

농지연금은 2014년 1월부터 시행되었으며, 농림축산식품부에서 관리하고 있습니다. 농지연금에 가입하려면 만 60세 이상이어야 하며, 농지 소유권이 있어야 합니다. 연금액은 농지 가격, 가입자의 나이, 가입 기간 등에 따라 결정됩니다.

농지연금은 농민들의 노후 생활 안정을 위한 정책으로, 농지 소유권을 유지하면서 연금을 받을 수 있다는 장점이 있습니다. 또한, 농지연금은 농지 유통 활성화에도 기여하고 있습니다.

농지연금의 개념에 대해 설명드리겠습니다. 우리가 알고 있는 일반적인 연금은 보험사들이 제공하는 금융상품으로 변액 보험 연금에 가입 시 세제 혜택 및 노후 생활 비용을 충당하게 됩니다.

또한, 60세에 도달한 시점을 기준으로 연금을 선택하면 10년, 15년, 20년 동안 정기적으로 연금을 받을 수 있습니다. 예를 들어, 20년 만기 상품인 1억 원 연금을 가입했다고 가정했을 경우에 정기적으로 월 지급액으로 약 494,000원 정도를 노후 생활 목적으로 지급을 받게 됩니다.

반면에, 만약 1억 원 정도의 금액으로 일반 보험사 변액 보험이 아닌 농지연금을 선택한다면 농지연금이 훨씬 더 많은 월 지급액을 받을 수 있습니다.

예를 들어 보면, 55세였던 A씨는 노후준비를 위해 경공매를 통해 공시가 2억 4천만 원짜리 토지를 1억 원에 낙찰을 받았습니다. 해당 농지를 통해 5년간 자경을 통해 연금 조건을 충족하고 60세에 연금을 신청했습니다. 5년 뒤 해당 농지의 공시가는 2억 9천만 원으로 100% 평가를 받아 종신형 중 수시인출형 선택으로 매월 693,850원을 받고 수시인출로 7,100만 원을 일시금으로 지급 받았습니다. A씨는 실제로 2,900만 원으로 평생 약 70만 원이라는 노후 자금을 농지연금을 통해 지급 받을 수 있습니다. 향후 농지연금 가입 후 공시가격이 급등한다면, 농지평가는 재평가를 신청할 수 있으며, 농어촌공사에 재평가 신청서를 제출하면 됩니다. 재평가 신청서는 농어촌공사에서 제공하는 양식을 사용하며, 해당 농지의 소유자와 공동소유자(있는 경우)의 서명이 필요합니다. 또한, 재평가 신청 시에는 해당 농지의 최근 3년간 거래내역 등을 함께 제출해야 합니다. 재평가 결과에 따라 농지연금 지급액이 변경될 수 있으며, 변경된 지급액은 다음 지급일부터 적용됩니다.

농지연금은 소유한 토지를 농지은행에 맡기고, 공시가 100% 또는 감정가 90% 책정한 금액을 매월 지급 받게 됩니다. 농지연금은 상한금액인 300만 원의 연금을 받을 수 있습니다.

예상 농지연금 정보 입력 ⓘ 도움말

생년월일 (소유자)* ⓘ	1963-06-01	📅 달력	생년월일 (배우자)	1963-06-12	📅 달력
배우자 승계* ⓘ	◉ 승계　○ 비승계				
농지평가* ⓘ	◉ 공시가 (평가율 : 100%)　○ 감정가 (평가율 : 90%)				
농지가격*				500,000,000	원
평가금액				**500,000,000 원**	

예상 농지연금 조회 결과 ⓘ 도움말

구분	종신형 ⓘ			구분	기간형 ⓘ			
	종신정액형	전후후박형 (70%)	수시인출형 (30%)		기간정액형		경영이양형	
					5년	78세 이상 가능	5년	3,000,000
					10년	73세 이상 가능	10년	3,000,000
월지급금	1,693,950 (저소득층:1,863,340) (장기영농인:1,778,640)	2,055,550(전) 1,438,880(후)	1,196,290 (수시인출금:122,000,000)	월지급금	15년	68세 이상 가능	15년	3,000,000
					20년	63세 이상 가능	20년	2,720,140

출처 : 농지은행

　농지를 싸게 살 수 있는 방법은 경매 및 공매를 통해 공시지가에서 약 50% 정도 유찰된 대상의 농지를 구입하는 것입니다. 이런 농지는 수도권보다는 전남 전북, 경상북도, 경상남도 등 저평가된 농지를 경공매를 통해 공시가 이하 금액으로 낙찰 받는 것이 주 포인트입니다.

　일반적인 연금보다는 농지연금에 투자하는 것이 분명히 더 유리하다고 말씀드릴 수 있는 건 두 배 이상의 안정적인 노후 자금을 확보할 수 있기 때문입니다. 그러나 일반적으로 농지연금에 대한 정보는 많이 알려져 있지 않습니다.

　농지연금은 부동산 자산을 월 생활비 담보로 활용하는 것을 전제로 운영되고 있습니다. 이것은 주택연금의 개념과 최근에는 농지연금도 있지만 산지연금 또한 연금의 구조화는 유사합니다. 주택연금은 생활비 제공을 위한 담보로 주거용 부동산에 의존하고 있습니다. 마찬가지로 농지연금은 농지(전, 답, 과수원)를 지목으로 하며, 농업인이고, 주소지에서 30㎞ 이내의 농지를 소유하고 있어야 합니다. 또한, 영농경력은 5년 이상 갖춰야 하며, 나이는 만 60세 이상이어야 합니다. 그리고 농지취득 후 2년이 경과되어야 됩니다.

1) 농업 경력 : 최소 5년의 농업 경력이 필요하며, 농업경영체 등록이 되어야 합니다. 또한, 60세 미만인 경우에는 임대 가능한 농지[한계농지, 도시지역 내(주상공), 임대농지를 통해 경력을 인정받을 수 있으며, 소유자가 1996년 1월 1일 이전부터 소유하고 있는 농지는 개인 임대차가 가능합니다.
2) 60세 이상 및 농지취득 후 2년 경과한 경우 농지연금을 신청할 수 있습니다.
3) 농지은행, 농지연금 사이트에서 예상연금 조회 및 신청할 수 있습니다.

농지은행을 통한 연금활용 방안으로 노후를 준비하는 것이 중요합니다. 농지은행 연금사이트를 통해 연금 가입 조건의 연령과 토지의 공시지가 내용을 입력하면 농지연금에서 예상되는 월 소득을 확실하게 추정할 수 있습니다. 이러한 정보를 통해 투자자는 정보에 입각한 의사 결정을 내리고 재무 미래를 효과적으로 계획할 수 있습니다.

농지연금에 가입 조건 및 활용 방안에 대한 내용을 마무리하면서, 농지연금제도가 개인들에게 현명한 부동산투자를 통해 안정적인 노후를 보장할 수 있는 독특한 기회를 제공한다는 것을 강조하고 싶습니다. 60세 이후 미래를 위한 견고한 기반을 구축할 수 있습니다.

토지로 승부하라: MZ세대의 땅 재테크 비결

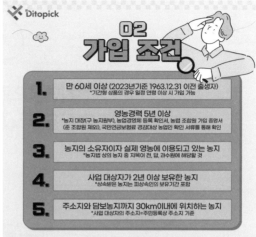

출처 : 농지은행

산지연금으로의 노후 보장
: 산지연금을 활용한 노후 보장 전략과 실행 방안

산지연금형 산림청 사유림 매수제도는 공익임지 및 산림경영임지와 같이 각종 규제에 묶인 산지역을 국가에서 매수하는 제도입니다. 이를 통해 개인은 연금을 받을 수 있게 됩니다. 제도에 따르면, 백두대간 보호구역, 수자원보호구역, 유전자원보호구역 등 각종 규제에 묶여 벌채 개발행위에 제한받는 산림들을 대상으로 하며, 국가에서 매수계약 시 매매대금의 40%를 선지급하고 나머지 금액은 10년간 균등하게 지급합니다.

국유림에 접해 있는 임야의 감정평가 금액이 1억 원인 경우, 산지연금에 가입하면 일시불로 4,000만 원과 매달 이자 63만 원이 합쳐진 4,063만 원이 지급되며, 10년간 매달 63만 원이 소유주에게 지급됩니다.

예를 들면, 10억 원 감정가의 토지를 산지연금형 사유림 매수를 신청할 경우, 4억 원을 일시금으로 받고 나머지 6억 원은 토지 지가상승분과 이자를 합친 금액으로 산정하여 120개월로 나눠 받게 됩니다. 2022년 기준 이자율은 2.0%이며, 지가상승률은 2.85% 적용됩니다.

산지 매수 대상

대상 산림은 산림보호법상 산림보호구역 임야로서, 산림 관련 법률 또는 다른 법률에 따라 국가가 보존할 필요가 있는 공익용 산지여야 됩니다. 국유림 확대 계획지 내에 있거나 접해 있어야 하고, 멀리 떨어질 경우 일정 크기 이상의 대상지만 매수합니다. 매수 대상지 조건은 지형이 경사도 30도 이하이며, 암석지 또는 석력지(자갈땅)가 5% 이하인 임야가 해장됩니다.

국유림 확인은 'e나라재산' 사이트에서 확인이 가능하고, 정확한 경사도와 암석지, 석력지 확인은 '임업다드림' 사이트에서 확인 가능합니다.

저당권이나 지상권이 설정되어 있는 산림은 매수하지 않기 때문에 대출이 있는 경우 매수가 불가능합니다. 대출받지 않는 한도 내에서 임야를 구입하거나 최대 4명까지 공유지분 토지 매입이 가능하므로 지분으로 매입하는 방법도 있습니다. 경매로 낙찰받을 경우에도 대출 없이 낙찰받아야 합니다.

상속이나 증여 받은 토지가 아니라면 소유권 이전 후 1년 이후에 매수 신청이 가능하며, 매수 대상 임야로 가장 중요한 고려 사항은 공시지가가 저렴해야 됩니다.

농지연금은 60세 이상으로 제한되지만 산지연금은 나이 제한이 없습니다. 농지연금은 1인당 월 지급 한도가 300만 원으로, 공시지가는 감정가가 아무리 높아도 300만 원을 초과해서 못 받는 데 반하여, 산지연금에 대한 연금 지급액은 상한선이 없습니다.

한국산림청은 산림 관련 법령이나 다른 법령에 따라 개발이 제한된 사유림을 매입하여 산주에게 연금을 지급하는 '산지연금형 사유림 매수제도'를 시행하고 있습니다. 이 제도는 2021년에 처음 도입되었으며, 2023년에는 계약 체결 시 선지급되는 금액 비율을 20%에서 40%로 확대하고, 매수 시

적용되는 지역별 매수 기준 단가를 삭제하는 등 개선되었습니다.

산지연금형 사유림 매수제도는 농지원금제도와 비교하여 다음과 같은 장점이 있습니다.

- 나이 제한이 없다.
- 거주지와의 거리 제한이 없다.
- 영농경력이 필요 없다.
- 연금액에 상한이 없다.

산지연금형 사유림 매수제도는 경매를 통해 사유림을 취득한 후 산림청에 매도하여 연금을 지급받는 방식으로 운영됩니다. 경매를 통해 사유림을 취득할 때는 다음과 같은 사항을 유의해야 합니다.

- 산림청이 매입하는 사유림은 개발이 제한된 사유림이어야 합니다.
- 사유림의 면적이 1만 평 이상이어야 합니다.
- 사유림이 국유림에 접해 있어야 합니다.
- 사유림이 도로에 접해 있어야 합니다.

산지연금을 평가할 때 금액산정방식

감정평가의 경우 2인(토지거래계약허가구역일 경우 3인)의 감정평가액의 산술 평균으로 금액을 결정하고, 국가의 보조를 받아 임도, 조림, 숲 가꾸기 등 산림사업을 실행하였고, 준공일로부터 5년 이내일 경우에는 보조금의 전부 또는 일부에 상당하는 금액을 공제하여 산정합니다. 또한 감정평가의 경우 토지 소유자가 감정평가업자 1인을 추천할 수 있습니다.

해당 내용을 보면 산주만 해당될 것 같지만, 경매를 하시는 분들께는 다르게 보이실 거라고 생각됩니다. 산지의 경우 일반 건물의 경매에 비해 기존 시세보다 훨씬 더 저렴하게 매수가 가능하기 때문입니다. 조건이 많다고 느껴지실 수 있지만, 늘 말씀드리는 것처럼 정보를 가지고 행동하는 사람들은 분명 큰 기회를 잡을 거라고 생각합니다.

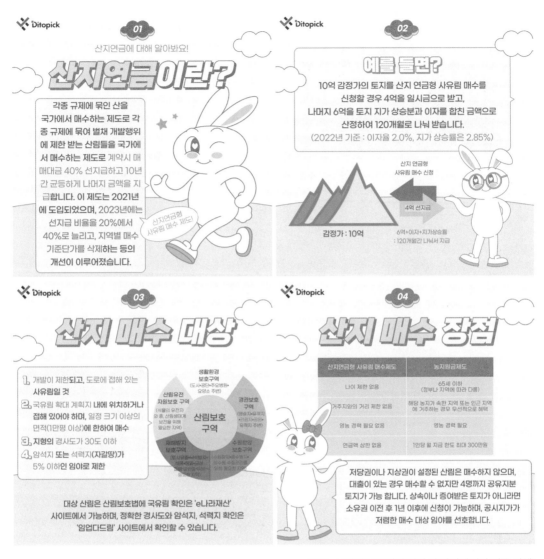

토지투자 메이크오버
: 성공을 위한
현명한 전략

희망의 BUY, 전략적인 SELL
: 토지투자의 어려움과 성공을 위한 전략

투자는? 오늘 사기는 쉽지만 내일 팔기는 어려운 투자 방식입니다. 일반적으로 은행에서 예금통장을 만들어서 오늘 입금하고 오늘 찾을 수 있지만 토지는 매매나 증여, 상속을 통해 소유권이전등기 신청을 해야 토지의 소유권을 갖게 됩니다. 이 과정에서 공과금과 취등록세 및 법무사 수수료 중개수수료, 컨설팅수수료 등 많은 수수료를 지불해야 합니다. 소유권 이전등기를 마친 후 누군가 바로 해당 토지를 산다고 해도 복잡한 소유권 이전 절차와 세금 납부가 필요합니다. 여기서 '토지'

는 우리가 생각하는 바로 집을 지을 수 있는 지목인 "대"를 말하는 건 아닙니다. 신도시나 공공주택 단지로 조성된 택지도 아닙니다. 여기서 저자가 말하는 '토지'는 도시 밖 논·밭·임야·구거·초지 등과 같은 여러 다양한 원형지를 뜻하고 의미합니다. 여기엔 '지목'이라는 단어와 '용도'라는 단어에 대해서는 앞으로 천천히 배워 나갈 것이니 걱정하지 않아도 됩니다. 말그대로 눈에 보이는 논, 답, 과수원, 임야 등을 원형지라고 표현한다면 원형지는 개발되지 않은 토지입니다. 원형지투자는 사실 과거부터 가장 선호하는 투자 방법이지만, 타 재테크 상품에 비해서 환금성이 낮다는 한계가 있습니다.

원형지투자의 가장 큰 위험 중 하나는 환금성이 낮다는 것입니다. 즉, 원형지를 매각하려면 원하는 가격이 형성되는 그 시기가 도달할 때까지 기다릴 준비가 되어 있어야 합니다. 원형지의 환금성이 낮은 데에는 여러 가지 이유가 있습니다. 한 가지 이유는 원형지의 특성 때문입니다. 원형지는 현재 토지의 지목이 개발행위를 할 수 없는 지목이거나 맹지 또는 용도지역상 전용이 불가능한 토지 등과 같이 개발행위에 사용될 수 없는 토지라는 리스크가 있는 경우에 매각하려 한다면 매수인을 찾는 것이 어려울 수 있습니다.

원형지의 환금성이 낮은 이유는 또 있습니다. 만약 해당 토지를 지목변경이나 전용 목적이 아닌 향후 미래 가치 및 기반시설로 인한 지가상승을 기대한다면, 해당 대상지의 지역 개발과 국가의 보상 시기 및 투자 시기, 언론에서 자주 언급하는 개발 호황기, 시장 시기가 유리할 때까지 기다릴 준비가 되어 있어야 합니다. 그 기간은 기본 5~10년 정도 보시면 됩니다.

이러한 위험에도 불구하고 원형지투자는 여전히 지금도 현금 자산 100억 이상의 투자자들이 선호하는 투자의 좋은 선택안으로 꼽히고 있습니다. 원형지는 가치가 오르는 경향이 있으며 장기적으로 수익을 창출할 수 있는 좋은 방법이 될 수 있습니다. 그러나 원형지에 투자하기로 결정했다면 위험을 인식하고 주의해서 결정하셔야 합니다.

원형지투자에 성공하려면 철저한 조사와 신중한 투자가 필요합니다. 그리고 원칙을 꼭 세우셔야 합니다.

토지투자 시, 해당 토지의 사용 목적이 투자인지 전용인지(집을 지을 땅 또는 개발행위를 통한 시세차익을 보려고 하는 땅)를 고려해야 합니다. 만약 전용이 아닌 투자할 토지라면 정확한 국가 정보를 신중하게 선택하고 해당 지자체 잠재력을 평가할 수 있는 전문가와 상담해야 합니다. 또한,

토지투자는 인내심을 갖고 원하는 가격을 받을 때까지 시기를 준비하고 기다려야 합니다.

다음은 원형지투자 시 유의해야 할 몇 가지 사항입니다.

- 투자 대상 지역 선택하기 : 투자하려는 지역을 신중하게 선택하십시오. 개발 가능성이 높고 성장하는 지역을 선호하고자 할 것입니다. (성장 가능성이 높은 개발 가능한 지역에 신중하게 투자하세요.)
- 토지 지목과 용도 고려하기 : 개발에 적합한 토지 유형을 선택해야 합니다.
- 국가 정보와 통계 자료 조사하기 : 투자하기 전에 국책사업의 정보를 수집하고 토지에 대한 정보를 수집하며 토지의 잠재력을 평가할 수 있는 전문가와 상담하십시오.
- 인내심 가지기 : 원형지는 빠르게 돈을 버는 좋은 방법이 아닙니다. 원형지투자는 장기적인 투자이며 수익을 보기까지는 몇 년이 걸릴 수 있습니다.

이러한 팁을 따르면 원형지투자에서 성공할 가능성이 높아집니다.

다음은 원형지투자의 장단점입니다.

장점 :
- 원형지는 가치가 오르는 경향이 있습니다.
- 원형지는 장기적으로 수익을 창출할 수 있는 좋은 방법이 될 수 있습니다.
- 원형지는 일반적으로 다른 유형의 부동산보다 저렴합니다.

단점 :
- 원형지는 환금성이 낮을 수 있습니다.
- 원형지투자는 장기적인 투자일 수 있습니다.
- 원형지는 국책사업이 아닌 경우에 민간 기업 유치 투자는 위험할 수 있습니다.

원형지투자를 고려하고 있다면 위험을 인식하고 조사를 하는 것이 중요합니다.

토지는 유한 자원이므로 그 가치는 시간이 지남에 따라 증가해 왔고 토지는 향후 용도의 변경 및 개발행위를 통해 지목을 변경해 임대하거나 개발하여 수익을 창출하는 데 사용할 수 있습니다.

다음은 성공적인 원형지투자 유형과 실제 사례입니다.

1) 신도시로 편입된 토지 : 신도시 개발은 토지 가치 상승에 가장 큰 영향을 미치는 요소 중 하나입니다. 신도시 개발이 예정된 지역의 토지는 개발이 완료되면 그에 따라 토지 가치가 크게 상승합니다. 예를 들어, 경기도 파주시의 경우 2018년 9월 21일 고양 창릉 신도시 개발 계획이 발표된 후 해당 지역의 토지 가격이 200% 이상 상승했습니다.

2) 역세권으로 개발된 토지 : 역세권은 교통이 편리하고 접근성이 뛰어나기 때문에 토지 가치가 높은 지역입니다. 역세권 개발이 예정된 지역의 토지는 개발이 완료되면 그에 따라 토지 가치가 크게 상승합니다. 예를 들어, 2024년 개통 예정인 서해선복선전철의 송산역 경우 2013년 대비 2023년 기준 10년 동안 주변 지가는 1200% 상승했습니다.

3) 대기업이 유치된 지역 : 대기업이 유치되면 해당 지역의 인구와 경제가 활성화되어 토지 가치가 상승합니다. 대기업이 유치된 지역의 토지는 기업의 입주와 함께 그에 따라 토지 가치가 크게 상승합니다. 예를 들어, 평택 고덕 국제 신도시 2015년부터 삼성전자 120만 평 조성공사를 2023년까지 총 6생산라인의 완공을 시작으로 주변 시세는 과거 20만 원이었던 농경지가 현재 500만 원대 호가가 형성되었습니다.

4) 관광지로 개발된 지역 : 관광지로 개발되면 해당 지역의 인구 유입과 경제 활성화로 인해 토지 가치가 상승합니다. 관광지로 개발된 지역의 토지는 관광객의 증가와 함께 그에 따라 토지 가치가 크게 상승합니다. 예를 들어, 강원도 강릉시의 경우 2018년 동계올림픽 개최 후 해당 지역의 토지 가격이 300% 이상 상승했습니다.

5) 자연녹지에서 상업용지로 용도가 변경된 토지 : 토지의 지목은 산이지만 용도지역 도시지역 내 자연녹지인 대상지가 지구단위 계획을 통해 상업용지로 변경되면 토지 가치가 크게 상승한 사례가 있습니다. 예를 들어, 경기도 화성시 남양읍 소재의 토지가 도시개발구역으로 지정되면서 토지의 가치가 3000% 이상 뛴 사례도 있습니다.

토지투자는 환금성이 낮고 위험한 투자가 될 수 있습니다. 초보자라면 토지투자를 시작하기 전에 조사를 하고 전문가의 조언을 구하는 것이 중요합니다. 다음은 초보 토지투자자들을 위한 몇 가지 팁입니다.

- 토지투자의 위험을 이해하십시오. 토지는 환금성이 낮은 자산이며 팔기가 어려울 수 있습니다. 더불어 토지는 각종 공공 비용 및 세금 관리 비용이 많이 들 수 있으며 토지 가치가 하락할 위험이 있습니다.
- 토지투자에 대한 조사를 하십시오. 토지투자에 대해 배우고 다른 투자자들과 정보를 공유하며, 토지투자와 관련된 위험을 이해하십시오.
- 토지투자에 경험이 있는 전문가를 찾으십시오. 귀하에게 적합한 토지를 찾고 귀하의 이익을 보호하는 데 도움을 줄 수 있습니다.
- 인내심을 가지십시오. 토지투자는 장기적인 투자이며, 빨리 부자가 되기를 기대하지 마십시오.
- 올바른 토지를 선택하십시오. 토지를 선택할 때 눈에 보기에 좋은 토지가 아닌 비록 가치가 없어 보이지만 숨어 있는 보석을 선택하십시오. 또한 가능하다면 분산 투자를 할 수 있다면 자신의 예산에 맞는 토지를 선택해야 합니다.
- 투자 계획을 세우십시오. 판매 시기와 가격 책정 방법을 결정하고, 토지를 관리하는 방법에 대한 계획도 세워야 합니다.

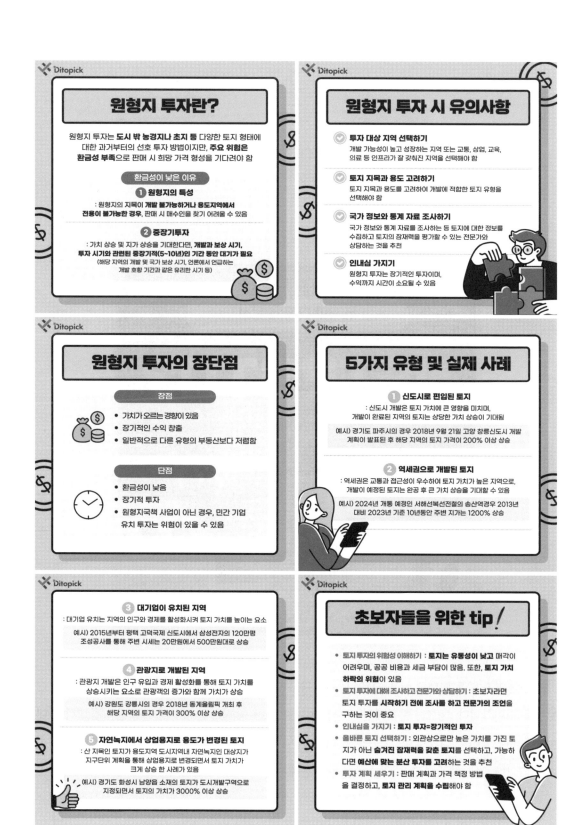

원형지 투자란?

원형지 투자는 **도시 밖 농경지나 초지 등** 다양한 토지 형태에 대한 과거부터의 선호 투자 방법이지만, **주요 위험은 환금성 부족**으로 판매 시 희망 가격 형성을 기다려야 함

환금성이 낮은 이유

① 원형지의 특성
: 원형지의 지목이 개발 불가능하거나 용도지역에서 **전용이 불가능한 경우**, 판매 시 매수인을 찾기 어려울 수 있음

② 중장기투자
: 가치 상승 및 지가 상승을 기대한다면, 개발과 보상 시기, 투자 시기와 관련된 중장기적(5~10년)인 기간 동안 대기가 필요
(해당 지역의 개발 및 국가 보상 시기, 언론에서 언급하는 개발 호황 기간과 같은 유리한 시기 등)

원형지 투자 시 유의사항

☑ **투자 대상 지역 선택하기**
개발 가능성이 높고 성장하는 지역 또는 교통, 상업, 교육, 의료 등 인프라가 잘 갖춰진 지역을 선택해야 함

☑ **토지 지목과 용도 고려하기**
토지 지목과 용도를 고려하여 개발에 적합한 토지 유형을 선택해야 함

☑ **국가 정보와 통계 자료 조사하기**
국가 정보와 통계 자료를 조사하는 등 토지에 대한 정보를 수집하고 토지의 잠재력을 평가할 수 있는 전문가와 상담하는 것을 추천

☑ **인내심 가지기**
원형지 투자는 장기적인 투자이며, 수익까지 시간이 소요될 수 있음

원형지 투자의 장단점

장점

• 가치가 오르는 경향이 있음
• 장기적인 수익 창출
• 일반적으로 다른 유형의 부동산보다 저렴함

단점

• 환금성이 낮음
• 장기적 투자
• 원형지국책 사업이 아닌 경우, 민간 기업 유치 투자는 위험이 있을 수 있음

5가지 유형 및 실제 사례

① 신도시로 편입된 토지
: 신도시 개발은 토지 가치에 큰 영향을 미치며, 개발이 완료된 지역의 토지는 상당한 가치 상승이 기대됨

예시) 경기도 파주시의 경우 2018년 9월 21일 고양 창릉신도시 개발 계획이 발표된 후 해당 지역의 토지 가격이 200% 이상 상승

② 역세권으로 개발된 토지
: 역세권은 교통과 접근성이 우수하여 토지 가치가 높은 지역으로, 개발이 예정된 토지는 완공 후 큰 가치 상승을 기대할 수 있음

예시) 2024년 개통 예정인 서해선복선전철의 송산역경우 2013년 대비 2023년 기준 10년동안 주변 지가는 1200% 상승

③ 대기업이 유치된 지역
: 대기업 유치는 지역의 인구와 경제를 활성화시켜 토지 가치를 높이는 요소

예시) 2015년부터 평택 고덕국제 신도시에서 삼성전자의 120만평 조성공사를 통해 주변 시세는 20만원에서 500만원대로 상승

④ 관광지로 개발된 지역
: 관광지 개발은 인구 유입과 경제 활성화를 통해 토지 가치를 상승시키는 요소로 관광객의 증가와 함께 가치가 상승

예시) 강원도 강릉시의 경우 2018년 동계올림픽 개최 후 해당 지역의 토지 가격이 300% 이상 상승

⑤ 자연녹지에서 상업용지로 용도가 변경된 토지
: 산 지목인 토지가 용도지역 도시지역내 자연녹지인 대상지가 지구단위 계획을 통해 상업용지로 변경되면서 토지 가치가 크게 상승 한 사례가 있음

예시) 경기도 화성시 남양동 소재의 토지가 도시개발구역으로 지정되면서 토지의 가치가 3000% 이상 상승

초보자들을 위한 tip!

• 토지 투자의 위험성 이해하기 : **토지는 유동성이 낮고 매각이 어려우며**, 공공 비용과 세금 부담이 많음. 또한, **토지 가치 하락의 위험**이 있음
• 토지 투자에 대해 조사하고 전문가와 상담하기 : 초보자라면 토지 투자를 시작하기 전에 조사를 하고 전문가의 조언을 구하는 것이 중요
• 인내심을 가지기 : **토지 투자=장기적인 투자**
• 올바른 토지 선택하기 : 외관상으로만 높은 가치를 가진 토지가 아닌 숨겨진 잠재력을 갖춘 토지를 선택하고, 가능하다면 **예산에 맞는 분산 투자를 고려**하는 것을 추천
• 투자 계획 세우기 : 판매 계획과 가격 책정 방법을 결정하고, **토지 관리 계획을 수립**해야 함

토지의 디지털 혁신 : NFT와 STO를 통한 토지투자의 새로운 가능성

2020년 이후 주요 빅테크 상품 중 하나인 NFT는 "Non-Fungible Token"의 약자로, 대체 불가능한 토큰을 의미합니다. NFT는 블록체인 기술을 기반으로 하며, 디지털 자산의 소유권을 증명하는 데 사용됩니다. NFT는 디지털 아트, 음악, 비디오, 게임 아이템, 스포츠 카드 등 다양한 자산에 적용될 수 있습니다. 간단히 말하면, 이것은 플랫폼을 통해 이루어지는 토큰형 지분 거래 방식입니다.

고가의 미술품이나 자동차, 명품, 가상의 브랜드 등 현물 자산이나 가상 자산을 토큰화해 플랫폼을 통해 유통 구조를 만들어 활발하게 거래되고 있습니다. 더불어, STO는 "Security Token Offering"의 약자로, 증권 토큰 발행을 의미합니다. STO는 블록체인 기술을 기반으로 하며, 증권의 소유권을 증명하고 거래를 용이하게 합니다. STO는 주식, 채권, 부동산 등 다양한 증권에 적용될 수 있으며, STO 운용방식은 크게 두 가지로 나뉩니다.

첫 번째, 부동산 건물이나 토지를 신탁사를 통해 유동화증권으로 발행한 후, 이를 플랫폼 거래소에 상장시켜 유동성을 확보하는 방식입니다. 이 경우, 투자자들은 플랫폼 거래소에서 STO 상품을 구매하고 판매할 수 있습니다.

두 번째, STO 부동산 유동화증권을 직접 보유하고 운용하는 방식입니다. 이 경우, STO 발행사가 직접 유동화증권을 보유하고 운용하며, 투자자들은 STO 상품에 대한 배당금이나 이자 등의 수익을 받습니다.

다음은 플랫폼 수익증권 발행 방법입니다.

1) 부동산 소유자가 플랫폼에 자산의 상장을 요청합니다. 분양가는 감정평가법인의 감정평가를 기준으로 하며, 부동산의 소유권은 수탁자에게 이전됩니다.
2) 수탁자는 플랫폼을 통해 투자자로부터 자금을 조달하고, 부동산을 담보로 하는 소득증권을 투자자에게 발행합니다. 이러한 증권을 보유한 투자자는 매매 스프레드, 배당금 및 기초 부동산 매각 이익을 얻을 수 있습니다.

이 내용을 토대로 현재 카사나 소유 루센트블록 회사는 빌딩이나 호텔 레지던스 또는 물류창고와 같은 자산을 조각투자 상품으로 판매 및 수익구조화를 통해 플랫폼 운영을 수행하고 있습니다. 앞으로 원형지 토지 관련 플랫폼 회사가 도입될 경우, 유사한 구조로 만들어질 가능성이 있어 다음과 같은 예시를 들어보겠습니다.

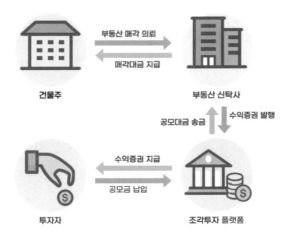

다음은 STO 발행 및 운용 샌드박스 관련 내용입니다.

금융위원회와 중소벤처기업부는 규제 샌드박스 프로그램으로 운영되는 부동산투자 플랫폼이 반드시 충족해야 하는 투자자 보호 조건 10가지를 추가로 부과했습니다. 이러한 조건에는 다음이 포함됩니다.

1) 안전을 위한 물리적 시설 및 전문 인력 확보

2) 운영규정의 제정

3) 투자자 보호를 위한 책임보험 가입

4) 투자자금 운용

5) 거래방법 및 사업 규모의 제한

6) 투자자 자금에 대한 별도 계좌 유지

7) 투자자 1인당 연간 투자액 제한

8) 투자 위험 및 수익에 대한 명확한 정보 제공

9) 사기 및 불법행위 예방을 위한 정기점검 실시

10) 해킹 또는 데이터 침해를 방지하기 위한 보안 시스템 강화

이러한 조건은 각 플랫폼의 규정 환경 및 특정 상황에 따라 변경 또는 수정될 수 있습니다.

개발지 인근 농지에 대한 부동산 부분투자 플랫폼의 일반적인 구조는 다른 부동산 부분투자 플랫폼과 유사한 기본적인 단계를 따를 가능성이 높습니다.
다음은 이 절차에 관한 내용입니다.

1) 토지 소유자가 플랫폼에 자산 상장을 요청합니다.

2) 감정평가회사는 토지의 위치 및 개발 가능성에 따라 그 가액을 결정합니다.

3) 토지 소유자가 그 토지의 일부를 매각하기로 약정하고 수탁자에게 소유권을 위탁하는 경우.

4) 수탁자는 크라우드펀딩 등의 방법으로 매수한 투자자에게 투자계약(지분)을 발행합니다.

5) 투자자는 토지의 가치의 평가, 농민에 대한 임대수익 또는 개발업자에 대한 매각 이익을 기준으로 수익을 얻습니다.

위 내용을 기반으로, 개발지 농지와 임야의 STO 상품을 만든다고 가정해 보겠습니다. 예를 들어, 부동산 토지조각투자 플랫폼 회사를 설립하고, A token를 발행하여 신탁사에서 상품 및 구조화 작업을 통해 증권시장에 유동화시키고, 이를 통해 상품을 판매할 수 있습니다. 또한, 향후 토지를 매각하여 수익을 공유하는 구조는 다음과 같이 작성될 수 있습니다.

1) A 개발 STO 플랫폼 회사 설립 : 부동산 토지조각투자 플랫폼 회사를 설립합니다.

2) A Token 발행 : 회사는 부동산 신탁사와 협력하여 부동산 유동화 수익증권(Token)을 발행합니다.

3) 상품 및 구조화 작업 : 신탁사는 부동산 자산을 조각화하고, 해당 자산에 대한 Token을 발행합니다. 이때, Token의 발급 가격은 해당 자산의 시장 가치에 따라 결정됩니다.

4) 증권시장 유동화 : 발급된 Token은 증권시장에서 거래가 가능하며, 일반 투자자들은 해당 Token을 매수할 수 있습니다.

5) 상품 판매 : 회사는 일반 투자자들에게 Token을 판매하여 자금을 조달합니다.

6) 토지 매각 : 부동산 자산이 판매되면, 해당 수익은 회사와 일반 투자자들 사이에서 공유됩니

다. 이때, 공유 비율은 각 투자자가 보유한 Token의 비중에 따라 결정됩니다.

7) 수익 분배 : 부동산 자산이 매각된 후, 회사는 수익을 분배합니다. 이때, 투자자들에게 발행된 수익증권에 따라 수익이 분배되며, 매각대금이 지급되고 공모대금이 납입됩니다. 이후, 발행된 수익증권에 따라 송금을 통해 투자자들에게 수익이 지급됩니다. 하지만 이 과정은 부동산 조각투자 서비스마다 상이할 수 있으니, 각 서비스의 개별 서비스 내용을 확인하는 것이 좋습니다.

부동산 조각투자 vs 리츠 vs 부동산펀드

구분	부동산 조각투자	리츠	부동산 펀드
투자대상	단일 부동산 투자 *투자 부동산 선택 가능	부동산 간접투자기구(법인) *개별 부동산 선택 불가	부동산 관련 실물 자산
투자자 수익	배당수익+시세차익+매각차익	배당수익+시세차익+매각차익	배당수익+매각차익(조건부)
중도환매	O (유통플랫폼 매매 수시 현금화 가능)	O (유형에 따라 상이)	X (주로 3~7년간 환매 불가)
주요사업 근거 법률	신탁법 및 자본시장법 금융위원회 산하 관리	부동산투자회사법 국토교통부 산하 관리	자본시장법 금융위원회 산하 관리
세금공제	- 취득세 없음 - 배당소득세 : 15.4% - 양도소득세 : 15.4%	- 취득세 : 4.6% - 배당소득세 : 15.4% - 양도소득세 : 15.4%	- 취득세 : 4.6% - 배당소득 : 15.4% - 양도소득세 : 15.4%

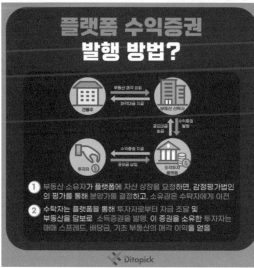

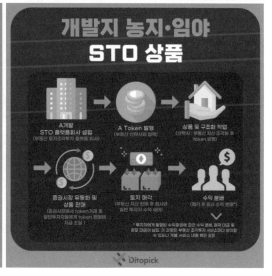

지분투자의 미덕과 기획부동산의 유혹 : 토지투자에서의 신중한 선택

농지 및 임야의 부동산 지분투자와 유사한 부동산 금융투자 상품이 시장에 앞으로 진출할 것으로 예상되며, 위와 같은 방식은 현재 빅테크 산업과 금융과 부동산의 새로운 시장의 시작이라고 생각됩니다. 그렇다면 현재는 어떤 식으로 지분투자가 이루어지며, 공유지분의 의미와 등기사항의 소유 형태의 방식, 처분, 그리고 이슈가 되었던 기획부동산의 피해 사례와 대응 방법에 대해서 알아보겠습니다.

지분 판매(투자)란 하나의 부동산을 여러 개의 지분으로 나누어 각 지분을 개별 투자자들에게 판매하는 투자 형태를 말합니다. 이는 일반적으로 부동산 가격이 높아서 한 번에 구매하기 어려운 경우나, 투자 목적으로 일부 지분만 구매하고자 하는 경우 등에 활용되며, 다양한 투자 기회를 제공하고 작은 금액으로도 투자가 가능하다는 장점을 가지고 있습니다.

간단히 말하면, 우리가 노후된 아파트나 열악한 환경의 낡은 건물을 살 때, 건물을 사는 걸까요? 토지를 사는 걸까요?

물론 건물은 감가상각이 되기 때문에 재개발·재건축의 가능성을 염두에 두고 해당 지역의 토지를 사는 것입니다.

아파트 등기부등본을 열람하면 표제부가 소유하고 있는 전체 필지의 대지지분 면적이 나와 있을 겁니다. 재개발·재건축은 현재 아파트나 주택의 건폐율과 용적률이 종상향되면 그 용적률만큼 내 소유의 대지지분과 용적률을 곱해 향후 내가 받게 될 아파트는 평형 대가 결정이 되고 거기에 감정평가 받은 내 토지의 가치와 향후 건설될 아파트의 가치에서 개발 부담금 지급 또는 소유 토지의 면적보다 신청 평형 대의 아파트가 소형이라면 일부 현금 청산을 받을 수도 있습니다. 즉, 개발지의 토지를 공유하고 있다는 건 지분 소유를 가지고 있다는 것입니다.

하지만 지분투자를 할 때 주의해야 할 사항이 있습니다.

기획부동산이라고 들어보셨나요? 기획부동산이란, 개발이 어렵거나 경제적 가치가 없는 토지를 개발 가능한 용지로 속여서 파는 업체 부동산을 말합니다. 이러한 기획부동산은 수많은 피해자를 양산할 뿐만 아니라 각종 법적 분쟁을 일으켜 엄청난 행정 및 사법적 낭비를 초래하는 것으로 정의됩니다. 언론에서 일반적으로 부동산 투기 및 사기와 관련한 보도를 하면서 "기획부동산"이란 용어를 통용하여 사용되고 있습니다. 이러한 기획부동산의 문제점으로는 소비자들의 권리 침해, 부당한 이윤 추구, 거래 과정에서의 불공정성 등이 있습니다. 또한, 이러한 문제점들은 국가와 지방자치단체에서도 매우 큰 문제로 인식되어 대규모의 규제와 단속이 이루어지고 있습니다.

공유지분으로 투자할 경우, 다음과 같은 사항에 주의해야 합니다.

1) 토지의 개발 가능성과 가치를 충분히 조사해야 합니다.

2) 분양 대상인 토지가 공유지분인 경우, 다른 지분 소유자들과의 분쟁 가능성이 있으므로 이를 신중히 고려해야 합니다.

3) 분양 계약서와 약관을 꼼꼼히 확인하고, 이해하지 못하는 내용은 전문가와 상담하여야 합니다.

4) 분양 대상인 토지가 개발 가능한 용도에 맞는지, 관련 법규와 규정을 준수하는지 확인해야 합니다.

5) 분양 대상인 토지의 등기 상태와 관련된 문제가 있는 경우, 이를 충분히 파악하고 대처해야 합니다.

지분 쪼개기 사기는 아직 개발되지 않은 토지를 여러 투자자에게 지분 형태로 분양하는 방식의 부동산 사기입니다. 이 사기 유형은 최근 몇 년 동안 급증하고 있으며, 특히 주부들 사이에서 사기 피해가 끊임없이 발생하고 있습니다.

지분 쪼개기 사기의 전형적인 수법은 다음과 같습니다.

- 단기간에 큰 수익을 올릴 수 있다고 홍보합니다.
- 땅을 분양한 후 폐업합니다.
- 땅을 분양할 때 실제 땅과 다른 땅을 보여 줍니다.
- 땅을 분양할 때 지번을 알려 주지 않습니다.

지분 쪼개기 사기에 당하지 않기 위해서는 다음과 같은 사항에 유의해야 합니다.

- 지분 쪼개기 사기의 수법을 숙지합니다.
- 땅을 분양하는 회사에 대한 철저한 조사를 합니다.
- 땅을 분양할 때 공유지분 형태로 분양하는지 확인합니다.
- 땅을 분양한 후에도 해당 회사가 정상적으로 운영되고 있는지 확인합니다.
- 땅을 분양할 때 실제 땅과 다른 땅을 보여 주는지 확인합니다.
- 땅을 분양할 때 정확한 지번을 알려 주는지 확인합니다.

지분 쪼개기 사기의 피해 사례

지분 쪼개기 사기는 매우 치밀하고 교묘하게 이루어지기 때문에 사전에 철저한 조사를 통해 사기를 예방하는 것이 중요합니다. 다음은 지분 쪼개기 사기의 실제 피해 사례입니다.

첫 번째 사례, 2019년 경기도 성남시 수정구 금토동 산 73번지. 이 임야는 33개 기획부동산 법인에 의해 4,800여 명에게 쪼개져 분양되었습니다. 이 임야는 개발제한구역으로 개발이 불가능한 땅이었지만, 기획부동산은 "곧 개발이 될 것"이라고 주장하며 820억여 원을 챙겼으며 수익률은 무려 534%에 달했습니다. 이후 구매자들은 땅을 산 후에도 개발이 되지 않자 기획부동산에 환불을 요구했지만, 기획부동산은 거부했고, 결국 피해자들은 기획부동산을 상대로 소송을 제기했습니다.

두 번째 사례, 기획부동산은 서울특별시 도봉구 도봉동 산 53번지를 27억 원에 사들였으며, 지분 일부를 청구·케이비 계열 업체로 매각했습니다. 이후 금토동 사례와 유사한 방식으로 개인(957명)에게 쪼개 팔았습니다. 그러나 이 땅은 개발제한구역, 문화재보호구역, 보전산지, 비오톱 1등급으로 지정된 북한산국립공원 부지로서 개발이 불가능한 토지입니다.

토지를 취득하는 데에 있어 일반적으로 민주주의 국가에서는 시장 경제 원리에 따라 가격이 결정됩니다. 즉, 매도인과 매수인 간의 자유로운 거래에 의해 가격이 형성되며, 정부나 규제 기관은 이러한 시장 원리를 존중하고 지원합니다. 그러나 일부 경우에는 정부나 규제 기관이 가격을 조절하거나 제한하는 경우도 있습니다. 또한, 토지는 희소성이 있기 때문에 개발이 어렵다 하더라도 동일한 땅을 다시 구매할 수 없습니다. 기획부동산 업체들은 이러한 사실을 이용하여 소비자들을 현혹시키고, 부동산 가치를 인위적으로 부풀려 불법적인 이익을 얻으려고 합니다. 따라서, 소비자들은 이러한 기획부동산 업체들의 행위에 대해 주의해야 합니다.

토지 소유의 등기 방식 이해
: 토지투자에서의 지분등기 방식의 이해와 응용

소액으로 투자할 경우에는 지분 거래를 통해 거래하는 경우가 종종 있습니다.

소유권 이전 시 등기 유형에는 단독등기, 개별등기, 지분등기, 공동등기, 공유지분등기, 총유등기, 합유등기 등 다양한 유형이 있습니다.

실제로 등기 절차에서는 단독등기(개별등기), 공유지분등기, 공동소유등기, 합유등기가 전부지만, 사용하는 말이 조금씩 달라 혼동을 가져올 수 있습니다. 이를 간략하게 표로 정리하고 부가적으로 추가 설명을 더해 쉽게 이해하도록 하겠습니다.

구분	단독등기 (개별등기)	공유지분등기 (지분등기)	공동소유등기 (합유등기)	총유등기
등기방식	1인 소유권 등기	2인 이상이 지분으로 등기	2인 이상이 전원명의로 등기	권리능력이 없는 사단 등의 소유 형태로 등기
지분의 처분	1인이 소유자이므로 마음대로 처분 가능	해당 지분별로 자유로 이 처분 가능	해당 토지의 권리자 모두의 동의를 얻어 처분 가능	지분의 개념 없이 총회의 결의를 거쳐 처분 가능
사용, 수익	개인이 사용, 수익	지분 비율대로 사용, 수익	계약에 의하거나 공동으로 사용, 수익 가능	총회의 결의에 의해 사용, 수익 가능
주변 사례	토지, 단독주택, 아파트 등의 1인 명의로 등기	토지, 단독주택, 아파트 등의 2인 이상 의 명의로 지분 등기	합유자(공동) 전원의 명의로 등기	단체 명의로 등기 (문중의 선산 등)

1) 단독등기(개별등기)

개별등기 또는 단독등기는 하나의 부동산에 1인이 소유권을 가지고 등기를 하는 경우를 말합니다. 가장 일반적인 형태로, 1인의 소유로 되어 있어 소유자가 자유롭게 사용하고 수익을 얻을 수 있습니다.

【 갑 구 】(소유권에 관한 사항)				
순위번호	등기목적	접수	등기원인	권리자 및 기타사항
1 (전 1)	소유권이전	1999년 3월 29일 제4890호	1983년 3월 6일 매매	소유자 이○○ 동대문구 용두동 ○○○ 법률 제2562호에 의함
				부동산등기법 제177조의 6 제1항의 규정에 의하여 2000년 09월 15일 전산이기
2	소유권이전	2010년 7월 11일 제5745호	2010년 7월 7일 매매	소유자 최○○ 860503-******* 동대문구 제기동 ○○○

2) 공유지분등기(지분등기)

2인 이상의 소유로 등기되며, 등기부에 공유자의 지분이 표시되어 등기됩니다. 예를 들어, 토지 또는 아파트의 공유지분등기가 완료된 경우, 내가 소유한 지분에 한해 언제든지 매도할 수 있습니다. 요즘에는 조그마한 부동산도 대부분 억대 이상이므로 소액 투자자끼리 모여 공동으로 매수한 후 지분등기를 하면 매도할 때에 큰 무리없이 가능합니다. 단, 인기가 좋은 지역의 부동산은 지분매매가 활발하므로 소액 투자의 경우는 가급적 지분등기를 권장하며, 지분별로 지분분할이 가능합니다.

【 갑 구 】(소유권에 관한 사항)				
순위번호	등기목적	접수	등기원인	권리자 및 기타사항
1 (전 1)	소유권이전	1994년 2월 29일 제9890호	1993년 3월 6일 매매	소유자 송○○ 강남구 대치동 ○○○ 법률 제3562호에 의함
2	소유권이전	2020년 7월 11일 제58945호	2020년 7월 7일 매매	공유자 안○○ 891112-******* 강남구 대치동 ○○○○은마아파트 1152 공유자 최○○ 75010-******* 강남구 대치동 ○○○○ SK뷰 502 공유자 황○○ 821010-******* 강남구 역삼동 ○○○○ 가든빌라 502

3) 공동소유등기(합유등기)

2인 이상의 소유로 등기되며, 등기부에 합유자 전원의 명의로 표시되어 등기됩니다. 공동소유등기와 공유지분등기는 유사한 점이 많지만 약간의 차이가 있는데, 가장 큰 차이점은 공유지분등기의 경우 지분별로 매도가 자유롭지만, 공동소유등기는 공동소유자 전원의 동의를 얻어야 매도가 가능합니다. 예를 들면, 소액으로 1000평의 토지를 5명이 동일한 비율로 공동으로 구매했다고 가정하면, 1명의 소유 지분은 200평이지만 이 200평을 매도하고자 하면 공동소유인 4명의 동의를 얻어야 매도가 가능합니다. 따라서 매매가 어렵고 절차가 까다롭습니다. 또한, 공동소유의 경우는 조합체가 해제된 후에는 분할 청구가 가능합니다.

【 갑 구 】(소유권에 관한 사항)				
순위번호	등기목적	접수	등기원인	권리자 및 기타사항
1 (전 1)	소유권이전	1994년 2월 29일 제8890호	1993년 3월 6일 매매	소유자 윤○○ 고령군 ○○읍 ○○○리 134 법률 제3562호에 의함
				부동산등기법 제177조의 6 제1항의 규정에 의하여 2005년 10월 02일 전산이기
2	소유권이전	2016년 9월 11일 제49945호	2016년 9월 7일 매매	합유자 최○○ 860503-******* 강남구 대치동 ○○○ 401 합유자 한○○ 800408-******* 경기도 남양주시 ○○ 아파트 102 합유자 안○○ 850706-******* 경기도 안산시 ○○○ 아파트 1708

4) 총유등기

총유(합유)등기는 대표적으로 문중에서 관리하는 선산이 대표적이며, 단체의 명의로 등기되므로 매도 시에도 단체에서 정한 총회의 결의에 의해 매도가 가능합니다.

【 갑 구 】(소유권에 관한 사항)				
순위번호	등기목적	접수	등기원인	권리자 및 기타사항
1 (전 1)	소유권이전	1984년 2월 29일 제8890호	1973년 3월 6일 매매	소유자 김○○ 제주시 봉개동 ○○○ 법률 제3562호에 의함
				부동산등기법 제177조의 6 제1항의 규정에 의하여 2000년 09월 15일 전산이기
2	소유권이전	2006년 7월 11일 제49945호	2006년 7월 7일 매매	소유자 경주○씨 ○○○파 ○○회 111111- ******* 경상북도 경주시 외동읍 입실리 000-00

토지로 승부하라: MZ세대의 땅 재테크 비결

5) 구분등기

구분등기는 다세대주택 또는 아파트와 같이 세대별로 구분하여 등기하는 것을 말합니다. 다가구주택의 경우는 호실별로 소유자를 구분하여 등기 하지 못하여 소유자가 1인(지분등기는 가능)이며, 반면에 다세대(빌라)나 아파트의 경우는 호실별로 구분하여 등기하므로 소유자가 다릅니다.

이상으로 부동산을 매매하고 등기할 때에 사용하는 용어인 개별등기, 지분등기, 공동등기, 합유등기, 총유등기 등 일상적으로 사용하는 용어와 의미에 대해 알아보았습니다.

1 지분투자란?

하나의 부동산을 여러 개의 지분으로 나누어 킥킥 개별 투자지들에게 판매하는 투자 할태

지분투자의 장점

부동산에 대한 다양한 투자 기회를 제공하고, 작은 금액으로도 투자가 가능

피자 한 판 = 한 필지
피자 한 조각 = 지분

피자 한 판을 모두 살 돈이 부족하여 한 조각만 따로 사는 것과 유사한데, 피자 한 조각을 내 돈으로 구매하고 내가 원할 때 마음대로 먹는 것이 공유지분등기와 유사한 개념

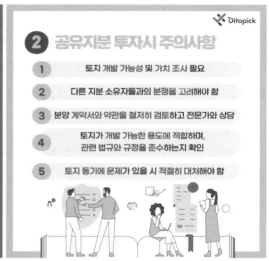

2 공유지분 투자시 주의사항

1. 토지 개발 가능성 및 가치 조사 필요
2. 다른 지분 소유자들과의 분쟁을 고려해야 함
3. 분양 계약서와 약관을 철저히 검토하고 전문가와 상담
4. 토지가 개발 가능한 용도에 적합하며, 관련 법규와 규정을 준수하는지 확인
5. 토지 등기에 문제가 있을 시 적절히 대처해야 함

3 지분 쪼개기 사기 수법

이 사기 유형은 최근 몇 년 동안 급증하고 있으며, 지분 쪼개기 사기의 전형적인 수법은 아래와 같음

- 단기간 큰 수익을 미끼로 홍보
- 땅 분양 후 폐업
- 땅 분양 시 지번을 알려주지 않음
- 땅 분양 시 실제와 다른 땅을 보여줌

4 지분 쪼개기 사기 예방 방법

지분 쪼개기 사기 방지를 위해 다음과 같은 사항을 유의해야 함

- 지분 쪼개기 사기 수법 숙지
- 땅 분양하는 회사 철저히 조사하기
- 분양 시 공유지분 형태인지 확인
- 분양 후 회사가 정상 운영하는지 확인
- 분양 시 실제와 다른 땅 보여주는 지 확인
- 분양 시 정확한 지번 확인

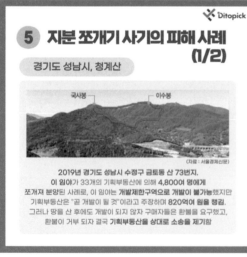

5 지분 쪼개기 사기의 피해 사례 (1/2)

경기도 성남시, 청계산

국사봉   이수봉

(자료 : 서울경제신문)

2019년 경기도 성남시 수정구 금토동 산 73번지.
이 임야가 33개의 기획부동산에 의해 4,800여 명에게 쪼개져 분양된 사례로, 이 임야는 개발제한구역으로 개발이 불가능했지만 기획부동산들 "곧 개발이 될 것"이라고 주장하며 820억여 원을 챙김.
그러나 땅을 산 후에도 개발이 되지 않자 구매자들은 환불을 요구했고, 환불이 거부 되자 결국 기획부동산을 상대로 소송을 제기함

5 지분 쪼개기 사기의 피해 사례 (2/2)

서울시 도봉구, 도봉산

(자료 : 네이버, 네이버지도)

서울특별시 도봉구 도봉동 산53번지.
기획부동산은 이 임야를 27억 원에 사들인 후, 지분 일부를 청구 · 케이비 계열 업체로 매각.
이 후 금토동 사례와 유사한 방식으로 957명에게 쪼개 팔았으나, 이 땅은 개발제한구역, 문화재보호구역, 보전산지, 비오톱 1등급으로 지정된 북한산국립공원 부지로서 개발이 불가능한 토지

토지로 승부하라: MZ세대의 땅 재테크 비결

제4수도권 정비법으로 주목받는 유망지역

수도권은 서울특별시, 인천광역시, 경기도를 포함하는 지역으로 대한민국 인구의 약 50%가 거주하고 있습니다. 수도권은 대한민국의 정치, 경제, 문화, 교육의 중심지이며, 수도권에 투자하는 것은 장기적으로 안정적인 수익을 창출할 수 있는 좋은 방법입니다.

수도권의 주택 가격은 매우 높으며, 서울 아파트의 평균 가격은 약 10억 1,975만 원(2022년 12월 기준)입니다.

수도권은 다음과 같은 특징을 가지고 있습니다.

- 수도권의 인구는 약 2,561만 명(2022년 11월 기준)으로 대한민국 전체 인구의 약 49.5%를 차지합니다.

- 수도권의 면적은 약 10,127㎢(2022년 기준)로 대한민국 전체 면적의 약 11.8%를 차지합니다.

- 수도권의 GDP는 약 2,033조 2,000억 원(2021년 기준)으로 대한민국 전체 GDP의 약 49.9%를 차지합니다.

- 수도권의 1인당 GDP는 약 7,928만 원(2021년 기준)으로 대한민국 전체 1인당 GDP의 약 1.9배입니다.

- 수도권의 실업률은 약 3.1%(2022년 11월 기준)로 대한민국 전체 실업률의 약 1.6배입니다.

 토지를 안전하게 투자하기 위해서는 국토의 개발 계획과 특·광·시·군의 도시기본계획 등 개발의 축을 파악하고 이를 기반으로 접근해야 합니다. 토지투자에서 토지 수요, 토지 공급, 부동산 정책은 정말 중요한 투자 요인으로 꼽히고 있습니다. 또한, 인구와 GDP가 높고 인프라를 잘 갖춘 곳은 초보 투자자들이 접하기 가장 쉬운 투자지역 중에 하나입니다. 수도권에 투자하기 전에 가장 고려해야 할 사항인 수도권 정비법에 대해 간략한 정보를 제공하고, 안전하고 향후 미래 가치가 높은 투자처를 제안해 보려고 합니다.

 수도권 정비계획은 저성장, 고령화, 인구 감소, 4차 산업혁명 등 급격한 여건변화에 대응하여 수도권 주민 삶의 질 향상, 수도권의 질적 발전 및 대도시 문제 해결 등을 위한 관리방향 마련이 필요하다고 제시되었습니다. 이를 위해 중앙행정기관과 시·도지사의 의견을 수렴하여 수도권의 인구 및 산업의 집중을 억제하고 적절하게 분산시키기 위한 다양한 내용이 포함되어 있습니다.

수도권의 3대 권역은 다음과 같습니다.

- 과밀억제권역 : 인구와 산업이 지나치게 집중되었거나 집중될 우려가 있어 이전하거나 정비할 필요가 있는 지역으로, 서울을 중심으로 주변의 인천광역시(성장관리권역 제외), 의정부시, 구리시, 남양주시(동 지역), 하남시, 고양시, 수원시, 성남시, 안양시, 부천시, 광명시, 과천시, 의왕시, 군포시, 시흥시(반월특수지역 제외) 등 총 16개 시가 이에 해당됩니다.
- 성장관리권역 : 과밀억제권역으로부터 이전하는 인구와 산업을 계획적으로 유치하고 사업의 입지와 도시의 개발을 적정하게 관리해야 하는 지역으로, 동두천시, 안산시, 평택시, 용인시 일부, 남양주시 일부, 시흥시 일부, 연천, 포천, 양주, 김포, 화성, 안성이 여기에 해당됩니다.
- 자연보전권역 : 한강수계의 수질 및 자연환경보전이 필요한 지역으로, 인구집중유발시설은 전부 금지됩니다. 이천시, 남양주시 일부, 가평군, 양평군, 여주시, 광주시, 안성 일부가 여기에 해당됩니다.

각 권역별 규제 및 법률은 다음과 같습니다.

- 과밀억제권역 : 과밀억제권역에서는 원칙적으로 학교, 공공청사, 연수시설의 신설, 증설, 용도 변경 또는 공업지역의 지정이 허용되지 않습니다. 그러나, 25,000㎡ 이상의 업무용 시설이 주용도인 업무용 건축물과 15,000㎡ 이상의 판매용 시설이 주용도인 건축물 또는 25,000㎡ 이상의 복합용 건축물에는 표준건축비의 10%의 과밀부담금을 부과하여 간접적으로 규제하고 있으며, 공장의 신규 설립은 원칙적으로 금지됩니다.
- 성장관리권역 : 성장관리권역은 적절한 성장을 유지하면서 과도한 인구가 집중되지 않도록 학교, 공공청사, 연수시설의 신설·증설이나 허가 등을 금지합니다. 그러나 공장은 총량규제의 범위 내에서 계획적으로 허용되는 지역이며, 상업시설에 대한 과밀부담금이 없어 유치를 권장하고 있습니다.
- 자연환경보전권역 : 자연환경보전권역에서는 인구집중유발시설은 전부 금지됩니다.

수도권 정비계획법은 수도권의 과밀을 방지하고 균형 있는 발전을 도모하기 위해 제정된 법률로,

이 법은 1994년에 제정되어 2001년, 2008년, 2011년, 2014년, 2020년, 2022년에 개정되었습니다.

수도권 정비계획법은 수도권을 과밀억제권역, 성장관리권역, 자연보전권역의 세 가지 권역으로 구분하고, 각 권역에 따라 다른 규제를 적용하고 있습니다. 과밀억제권역은 수도권에서 인구와 산업이 가장 집중된 지역으로, 가장 엄격한 규제가 적용됩니다. 성장관리권역은 과밀억제권역의 과밀을 완화하기 위해 지정된 지역으로, 과밀억제권역보다 규제가 완화되어 있습니다. 자연보전권역은 수도권의 자연환경을 보호하기 위해 지정된 지역으로, 가장 엄격한 규제가 적용됩니다.

수도권 정비계획법은 다음과 같은 다양한 규제를 규정하고 있습니다.

- 공장총량제 : 공장총량제는 수도권의 공장 수를 제한하는 제도입니다. 2020년 기준으로 수도권 내 공장수는 11만 5천 개로, 이 중 과밀억제권역에는 5만 9천 개, 성장관리권역에는 5만 6천 개의 공장이 있습니다.
- 4년제 대학 신설 금지 : 4년제 대학 신설은 수도권의 과밀을 방지하기 위해 금지되어 있습니다. 그러나 2014년부터는 수도권 내 혁신도시에 4년제 대학 신설이 허용되고 있습니다.

공장총량제와 대학규제에 대해서 새 정부가 '수도권 정비계획' 변경을 준비하고 있습니다. 국토교통부는 최근 '제4차 수도권 정비계획 수정 필요성 검토를 위한 기초연구' 사전 규격을 공개했습니다. 이번에 연구 용역 과제는 크게 4가지로 구분되며, 이를 통해 4차 수도권 정비계획상 인구집중유발시설과 개발사업 관리 방안을 점검합니다. 특히, 수도권 과밀화 방지를 위한 인구집중유발시설 관련 제도의 운영실효성을 분석하고, 개선 방안을 제시할 계획입니다. 이러한 인구집중유발시설과 관련된 제도는 '공장총량제'와 '대학규제'가 대표적입니다. 새 정부 출범 이후 정책 변화에 따라 정비계획 수정이 필요하며, 특히 공장총량제는 오는 2042년까지 경기 용인에 정부가 300조 원을 투입하는 세계 최대 규모의 반도체 메가 클러스터 조성 계획과 맞물리게 됩니다. 수도권 정비계획법은 수도권 내에서 과도한 제조업 집중을 억제하기 위해 공장총량제를 도입하여 공장의 신·증설을 제한하고 있습니다. 수도권 정비계획법에 따라 2000년 이후 수도권 대학의 총원은 11만 7145명으로 제한되어 있었지만, 내년부터는 수도권 대학의 반도체·인공지능(AI) 등 대학 첨단학과 학부 입학 정원을 20여 년 만에 늘리기로 했습니다. 이번 제4차 수도권 정비계획 변경을 통해 수도권 권역 관리방에 대한 적정성 등을 검토하고, 변경 수립을 정부 수립 여부를 결정할 예정입니다.

수도권 정비계획법은 수도권의 균형 있는 발전에 기여했지만, 기업의 투자와 활동을 제약한다는 지적도 있습니다. 이에 따라 정부는 수도권 정비계획법의 규제를 완화하기 위한 정책을 추진하고 있습니다.

정부가 추진하고 있는 수도권 정비계획법 규제 완화 정책은 다음과 같습니다.

- 공장총량제 완화 : 공장총량제는 수도권의 공장 수를 제한하는 제도로, 정부는 공장총량제를 완화하여 기업의 공장 신설과 증설을 지원할 계획입니다.
- 4년제 대학 신설 허용 : 4년제 대학 신설은 수도권의 과밀을 방지하기 위해 금지되어 있습니다. 그러나 정부는 4년제 대학 신설을 허용하여 수도권의 인구 분산을 유도할 계획입니다.
- 자연보전권역 규제 완화 : 자연보전권역은 가장 엄격한 규제가 적용되는 지역입니다. 그러나 정부는 자연보전권역의 규제를 완화하여 기업의 투자와 활동을 지원할 계획입니다.

이러한 수도권 정비계획법 규제 완화 정책은 수도권의 균형 있는 발전에 기여할 것으로 기대됩니다. 그러나 정책의 효과를 높이기 위해서는 지역 주민들의 의견을 충분히 수렴하고, 지역의 특성을 고려하는 등 세심한 정책 추진이 필요할 것으로 보입니다.

제4차 수도권 정비계획(2021~2040)에서는 특화산업 분포 및 네트워크 분석, 수도권 지자체별 공간계획 및 주요 개발예정지 검토 등을 통해 수도권 공간구조를 구상하고 있습니다. 이를 위해 글로벌 혁신 허브와 국제 물류·첨단산업벨트를 구축하고, 경기도 주요 거점 도시의 자족기능 확보 및 테크노밸리 혁신 역량 강화 등을 통해 서울에서 거점지역을 중심으로 확산하는 형태로 글로벌 혁신 허브를 구축할 예정입니다. 또한, 수도권 남서부의 자동차 등 기계 및 전기 전자 산업 등의 지속적인 집적화를 추진하고 첨단화 등 산업고도화를 통해 첨단산업으로 도약할 계획입니다.

현 정부는 수도권에 첨단산업, 반도체, 배터리 등 미래 신산업을 유치하기 위해 노력하고 있으며, 주요 사업과 개요는 다음과 같습니다.

1) 국가첨단산업벨트 : 김포, 인천, 시흥, 안산, 화성 등지에 첨단 물류 산업 클러스터를 조성하여

자동차 기계, 바이오, 로봇 등 혁신형 첨단산업을 유치할 계획입니다.

2) 스마트 반도체벨트 : 용인 반도체 클러스터 신규 조성을 통해 반도체 산업 거점을 마련하고 수원, 화성, 평택, 이천 등 반도체 생산 지원시설 확충 및 제조적 지원 등을 통해 연계 기능을 강화할 계획입니다.

3) 평화경제벨트 조성 : 남북협력 관문으로서의 지정학적 특성의 중요성을 고려하여, 평화경제 체계를 구축하기 위한 거점지역으로 수도권 북부지역을 조성할 계획입니다. 이 지역에서는 산업특화도가 높은 의류·식품·화장품 등 생활밀착형 산업 등의 지역 특화산업을 육성하고 지원하며, 인천, 강화, 옹진 및 경기북부 등 접경지역이 평화경제의 중심지 역할을 수행할 수 있도록 종합적 발전을 지원할 계획입니다.

4) 생태 관광·휴양벨트 : 팔당, 상수원 등 수도권 식수원의 안전 확보와 수질개선 및 양호한 생태 자연환경보전 등을 위해 경기 동부지역의 관리 신규 개별입지를 억제하고 기존 개별입지를 계획입지로 유도하며, 이를 기반으로 난개발을 방지하고 및 계획적인 성장을 지원하여, 친환경 관광산업 육성과 휴양단지 조성 등을 통해 관련 산업을 육성하는 등 생태 관광 휴양벨트를 구축할 계획입니다.

이러한 정책들은 수도권의 부동산 시장을 활성화하고, 수도권을 대한민국의 미래 성장 동력으로 육성하는 데 도움이 될 것으로 기대됩니다.

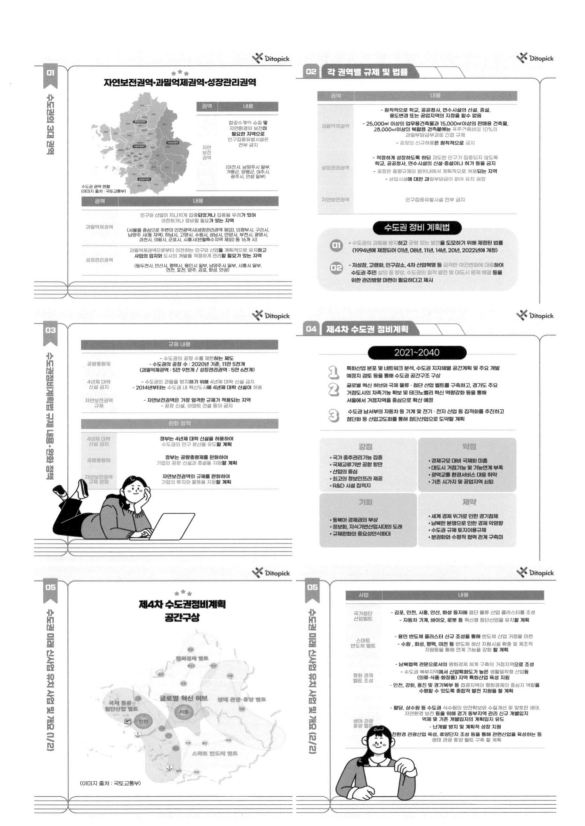

01 자연보전권역·과밀억제권역·성장관리권역

★ ★ ★

수도권 권역 현황
(이미지 출처 : 국토교통부)

권역	내용
자연보전권역	한강수계의 수질 및 자연환경의 보전이 필요한 지역으로 인구집중유발시설은 전부 금지 (이천시, 남양주시 일부, 가평군, 양평군, 여주시, 광주시, 안성 일부)

권역	내용
과밀억제권역	인구와 산업이 지나치게 집중되었거나 집중될 우려가 있어 이전하거나 정비할 필요가 있는 지역 (서울을 중심으로 주변의 인천광역시성장관리권역 제외), 의정부시, 구리시, 남양주 사동 지역), 하남시, 고양시, 수원시, 하남시, 안양시, 부천시, 광명시, 과천시, 의왕시, 군포시, 시흥 시보전용수 지역 제외) 등 16개 시]
성장관리권역	과밀억제권역으로부터 이전하는 인구와 산업을 계획적으로 유치하고 사업의 입지와 도시의 개발을 적정하게 관리할 필요가 있는 지역 (동두천시, 안산시, 평택시, 용인시 일부, 남양주시 일부, 시흥시 일부, 연천, 포천, 양주, 김포, 화성, 안성)

---

02 각 권역별 규제 및 법률

권역	내용
과밀억제권역	- 원칙적으로 학교, 공공청사, 연수시설의 신설, 증설, 용도변경 또는 공업지역의 지정을 할 수 없음 - 25,000㎡ 이상의 업무용건축물과 15,000㎡이상의 판매용 건축물, 25,000㎡이상의 복합용 건축물에는 표준건축비의 10%의 과밀부담금부과로 간접 규제 - 공장의 신규허용은 원칙적으로 금지
성장관리권역	- 적정하게 성장하도록 하되 과도한 인구가 집중되지 않도록 학교, 공공청사, 연수시설의 신설·증설이나 허가 등을 금지 - 공장은 총량규제의 범위내에서 계획적으로 허용되는 지역 - 산업시설에 대한 과밀부담금이 없어 유치 권장
자연보전권역	인구집중유발시설 전부 금지

수도권 정비 계획법

01 수도권의 과밀을 방지하고 균형 있는 발전을 도모하기 위해 제정된 법률 (1994년에 제정되어 이년, 08년, 11년, 14년, 20년, 2022년에 개정)

02 저성장, 고령화, 인구감소, 4차 산업혁명 등 급격한 여건변화에 대응하여 수도권 주민 삶의 질 향상, 수도권의 질적 발전 및 대도시 문제 해결 등을 위한 관리방향 마련이 필요하다고 제시

03

규제 내용	
공장총량제	- 수도권의 공장 수를 제한하는 제도 - 수도권의 공장 수 : 2020년 기준, 11만 5천개 (과밀억제권역 : 5만 9천개 / 성장관리권역 : 5만 6천개)
4년제 대학 신설 금지	- 수도권의 과밀을 방지하기 위해 4년제 대학 신설 금지 - 2014년부터는 수도권 내 혁신도시에 4년제 대학 신설이 이용
자연보전권역 규제	- 자연보전권역에 가장 엄격한 규제가 적용되는 지역 - 공장 신설, 아파트 건설 등이 금지

완화 정책	
4년제 대학 신설 금지	정부는 4년제 대학 신설을 허용하여 수도권의 연구 분산을 유도할 계획
공장총량제	정부는 공장총량제를 완화하여 기업의 공장 신설과 증설을 지원할 계획
자연보전권역 규제 완화	자연보전권역의 규제를 완화하여 기업의 투자와 활동을 지원할 계획

---

04 제4차 수도권 정비계획

2021~2040

1 특화산업 분포 및 네트워크 분석, 수도권 지자체별 공간계획 및 주요 개발 예정지 검토 등을 통해 수도권 공간구조 구상

2 글로벌 혁신 허브와 국제 물류·첨단 산업 벨트를 구축하고, 경기도 주요 거점도시의 자족기능 확보 및 테크노밸리 혁신 역량강화 등을 통해 서울에서 거점지역을 중심으로 확산 예정

3 수도권 남서부의 자동차 등 기계 및 전기·전자 산업 등 집적화를 추진하고 첨단화 등 산업고도화를 통해 첨단산업으로 도약할 계획

강점	약점
· 국가 중추관리기능 집중 · 국제교류기반 공항 항만 · 산업의 중심 · 최고의 정보인프라 제공 · R&D 시설 집적지	· 경제규모 대비 국제화 미흡 · 대도시 거점기능 및 기능연계 부족 · 광역교통 환경서비스 대응 취약 · 기존 시가지 및 공업지역 쇠퇴

기회	제약
· 동북아 경제권의 부상 · 정보화, 지식기반산업시대의 도래 · 규제완화의 중요성인식화대	· 세계 경제 위기로 인한 경기침체 · 남북한 분쟁으로 인한 경제 악영향 · 수도권 규제 토지이용규제 · 분권화와 수평적 협력 관계 기축미

제4차 수도권정비계획 공간구상

★ ★ ★

평화경제 벨트

국제 물류·첨단산업 벨트

글로벌 혁신 허브

생태 관광·휴양 벨트

서울

인천

스마트 반도체 벨트

(이미지 출처 : 국토교통부)

사업	내용
국가첨단 산업벨트	- 김포, 인천, 시흥, 안산, 화성 등지에 첨단 융복 산업 클러스터를 조성 - 자동차 기계, 바이오, 로봇 등 혁신형 첨단산업을 유치할 계획
스마트 반도체 벨트	- 용인 반도체 클러스터 신규 조성을 통해 반도체 산업 거점을 마련 - 수원, 화성, 평택, 이천 등 반도체 생산 지원시설 확충 및 제조적 지원들을 통해 연계 기능을 강화 할 계획
평화 경제 벨트 조성	- 남북협력 관문으로서의 평화경제 체계 구축의 거점지역으로 조성 - 수도권 북부지역에서 산업집약도가 높은 생활밀착형 산업등 (의류·식품·화장품) 지역 특화산업 육성지 조성 - 인천, 강화, 옹진 및 경기북부 등 접경지역이 평화경제의 중심지 역할을 수행할 수 있도록 종합적 발전을 할 계획
생태 관광 휴양 벨트	- 팔당, 상수원 등 수도권 식수원의 안전확보와 수질개선 및 양호한 생태, 자연환경 보전 등을 위해 경기 동부지역의 관리 신규 개발입지 억제 및 기존 개발입지의 계획입지 유도 - 난개발 방지 및 계획적 성장 지원 - 친환경 관광산업 육성, 휴양단지 조성 등을 통해 관련산업을 육성하는 등 생태 관광 휴양 벨트 구축 할 계획

출처 : 국토교통부 수도권정책과

3. 시흥 ✦ Ditopick 💡

지역	2040 도시기본계획 요약	개발축 인구계획	토지투자 포트폴리오
시흥	시화MTV, 거모 V-city 시흥시청을 중심으로 개발	2023년 기준 인구 50만 명 2040년 기준 인구 74만 명	- 거모 V-city 자동차 부품 첨단물류단지 조성 - 시화MTV에 첨단기업을 유치하여 첨단산업 클러스터 조성

[시흥시청 중심의 단핵 집중형 도시공간구조 설정]   (이미지 출처 : 네이버 지도)

❗ 시흥시 투자 유망지역

시흥시 (장곡동,장현동,하중동,월곶동,정왕동) / 시흥 장현 택지지구 시흥시청 및 도심 약 88만평 2023년 준공 / 시흥 하중역세권 약14만평 2025년 준공예정 / 시흥 거모지구 약 46만평 2025년 준공 / 시흥 v-city 약 66만평 / 월곶판교선 (경강선) 2027년 장곡역 개통예정 / 신안산선(여의도~송산) 2024년 개통 예정 / 서해선복선전철 소사~원시선 시흥시청역 시흥능곡역

자연녹지지역 100~150만원대 그 이상 시세시 형질변경 권장, 개발제한구역에 해당하므로, 가격 및 시세 는 경매 및 공매로 나오는 물건 또는 공시가 이하로 나오는 물건 매수 권장

4. 안산 ✦ Ditopick 💡

지역	2040 도시기본계획 요약	개발축 인구계획	토지투자 포트폴리오
안산	안산반월 시화MTV 안산시청을 중심으로 개발	2023년 기준 인구 66만 명 2040년 기준 인구 97만 명	- 안산공단에 첨단물류단지 조성 - 안산시청에 혁신기업을 유치하여 첨단 산업 클러스터 조성

[출처: 2040안산도시기본계획 수립(안)주민공청회 발표 자료 인용]   (이미지 출처 : 네이버 지도)

❗ 안산시 투자 유망지역

신길동 / 신길2지구 6,169세대(14,527명) 약 23만평 2026년 준공 / KTX 초지역 인천발 2025년 준공예정 / 4호선 안산, 신길역 / 시화 멀티테크노밸리 국가산업단지 300만평 2023년 준공 / 안산 반월국가산업단지 산단재건사업 및 첨단 한양 대혁신파크 도시첨단 산단 개발

자연녹지지역 50~60만원대 그 이상 시세시 형질변경 권장, 개발제한구역에 해당하므로, 가격 및 시세 는 경매 및 공매로 나오는 물건 또는 공시가 이하로 나오는 물건 매수 권장

5. 화성 ✦ Ditopick 💡

지역	2040 도시기본계획 요약	개발축 인구계획	토지투자 포트폴리오
화성	송산그린시티, 화성시청을 중심으로 개발	2023년 기준 인구 66만 명 2040년 기준 인구 119만 명	- 송산그린시티에 첨단물류단지 조성 - 화성시청에 혁신기업을 유치하여 첨단산업 클러스터 조성

[화성시 위치도]   (이미지 출처 : 네이버 지도)

❗ 화성시 투자 유망지역

남양읍 시리 문호리 원천리 일원 마도면 송정리 일원 / 송산그린시티 60,000세대 (150,000명) 약 1700만평 2030년 최종 준공 / 송산그린시티 내 약 418만 9000㎡(127만평) 부지 총 사업비 4조5693억 / 송산 그린시티 남측지구 / 자동차 테마파크 자동차 첨단 산업단지 / 서화성남양역 2024년개통(신안산선,서해선복선전철, 소사~원시선) / 시리 첨단산업 물류단지 약 20만평 / 화성시청 남양뉴타운

자연녹지지역 70~100만원대 그 이상 시세시 형질변경 권장, 해당지역은 개발제한구역에 해당하므로, 가격, 가격 및 시세 는 경매 및 공매로 나오는 물건 또는 공시가 이하로 나오는 물건 매수 권장

출처 : 국토교통부 수도권정책과

토지로 승부하라: MZ세대의 땅 재테크 비결

수도권 토지 실전투자2

수도권 정비 계획 스마트 반도체 벨트 조성

※ 본 카드뉴스는 4차 수도권 정비계획으로 인해 첨단 산업단지가 유치된 후
도시개발 축으로 신규 도시공급 및 기반시설 예측 부지에 대한 저자의 주관적인 생각을 담고 있으며,
이는 공적 자료가 아닙니다. 따라서 참고용으로만 고려해 주십시오.

1. 용인(1/2)

대상지	위치	사업개요	사업비
용인 SK 반도체 클러스터	용인시 처인구	· 위 치 : 용인시 처인구 원삼면 고당리, 독성리, 죽능리 일원 · 면 적 : 4,156,135㎡ 약 126만평 · 사업명 : 120조원 SK 반도체 클러스터 · 준용사업 : 지구 외 도로(136,388㎡) · 개발기간 : 2021년 3월 29일~2026년 12월 31일	120 조원

[용인 반도체클러스터 위치도 (사진=용인시)]　　　　　　(이미지 출처 : 네이버 지도)

용인시 투자 유망지역

용인시 처인구 백암면 근심리 일원 백봉리 일원 / sk 하이닉스 126만평 : 120조원
투자 / 백암 일반산업단지 조성중 2023년 준공 / 평택 ~ 부발선 백암역 (신호장)

해당지역은 계획관리지역 및 보전관리지역 농림지역으로 이뤄지있는 농경지대이나
SK 하이닉스 투자 발표로 주변 토지가격 급등, 향후 도심지 개발축은 백암면 일원으로 추측됨.
토지 가격은 계획관리지역 90만원대, 농림지역 30만원대, 보전관리지역 70만원대
가 합리적 가격 판단됨.

1. 용인(2/2)

< 위치도 및 구역 지정도 >

[용인 반도체 클러스터 위치도와 구역 (출처=국토교통부)]　　　(이미지 출처 : 네이버 지도)

삼성전자 투자 지역

용인삼성 반도체 클러스터 남사읍 전궁리,방아리 아곡리 창리 일원 / 삼성 반도체 클
러스터 214만평 300조투자 / 플라자CC (한화리조트) / 골프존카운티 한림 / 완장
일반산업단지 2023년준공 / 남사 복합산도시 / 용인 북리지구단위계획구역 / 경부
고속도로 남사IC / 평택LG진위산업단지 / 평택진위 테크노밸리 / 평택진위3일반
산업단지

주변 토지거래허가구역 지정,
주변 거래가격은 생산 녹지지역 60~80만원대,
농림지역 40~ 60만원대,
계획관리지역 70~80만원대가 합리적인 가격이라 판단됨

[삼성전자 화성캠퍼스 (사진=삼성전자)]　(이미지 출처 : 네이버 지도)

[고덕국제신도시 개발현황도 (사진=고덕국제도시)]　(이미지 출처 : 네이버 지도)

SK하이닉스 이천캠퍼스 전경 (사진=SK하이닉스)　(이미지 출처 : 네이버 지도)

출처 : 네이버 부동산 각 시군 도시기본계획

(다음 내용은 4차 수도권 정비계획으로 인해 첨단산업단지 유치 이후 도시개발 축으로 신규 도시공급 및 기반시설 예측 부지에 대한 저자의 주관적인 생각을 담고 있으며, 이는 공적 자료가 아닙니다. 따라서 참고용으로만 고려해 주시기 바랍니다.)

정부는 용인 반도체 클러스터 신규 조성을 통해 반도체 산업 거점을 마련(구축)하고, 수원, 화성, 평택, 이천 등에서 반도체 생산 지원시설 확충 및 제도적 지원 등을 통해 연계 기능을 강화할 계획입니다.

수도권 투자지역에서는 국제첨단산업벨트와 스마트 산업벨트 주변의 원형지 토지만 알고 있어도 초보 투자자가 실패할 일은 없을 것입니다.

초보자를 위한 유망지역
: 초보 투자자를 위한 안전하고 성장 가능성 높은 토지투자지역 소개

서울특별시 종로구

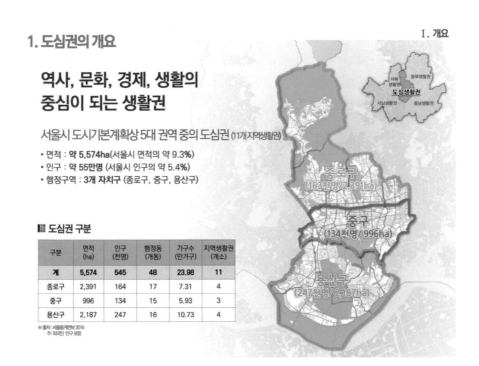

출처 : 2030 서울생활권계획

토지투자인데 서울특별시 종로구가 나와서 당황하셨을 거라 생각합니다. 왜 종로일까요? 서울특별시에 위치한 토지라면 너무 비싼 거 아닐까요? 서울 중심부에는 아직 미개발된 토지 중에서 저평가된 지역이 존재합니다. 물론 서울특별시에서 토지를 매입하기 위해서는 토지의 지형 위치보다 더 중요한 것이 해당 토지의 용도, 지역, 지구, 구역입니다. 서울시 도시기본계획에서도 종로구는 도심생활권 중 하나로, 도심 회귀현상이 가장 많이 일어나는 지역 중 하나입니다. 종로구는 노후된 재개발 대상지로, 현재는 상전벽해(桑田碧海)를 이루고 있으며, 인구는 15만 명으로 25개의 서울 자치구 중 재정자립도가 4번째로 높은 자치구입니다. 1위 강남구, 2위 중구, 3위 서초구, 4위 종로구. 종로구는 평균 기업연봉이 가장 높은 지자체 중 하나로 꼽히며, 이는 오피스 상권의 발달과 대기업 유치가 많아서 기업연봉이 높은 지자체입니다.

다음은 종로구에서 토지투자를 고려하기 전에 알아봐야 할 중요한 사항들입니다.

첫 번째는 투자 전략입니다.

종로구에서 농지 및 산지를 투자한다면 농지 활용가치가 낮거나 농업 관행 및 생산적이지 못한 농지나 임야를 찾아야 합니다. 그러나 서울시의 모든 토지의 용도지역은 도시지역으로 이루어져 있으며, 그중 종로구는 평창생활권에 개발제한구역 및 도시자연공원구역의 분포가 많아 투자 시 주의가 필요합니다. 또한, 서울시는 신규 택지 조성보다는 기존 용도지역을 종상향을 통한 재개발·재건축·리모델링을 통해 인프라 시설에 투자하고 있습니다.

종로구에서 개발제한구역과 북한산, 북악산, 인왕산을 피한다면 투자할 만한 원형지가 제한적일 수 있습니다.

서울시의 경관지구 또는 개발제한구역 주변에 있는 농경지 중 일부는 비오톱(Biotope)이라는 규제로 건축허가 및 개발행위 자체가 불가한 대상지가 있습니다. 그러나 이러한 대상지는 개인 개발에는 규제가 있지만, 지자체나 서울시에서 공공사업 및 재개발을 추진한다면 서울시와 지자체가 이 대상지의 비오톱평가가 재평가되어 등급이 하향 조정될 수 있습니다. 종로구 일대에는 이와 관련된 대상지가 많으며, 민간 사업자는 비오톱 일부 대상지를 기부 또는 채납하여 용적률 인센티브를 받아 재개발 시 건폐율과 용적률을 완화하고 지자체 혜택을 받을 수도 있습니다.

두 번째는 위험 분석입니다.

종로구 평창생활권에 임야나 농지를 사기 위해서는 주변 공인중개사, 부동산 전문가, 또는 경공매를 통해 매매할 방안을 검토하거나 고려해야 합니다. 투자금액과 보유기간 및 매도 전략을 세운 후, 어떤 잠재적 위험이 있는지 규제와 시장변동성과 관련된 위험을 고려한 포트폴리오를 작성합니다.

세 번째는 종로구의 농지 및 임야의 가치 분석입니다.

시장분석을 위해서는 서울시 도시기본계획 및 종로구 도시기본계획의 요점을 파악하고, 기반시설 및 국토교통부의 고시공고 및 행정안전부 관보를 통한 정부 인프라 시설 및 지자체 개발 계획에 대한 정보를 수집해야 합니다. 그 후, 서울특별시 2040 도시기본계획에서 종로구 4생활권 중 이미 오를 만큼 오른 지역이 아닌, 저평가되었고 앞으로 기반시설이나 도시확충이 기대되는 생활권을 찾아내는 것이 필요합니다.

대상지는 평창생활권으로, 이 지역(구기동, 부암동, 신영동, 평창동 등)은 과거 박정희 대통령 시절 김신조 일당의 청와대 습격 시도 사건이 있었습니다. 당시 습격 시도는 실패했고, 박 대통령은 북악산 뒤쪽의 허허벌판이던 대상지가 간첩들이 넘어오기 적합한 길목이라 여겨 기반시설을 깔고 주택단지를 개발하였습니다. 이로써 지금의 평창동 고급 주택단지가 형성이 되었습니다. "인걸은 지령이다."라는 속담처럼 뛰어난 인재는 땅의 신비스러움에서 태어나며, 사람의 운명은 땅의 기운에서 결정된다는 뜻입니다. 그러한 관념에 따라 평창동 생활권은 과거부터 풍수지리적으로 가장 좋은 명당으로 알려져 있습니다.

풍수지리와 평창생활권의 과거 이야기를 바탕으로, 지금부터 해당 대상지의 앞으로 예상되는 종로구와 서울시의 개발 계획에 대해 설명하고자 합니다. 해당 대상지는 현재 교통 열악 지대이지만, 앞으로 신규 도로와 철도가 계획되어 있습니다. 신규 도로로 은평새길과 평창터널이 계획되어 있으며, 신규 철도는 서울시 도시철도 계획상 강북횡단선과 대통령 공약사항인 신분당선 서북부연장 사업이 준비되어 있습니다. 평창생활권은 예전부터 풍수와 부촌으로 유명하지만, 기반시설이 매우 낙후되고 열악한 지역입니다. 그러나 앞으로는 상명대 캠퍼스 근처와 서울예술고등학교 근처에 각각 역이 만들어지고, 신영동 재개발을 시작으로 구기동 모아주택 사업이 현재 추진되고 있습니다.

해당 지역의 개발축은 신설도로 및 신설철도의 교차점인 신영동 삼거리와 구기터널 인근 지역의 원형지투자 개발행위 목적이라면 전용허가가 날 수 있는 이미 조성되어 있는 대지 또는 전용 가능한 농지를 취득하려면 소액으로 투자할 수 없다고 판단됩니다. 해당 지역 개발의 중심은 신설도로와 신설철도의 교차점인 신영동 삼거리와 구기터널 인근 지역입니다. 이 지역에서는 주로 원형지 투자 개발이 목적이며, 이미 조성되어 있는 대지나 전용 가능한 농지를 얻기 위해서는 소액 투자로는 어렵다고 판단됩니다.

최소 평당 1,000만 원 이상 가격으로 매입을 하셔야 하며 서울시에서 종로구라는 메리트 하나만

으로도 1,000만 원짜리 대지를 구한다는 것도 좋은 기회일 수 있습니다. 하지만 그 이하 가격인 원

형지를 미래 가치를 보고 투자한다면 향후 경관지구 규제 완화와 더불어 신통기(재개발) 사업인허

가 절차가 간소화되어 주변 토지 가격은 꾸준하게 우상향될 것으로 판단됩니다.

출처 : 2030 서울생활권계획

구 분	종로구 구기동 100-48 일원
위치도	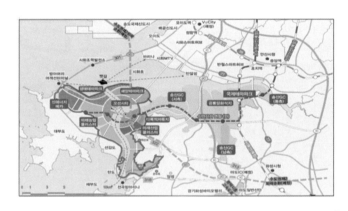
현 황	* 면　　적 : 64,231㎡ * 용도지역 : 제1종, 제2종(7층이하)

○ 신청 지역 가운데 한양도성·풍남토성 등 역사문화환경 보존과 관리가 필요한 지역들은 최종 대상지에서 제외됐다.

○ 선정위원회 심사결과 유보된 도봉구 창동 501-13 일원은 공공재개발과 모아타운 공모에 중복신청된 지역으로 공공재개발 후보지 선정 결과에 따라 자치구에서 주민의견을 수렴하여 모아타운으로 요청 시 선정 가능하다.

□ 대상지로 선정된 21곳은 해당 자치구에서 관리계획을 수립한 뒤 서울시에서 주민공람, 통합심의 등 절차를 거쳐 모아타운의 법적 효력을 가지는 소규모주택정비 관리지역으로 지정된다. 시는 모아타운 지정을 위한 관리계획 수립에 필요한 비용(최대 2억 *시·구비 매칭)을 지원한다. 올해 하반기 관리계획 수립에 착수해, 이르면 연말부터 '23년 상반기까지 순차적으로 '모아타운' 지정이 이뤄지게 된다.

○ 시는 시행착오 없이 빠르게 계획을 수립할 수 있도록 이달 말「모아타운 관리계획 수립 지침」을 각 자치구에 배포하는 등 모아타운 지정기간을 대폭 줄일 수 있도록 지원할 계획이다.

○「모아타운 관리계획 수립 지침」은 모아주택 사업시행계획도 함께 추진 가능하도록「모아주택 통합계획」, '건축물의 배치·형태·용도·건축선에 관한 계획' 등에 대한 세부 가이드라인을 제시하고 있어 모아타운·모아주택 사업의 실현성을 높일 것으로 기대된다.

□ 투기방지대책도 마련했다. 시는 지분쪼개기 등을 통한 투기세력 유입을 차단하기 위해 2022년 6월 23일을 권리산정기준일로 지정·고시한다.

○ 권리산정기준일까지 착공신고를 득하지 못한 사업의 토지등소유자는 추후 해당 필지에서 모아주택(소규모주택정비사업)이 시행될 경우 현금청산대상자가 된다.

○ 단, 권리산정기준일까지 착공신고를 득하였을 경우라도 개별 모아주택(소규모주택정비사업)의 조합설립인가 전까지 소유권을 확보해야 분양대상이 될 수 있다. (「빈집 및 소규모주택정비에 관한 특례법」 제24조)

출처 : 서울시 보도자료(모아타운)

경기도 화성시

출처 : 2040 화성시 비전

경기도에 위치한 화성이란! 봉준호 감독의 영화 〈살인의 추억〉의 배경으로도 알려져 있습니다. 이 지역은 1980년도만 해도 전국에서 가장 기피했던 지역이었습니다. 하지만 지금의 화성은 전국에서 가장 일자리가 많고, 20년 전에는 19만 1천 명에서 현재 약 92만 명으로 인구가 급증하였습

토지로 승부하라: MZ세대의 땅 재테크 비결

니다. 지역은 수도권에서 인구 유입률이 가장 높은 곳으로, 현대, 기아, 삼성과 같은 대기업 유치로 첨단산업과 신도시 개발로 전례 없는 성장과 변화를 겪고 있습니다. 또한, 2기 신도시인 동탄 1, 2 신도시와 병점역세권, 화성진안지구, 송산그린시티, 남양뉴타운, 향남 1, 2지구 등 개발지 주변에서 토지 보상이 가장 많이 이뤄진 화성은 지금도 개발지 주변으로 토지거래가 활발한 지역 중 하나입니다.

이러한 화성의 놀라운 진화는 일련의 전략적 발전에 기인할 수 있습니다. 2004년 삼성반도체 화성캠퍼스 조성과 그에 따른 도시화로 인해 인구 증가에 부채질하며, 현재 화성의 인구는 92만 명을 넘으며, 평범한 마을에서 번영하는 거대 도시로의 놀라운 전환을 보여 줍니다.

삼성과 현대·기아차그룹이라는 두 거대 산업체의 호스트인 화성의 독특한 위치는 투자처로서의 매력에 크게 기여했습니다. 이러한 핵심 산업의 존재로 화성시의 지역 총생산(GRDP)이 급증하였고, 동탄 2신도시와 봉담·진안지구, 송산그린시티 개발사업 등이 추진되면, 2035년까지 인구가 120만 명 이상으로 늘어나 현재 도내에서 인구가 가장 많은 수원을 잠재적으로 능가할 것으로 예상됩니다. 이러한 도시개발과 인구 유입으로 인한 성장과 변화로 화성의 토지투자에 대한 관심을 증가했습니다. 과거 논으로 뒤덮였던 이 땅은 이제 매력적인 투자 기회를 제공하며, 급속한 도시화와 전략적인 산업 발전으로 인해 화성은 2023년에는 최고의 농지 및 임야투자 핫스팟으로 자리 매김하게 되었습니다.

다음은 화성시에서 토지투자를 고려하기 전에 알아봐야 할 중요한 사항들입니다.

첫 번째는 투자 전략입니다.

경기도 화성시를 투자처로 꼽은 이유는 신산업 육성과 가장 중요한 일자리 창출 및 인구 유입에 관한 것입니다. 경기도 내에서 인구 유입율 1위이며, 재정자립도 1위인 화성시는 대기업 유치뿐만 아니라 대규모 인프라와 신도시 조성으로 인구 100만 명을 돌파할 예정입니다(2023년 기준 93만 4,287명). 그렇다면 화성시는 이미 오를 만큼 오른 지역이 아닌가요? 아직 저평가되어 있는 원형지 토지와 동탄 1, 2신도시를 합친 규모보다 더 큰 신도시가 현재 조성되고 있습니다. 이러한 개발의 축을 알아보려면 인프라 시설과 신설도로 및 신설철도를 예측이 필요합니다. 또한, 이 지역을 투자처로 꼽은 이유 중 하나는 동부 생활권에 비해 저평가된 지역이 아직 존재하기 때문입니다.

두 번째는 위험 분석입니다.

2040 화성시 장기 발전보고서에 따르면, 서부생활권에서 가장 큰 핵심 타이틀은 개발제한구역 해제입니다. 독자분들께서는 그린벨트 해제라는 타이틀만 보고 접근하시면 절대 안 된다는 걸 알고 있으실 겁니다. 개발제한구역 해제는 결코 쉬운 일이 아닙니다. 개발제한구역은 지정 및 관리에 관한 특별 조치법에 의해 다음과 같은 경우에 조정 또는 해제될 수 있습니다.

- 개발제한구역에 대한 환경평가 결과 보존가치가 낮게 나타나는 곳으로서 도시용지의 적절한 공급을 위하여 필요한 지역
- 주민이 집단적으로 거주하는 취락으로서 주거환경 개선 및 취락 정비가 필요한 지역
- 도시의 균형적 성장을 위하여 기반시설의 설치 및 시가화 면적의 조정 등 토지이용의 합리화를 위하여 필요한 지역
- 지정 목적이 달성되어 개발제한구역으로 유지할 필요가 없게 된 지역
- 도로, 철도 또는 하천으로 인하여 단절된 3만㎡ 미만의 토지
- 개발제한구역 경계선이 관통하는 대지로서 대지의 면적이 1천㎡ 이하인 지역

화성 서부생활권인 남양읍 대상지는 용도지역으로 따지면 도시지역 내에서 자연녹지지역은 개발제한구역으로 지정되어 있으며, 나머지 비도시지역은 관리지역으로 분류되어 조성 및 개발제한구역에 벗어난 도시지역입니다. 그렇다면 여기서 저평가되어 있으며, 향후 토지투자와 관련된 위험요소 체크리스트를 재작성해 보겠습니다.

가) 대상지 지목 결정(28가지 지목) : 토지대장 및 토지이용계획, 투자 가용자금 확인, 면적 결정
나) 농지 및 임야 소유권 취득(농지-농취증-주말 체험 또는 농업경영 목적, 임야 토지거래허가구역 취득 방법) 및 농지 관리 및 임야 관리
다) 토지의 용도 결정 : 토지의 용도를 결정할 때, 전용(개발행위허가 가능한 원형지) 목적인지 아니면 투자 목적인지 고려(도로 위치, 경사도, 임야 농지전용 부담금, 토목 및 건축 사용 목적 건축물을 확인하고, 건축 비용, 임대수익률, 현재 가치, 향후 매도 후 수익률 분석 준비, 투자 목적인 경우, 대상지의 가치 분석, 도시개발 정보 확인 및 시세 파악)

토지로 승부하라: MZ세대의 땅 재테크 비결

라) 보유 시기 및 매도 시기 결정 : 보유기간 관리 비용 및 세금, 정보 입각한 매각 타이밍 결정

마) 매각 및 세금 정산(강제 수용 또는 협의 수용) 이후 비사업용토지와 사업용 토지절세 방안 고려

세 번째는 화성시 남양읍 농지 및 임야의 가치 분석입니다.

시장분석에서는 경기도의 도시기본계획 및 화성시 2040 장기발전 계획의 요점을 파악하고, 정부 인프라 시설 및 지자체 개발 계획과 관련된 정보를 기반시설 및 국토교통부의 고시공고나 행정안전부 관보를 통해 수집하고 도시확충이 기대되는 생활권을 찾아야 합니다.

과거 2000년 초반에는 화성시 동부생활권, 즉 오산시청에 화성군청에 있었습니다. 그러나 화성시가 시로 승격하면서 시청이 허허벌판이던 서부생활권이 남양으로 이전을 하게 됩니다. 현재는 남양지구와 남양뉴타운이 완공되었으며, 주변으로는 서해선 복선전철과 제2외곽순환도로, 제2서해안고속도가 개통되어 있습니다. 그렇다면 과거에는 어떤 모습이었을까요? 정말 아무도 쳐다보지 않았던 대상지 중 하나가 남양읍 일원의 토지였습니다. 지금은 화성시청의 이전과 신규 택지가 조성, 그리고 주변에는 수자원공사에서 조성하고 있는 1700만 평의 송산그린시티가 조성되고 있습니다. 남양읍 일원은 초보 투자자들이 접근하기 가장 쉬운 곳 중에 한 곳입니다. 이유를 설명해 드리겠습니다. 2016년, 지금으로부터 7년 전에 화성시 매송면 천천동 일원에 7만 8천 평 규모의 정수장이 준공되었습니다.

정수장을 아시나요? 여러분이 생각하시는 게 맞습니다. 바로 식수원입니다. 한강에서 물을 끌어와서 남양읍 일원과 송산면 일원, 즉 송산그린시티 및 수원과 평택까지 생활용수와 공업용수를 공급하기 위한 목적으로 건설되었습니다.

왜 정수장이 만들어졌을까요? 그리고 안산 반월국가산단 아래 시화호 남단에 조성 중인 송산그린시티 내에 오폐수 처리장은 왜 만들어질까요? 도시가 조성되기 전에 기반시설은 우선적으로 조성되어야 합니다. 인간 몸으로 비유하자면, 도시에서 심장과 같은 역할이 바로 오폐수 처리장과 정수장입니다. 남양읍 일원에 대규 택지인 남양뉴타운과 송산그린시티, 신세계테마파크, 남양읍 시리 물류단지 등이 조성되는 산단과 택지 규모가 주변 원형지의 가격을 격인할 수 있는 원동력이라고 생각됩니다.

이제 기반시설에 대해 살펴보겠습니다. 현재 진행 중인 대규모 인프라투자로는 내년에 준공 예정인 서화성남양역(서해선 복선전철, 신안산선, 소사원시선) 환승역과 제2서해안고속도로, 제2외곽순환도로, 송산그린시티와 강남 일대를 연결해 주는 동서진입도로, 남양과 인천공항을 연결해 주는 77번국도 등이 포함됩니다. 이 지역에 투자를 고려한다면 남양읍에서도 문호리, 시리, 원천

리, 남양리, 마도면, 송정리 일원을 후보지로 고려하고, 가격과 용도, 기간, 위험 리스크 등과 관련된 2번 항목을 다시 한번 복기하시고 토지 매입을 신중하게 결정하셔야 합니다.

출처 : 수자원공사 송산그린시티 조감도

 강원특별자치도가 2023년 6월 11일 출범했습니다. 강원특별자치도는 제주특별자치도(2006년), 세종특별자치시(2012년)에 이은 국내 3번째 특별자치시·도입니다. 강원특별자치도는 환경, 국방, 산림, 농지 등 4대 분야에서 규제 혁파를 통해 지역 발전을 도모할 계획입니다.

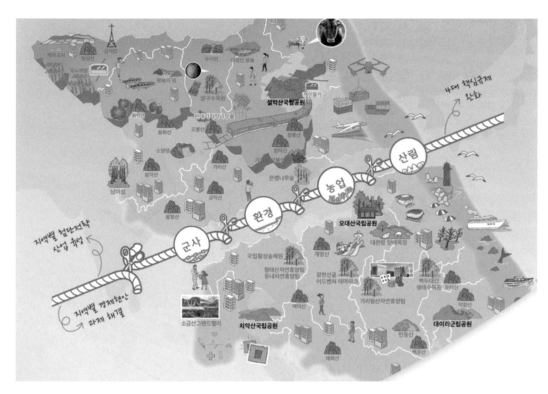

출처 : 강원도 도시기본계획 보도자료

　강원특별자치도는 환경 분야에서 시·군이 시행하는 사업과 민간 사업자가 시행하는 사업에 한해 환경영향평가, 소규모 환경영향평가, 자연경관영향 협의, 기후변화영향평가, 건강영향평가 협의 권한을 이양받습니다. 또한, 국방 분야에서는 도지사나 시장·군수가 민간인통제선이나 보호구역 지정 변경 또는 해제를 건의할 수 있고, 도지사가 요청하면 국방부는 사용하지 않는 군부대 땅을 제공할 수 있습니다. 산림 분야에서는 산림이용진흥지구를 도입할 수 있는 권한을 갖게 되고, 농업 분야에서는 농촌활력촉진지구를 지정하고, 촉진지구 내에서 농업진흥지역(옛 절대농지)을 해제할 수 있는 권한을 이양받습니다.

　강원특별자치도는 특별자치도 출범을 계기로 특화산업 육성, 지역 경제 활성화, 주민 삶의 질 향상을 위해 최선을 다할 계획입니다.

　다음은 강릉시 및 속초시에서 토지투자를 고려하기 전에 알아봐야 할 중요한 사항들입니다.

　첫 번째는 강릉시 및 속초시 투자 전략입니다.

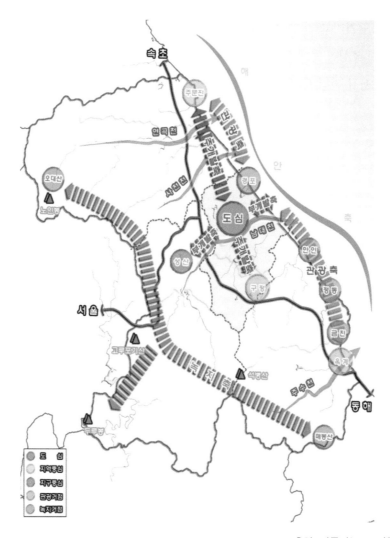

출처 : 강릉시(2035 강릉 도시기본계획)

　　한반도의 동쪽 해안에는 인구 291,500명의 활기찬 도시인 강릉이 위치하고 있습니다. 이 도시의 미래는 예외적인 마스터플랜에 의해 형성되며 토지이용, 개발, 보존에 관한 공간계획과 정책의 장기적인 발전과 방향을 위한 토대를 마련합니다. 이 마스터플랜은 향후 15년간 도시 성장을 촉진하기 위해 도시화를 위한 계획용지, 기존 개발용지, 보존용지 등 3가지 유형의 토지이용을 제시했으며, 이 전략적 세분화는 도시 확장에 따른 예상 토지 수요를 충족시키기 위한 것입니다.

　　강릉의 새로운 도시 경관은 세심하게 계획되어 있으며, 독특한 특징을 가진 다양한 구역들이 특징입니다. 하나의 큰 구역과 네 개의 중간 구역으로 분류된 생활 영역이 있으며, 각 구역은 각

각 독특한 매력을 가지고 있습니다. 강릉과 양양, 속초의 상생협력구역을 구상하는 북부생활권 해양리조트 단지 조성이 눈에 띄는 대목입니다. 강릉시는 또한 남강릉역사 유치 및 남강릉IC 북방물류 산업 및 물류 거점 도시와 연결된 복합 산업벨트를 구축할 계획으로 지역의 유망한 성장을 보여 줍니다.

전략적인 지리적 위치와 계획된 도시개발로 인해 강릉시는 강원특별자치도의 제2 강남으로 떠오르고 있습니다. 도시는 인프라, 특히 부동산 개발에 중요한 요소인 교통 분야에서 상당한 발전을 이루었습니다. KTX 강릉선과 동해북부선(강릉-제진)의 도입으로 연결성과 접근성이 강화돼 철도사업으로 교통 분산이 원활해질 전망입니다.

60주년을 맞이한 강원특별자치도의 속초시는 회복력과 성장의 상징으로 부각되고 있습니다. 1963년에는 인구가 5만 5,619명이었지만, 2023년에는 8만 2,806명으로 증가했으며, 이에 상응하여 예산이 240억 원에서 무려 4,956억 원으로 증거한 것이 속초의 성장 궤적입니다. 속초시는 2022년에 1,900만 명 이상의 관광객이 방문한 인기 있는 국내 관광지로 자리매김하고 있습니다. 설악산, 속초, 중앙시장, 속초 해변 등 다양한 관광 명소를 보유하고 있으며, 시민들의 삶의 변화와 도시의 시정에 혁신을 가져올 다양한 분야의 사업을 계획하고 있습니다. 2040 속초시 도시기본계획의 프로젝트에는 속초를 부동산투자의 유망한 후보로 만들면서도 지속 가능한 미래 도시를 약속하고 있습니다.

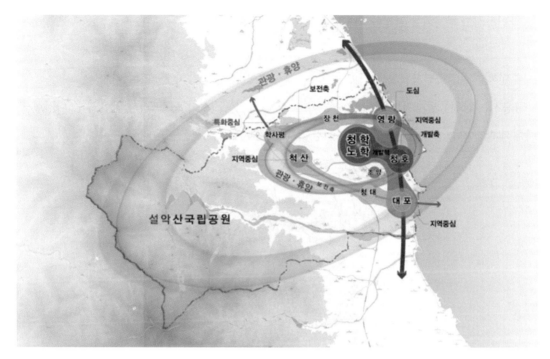

출처 : 속초시 도시기본계획

두 번째는 위험 분석입니다.

강릉시와 속초시, 두 지역의 각각 위험 요소는 민간투자 관련된 사업부지 주변의 토지에 대한 리스크가 있다는 것입니다. 강릉의 제2청사 주변이나 동해북부선 주문진역 주변(콜드체인 산업단지), 또는 남강릉 북방물류단지 주변은 국책사업으로 추진되는 토지로, 기간이 조금 걸리더라도 민간 투자를 통해 개발지보다 개발 기간이 다소 오래 걸릴 수 있지만 중·장기적으로 안전하고 수익을 창출할 수 있는 대상지입니다.

강릉 경포호 주변, 동해 망상, 강릉 옥계 주변과 같은 대규모 리조트나 호텔 등은 글로벌 경기 침체 또는 국내시장 PF 리스크와 관련하여 위험요소가 있으므로, SOC(사회간접자본) 주변의 투자처를 알아보시는 것이 중요합니다.

속초시 또한 마찬가지입니다. 인구 대비 많은 관광숙박시설(생활형숙박시설) 또는 호텔 및 리조트 분양으로 몸살을 앓고 있습니다. 청호동, 금호동, 영랑동 주변이 아닌 앞으로 정주인구 유입 및 새로운 인프라와 도시개발축을 따라간다면 동해고속도로 속초IC 주변 척산온천 주변, 즉 노학동 일원의 SOC 투자를 눈여겨보실 필요가 있습니다. 이와 관련하여 강릉시와 속초시의 도시기본계획을 확인하시고 투자처를 결정하시면 됩니다.

세 번째는 강원특별자치도(강릉시, 속초시)의 농지 및 임야의 가치 분석입니다.

강릉시는 강원특별자치도 내에서 가장 큰 도시로, 해양 관광, 의료, 교육, 첨단산업 등 다양한 분야에서 발전 가능성이 높은 지역입니다. 강릉시의 토지 개발 계획은 다음과 같습니다.

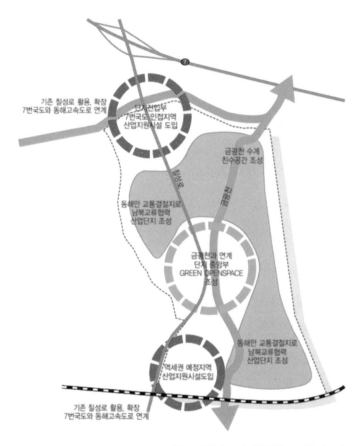

출처 : 강릉시 도시기본계획 남강릉 신호장 주변 북방물류단지 조성

- 해양 관광 : 강릉시는 아름다운 해안선과 다양한 해양자원을 보유하고 있어 해양 관광지로서의 잠재력이 매우 높습니다. 강릉시 토지 개발 계획은 해안을 따라 해변공원, 해양레저단지, 워터파크 등을 조성하여 해양 관광을 활성화하는 것을 목표로 합니다.
- 의료 : 강릉시는 강릉아산병원, 강릉원주대학교병원 등 우수한 의료기관을 보유하고 있습니

토지로 승부하라: MZ세대의 땅 재테크 비결

다. 강릉시 토지 개발 계획은 의료기관을 중심으로 의료 클러스터를 조성하여 의료 서비스를 강화하는 것을 목표로 합니다.

- 교육 : 강릉시는 강릉대학교, 강릉원주대학교 등 국립대학과 강릉영동대학교, 강릉가톨릭대학교 등 사립대학이 위치한 교육도시입니다. 강릉시 토지 개발 계획은 대학을 중심으로 교육 클러스터를 조성하여 교육 서비스를 강화하는 것을 목표로 합니다.

- 첨단산업 : 강릉시는 강릉과학산업단지, 강릉테크노밸리 등 첨단산업단지를 보유하고 있습니다. 강릉시 토지 개발 계획은 첨단산업단지를 중심으로 첨단산업을 육성하여 지역 경제를 활성화하는 것을 목표로 합니다.

또한, 동해북부선 강릉-제진역(2022년 1월 착공) 및 원주-강릉복선전철(2017년 개통), 동해중부선(삼척-강릉)이 2027년 개통 예정이며 여기에 아시아 하이웨이 국도 7호선 우회도로 건설 계획을 가지고 있어, 남강릉역 주변 구정면 금광리 박월동 일원은 부동산투자의 미래는 정말 밝습니다. 여기에 bts 촬영지로 유명한 강릉의 북부생활권 중 하나인, 동해북부선 주문진역이 2027년에 개통 예정입니다. 이 지역은 교항리 일원으로 토지는 과거와 현재 그리고 앞으로 도시공간적 미래지발전축이 공존하는 토지투자를 위한 선택지입니다.

출처 : 강원도민일보(국가철도공단 동해북부선 사업노선 현황)

속초시는 강원특별자치도 내에서 가장 많은 관광객이 찾는 도시로, 설악산과 속초비치 등 다양한 관광자원을 보유하고 있습니다. 속초시 토지 개발 계획은 다음과 같습니다.

[그림 3-8-4-1] 산업발전 연계구상도

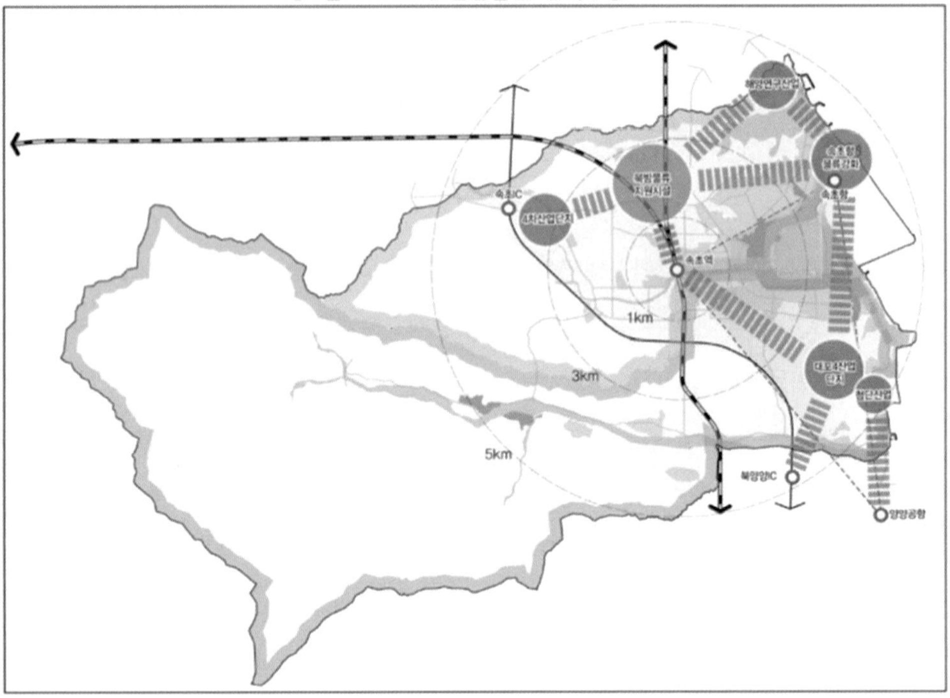

출처 : 속초시 도시기본계획

- 관광 : 속초시는 설악산, 동해안 등 다양한 관광자원을 보유하고 있어 관광지로서의 잠재력이 매우 높습니다. 속초시 토지 개발 계획은 척산온천 및 어린숲속 놀이동산 중심으로 관광 인프라를 확충하여 관광을 활성화하는 것을 목표로 합니다.
- 첨단산업 : 속초시는 대포농공산업단지를 보유하고 있습니다. 속초시 토지 개발 계획은 수산물류산업단지를 중심으로 해양 및 빅테크 첨단산업을 육성하여 지역 경제를 활성화하는 것을 목표로 합니다.
- 속초시 2027년에 개통 예정인 서울-속초 간 동서고속철도와 같은 해 준공 예정인 동해북부선(강릉-제진) 속초역사는 속초시 노학동 일원에 2022년 1월과 10월에 착공이 들어갔으며, 약 5,000억대의 민간 자본 투자가 투입되었습니다. 속초 역세권과 동해안 관광거점이자 국제크루즈 복합터미널을 갖고 있는 속초 ktx 역사 주변으로 관공서 및 산업단지 2040 도시계획을 통한 개발 방향과 교통인프라의 개통으로 서울-속초를 오가는 연결성을 높여 60년간 저평가된 속초시는 앞으로 더욱 관광과 산업 인프라를 통한 토지 지가 급등지역으로 투자 가치가 높을 것입니다.

강원특별자치도는 강릉시와 속초시를 비롯한 18개 시군이 함께 발전하는 지역입니다. 특별자치도 출범을 계기로 특화산업 육성, 지역 경제 활성화, 대기업 유치를 통한 지역 경제 성장과 함께 부동산 지가상승의 견인 역할을 할 노학동 토지투자로 견인 고리가 되어 보는 건 어떨까요?

강원특별자치도?

출처: NEO 지도

강원특별자치도는 한반도의 오른쪽 상단에 위치합니다. 총 면적은 2만㎢ 정도로, 서울의 30배가 넘는 면적이며 남한 면적의 약 17%를 차지하고 있습니다.

강원도는 넓은 면적에 비해 군사, 산림, 환경분야 등의 규제들로 개발이 제한되어 관광산업 인프라 및 일자리 결핍으로 인구 소멸지역으로 낙후되었습니다. 강원특별자치도로 승격되면서 각종 규제가 해소 및 행정·재정적 지원을 통한 개발이 기대됩니다.

강원특별자치도의 인구 수 (2019-2021)

	2019	2020	2021
세대수 (세대)	719,524	736,301	746,220
등록인구 (명)	1,560,571	1,560,172	1,555,876
한국인 (명)	1,541,502	1,542,840	1,538,492
외국인 (명)	19,069	17,332	17,384
인구증가율 (%)	-0.05	-0.03	-0.28

달라지는 것들

주요기관 명칭 ✓
강원도청 ➡ 강원특별자치도청
강원도교육청 ➡ 강원특별자치도교육청

각종 공부상 주소 ✓
주민등록초본, 가족관계증명서, 건축물대장, 토지대장, 등기부등본 상의 주소가 강원특별자치도로 변경 발급

4대 핵심규제 해소 (환경, 국방, 산림, 농지) ✓

환경
- 환경영향평가 등 협의 권한 이양
- 탄소중립·환경보호와 지역발전의 공존 추구 정책 마련

국방
- 접경지역 농·축·수산물 군 급식 수의 계약 유지
- 미활용 군용지에 대한 특례

산림
- '산림이용진흥지구'지정으로 산악관광과 신산업 활성화
- 도지사가 직접 지구 지정 권한 부여
- 산지전용허가, 일시사용허가권한 정부에서 강원도로 이양

농지
- '농촌활력촉진지구'지정, 촉진지구내 에서는 농업진흥지역 해제 권한 이양

4대 권역

강원도가 2023년 강원특별자치도로 승격되면서, 4대 권역으로 나뉘었습니다.

#동해안지역
국제관광 비즈니스 허브로 개발

#폐광지역
1차산업 고도화 대체산업 (ex. 카지노 등)

#남북 접견지역
군부대 이전부지를 대체 산업 유치 및 신산업 입지

#영서권지역
수자원을 통한 신재생 에너지의 메카 탄생 (원주/춘천)

제주특별자치도

2006년 '제주도'가 '제주특별자치도'로 승격되면서, 16년 동안 다양한 분야에서 큰 성장을 이루었습니다.

인구	19.6%	수산	80%
총생산 (GRDP)	132%	축산업	130%
재정	100%	관광업	400%
농업	40%